开明教育书系

蔡达峰○主编

做学习的主人

辛安亭教育文选

辛安亭○著

刘立德　刘畅○选编

开明出版社

"开明教育书系" 丛书编委会

主　　任　蔡达峰

副 主 任　朱永新

委　　员　张雨东　　王　刚　　陶凯元

　　　　　　庞丽娟　　黄　震　　高友东

　　　　　　李玛琳　　刘宽忍　　何志敏

丛书主编　蔡达峰

"开明教育书系"
总　序

　　中国民主促进会（以下简称民进）是以从事教育、文化、出版工作的高、中级知识分子为主的参政党。民进创立以后，在中国共产党的指引和帮助下，积极投身爱国民主运动，在这个过程中，发挥自身优势，举办难民补习培训，创办中学招收群众，参加妇女教育活动，在解放区开展扫盲教育，培养青年教师。

　　新中国成立以后，民进以推进国家教育事业发展为己任，贯彻党的教育方针，倡导呼吁尊师重教。

　　一方面，坚持不懈地为教育发展建言献策。从马叙伦先生在任教育部长时向毛泽东主席反映学生健康问题，得到了毛主席关于"健康第一"的重要批示，到建议设立教师节、建立健全《教师法》《职业技术教育法》《民办教育促进法》等法律法规、深化教育改革、促进学前教育发展、义务教育均等化、加强教师队伍建设、中小学教材建设、减轻学生课业负担等等，提出了一系列高质量的意见建议。

　　另一方面，坚持不懈地开展教育服务。改革开放以来，围绕"四化"建设的需要，持续举办了大量讲座和培训，帮助群众学习，为民工子女、下岗职工、贫困家庭子女、军地两用人才、贫困地区教师等提供教育服务，创办了文化补习学校、业余职业大学、专科学校、业余中学等大批学校，出现了当时全国第一所民办高中、规模最大的民办高校、成人教育学院、民办幼儿教育集团等；不断开展"尊师重教"的慰问、宣传和捐赠等活动，拍摄了电视片《托着太阳升起的人》；举办了一系列教育服务的研讨会和交流会。

在为教育事业长期服务的过程中，民进集聚了越来越多的教育界会员，现有的近 19 万会员中，约 60% 来自教育界，其中大部分是中小学教师。广大会员怀着崇高的使命感和责任感，爱岗敬业、默默奉献、积极作为，在教育事业和党派工作中取得了卓越的成就，涌现出无数感人的事迹，赢得了无数的赞誉，涌现出大量优秀教师、校长和著名教育家、专家学者、教育管理者等，他们共同写就了民进的光荣历史，铸就了民进的宝贵财富，是民进的自豪和骄傲。

系统地收集和整理民进会员的教育论著和教育贡献，是民进会史研究和教育的重要任务，对于民进发扬优良传统、加强自身建设、激励履职尽责具有积极的意义，对于我们深入学习多党合作历史、深入开展我国现当代教育历史研究，也具有重要的理论和现实意义。民进中央对此高度重视，组织编辑"开明教育书系"，朱永新副主席和民进中央研究室的同志们辛勤工作，邀请会内外专家学者共同参与，历时数年完成了编写工作。谨此，向各位作者和编辑同志，向开明出版社，向所有关心和支持本书编撰工作的同志，表示诚挚的感谢。

全国人大常委会副委员长
民进中央主席　　蔡达峰

2022 年 12 月

20世纪杰出的教育家和教材编辑出版家辛安亭

刘立德

教育家小传

辛安亭（1904—1988），山西离石人，字适然，著名教育家、教材编辑出版家、通俗读物作家。1929年从太原进山中学毕业后在祁县中学任教。1931年考入北京大学历史系学习，是当年陕西省唯一考上北京大学的学生。1935年7月从北京大学毕业。1935年9月至1937年12月，在山西太原师范学校、运城师范学校等校任教，其间因传播革命思想、支持学生抗日爱国活动而被国民党反动派逮捕入狱。

1938年初辛安亭毅然奔赴革命圣地延安参加革命，经过在陕北公学一段时间的学习，7月1日被分配到陕甘宁边区政府教育厅教材编审科工作，年底被任命为教育厅教材编审科科长。1939年2月加入中国共产党。在1938年7月到1949年6月的11年间，他主要从事中小学教科书的编写和审查工作，先后编写了一大批教科书和通俗读物，如

《边区民众读本》《干部文化课本》《新三字经》《农村应用文》《日用杂字》等。由于工作业绩突出，他被评选为教育模范工作者，在延安文教大会上受到表彰奖励。

1949年6月，辛安亭随军到西安，主持接管了陕西省立师专、商专、医专等。8月，他随军到兰州，任军管会文教处处长，主持接管了兰州大学、西北师院、西北农专、国立兽医学院等。10月，兼任兰州大学校务委员会主任。12月2日，中央人民政府主席毛泽东签署任命状，任命辛安亭为甘肃省人民政府委员。1950年1月，辛安亭任西北军政委员会文教委员会委员。3月17日，政务院总理周恩来签署任命状，任命辛安亭为甘肃省人民政府文教厅厅长。

1951年8月，辛安亭作为全国著名教材编审专家调任人民教育出版社副社长、副总编辑，主持日常工作。1953年起担任人教社党支部书记（人教社党委前身）。在人教社的11年间，他协助叶圣陶社长兼总编辑工作，参与领导和组织编写出版新中国第一套统编中小学教材，为新中国中小学教材事业的发展和编辑出版体系的构建做出了重大贡献。1961年底他奉调举家返回兰州。1962年1月起主持创办甘肃教育学院（兰州文理学院前身），3月被中共甘肃省委任命为党委书记兼院长。1973年2月起，历任兰州大学革委会副主任、党委副书记、副校长（1976年起主持全校工作至1978年12月）、顾问等职。1982年6月经中共甘肃省委统战部特批加入中国民主促进会，并积极参与民进甘肃省委会初创时期的有关工作。1984年离休。社会兼职主要有中国教育学会副会长、甘肃省教育学会会长、甘肃省人大常委会委员、甘肃省社科联副主席、兰州诗词学会会长、金城联合大学董事长等。

除了编著的大量中小学课本和通俗读物外，辛安亭的著作还有《辛安亭论教育》《辛安亭论教材》《论语文教学及其他》《教材编写琐忆》等。

1988 年 12 月 28 日，因病逝世。

一

1904 年 12 月 16 日，辛安亭出生在山西省离石县一个贫苦农民家庭。1923 年从山西省立第二贫民高级小学毕业后，考入位于太原的山西私立进山学校（后改名进山中学），1929 年中学毕业后在山西祁县中学任教两年。1931 年考入北京大学历史系，他是全省当年唯一考上北大的学子。在北大学习期间因学费无着落曾两次短暂休学任教。1935 年 7 月从北大毕业。1935 年 9 月至 1937 年 12 月，在山西太原师范学校、运城师范学校任教期间，因传播革命思想，蹲了七十多天国民党的监狱。1938 年 3 月，辛安亭毅然奔赴革命圣地延安参加了革命。他先在陕北公学学习了一段时间，7 月被分配到陕甘宁边区教育厅教材编审科工作。1939 年 2 月加入中国共产党。曾任陕甘宁边区政府教育厅教材编审科科长，在教育厅厅长周扬领导下，长期负责中小学课本、社会教育教材和青少年通俗读物的编写、审查、规划和组织领导工作。因工作成绩优异，1944 年在延安召开陕甘宁边区文教大会时，辛安亭被评选为教育模范工作者，受到表彰。

在从 1938 年到 1949 年长达 11 年的陕甘宁边区教材建设工作中，他不仅审阅了大量教材，组织编写、编辑和出版了大量人民群众喜闻乐见的基础教育教材，还亲手编写了语文、历史、地理、自然、卫生等小学课本、民众识字课本、干部识字课本及《新三字经》《日用杂字》等教材和通俗读物 40 余本，许多边区群众都读过辛安亭编写的教材和读物。这些出版物贴近革命根据地人民的生活，用词考究，深入浅出，均取得了巨大成功，培养了一代又一代的学子，产生了深远的影响，不仅在陕甘宁边区通用，有的还在华北、华中等革命根据地大量翻印、广泛流传，对革命根据地的学校教育和社会教育起了很大作用。他对红色教材编写出版事业做出了卓越贡献，受到了中央领导和有关部门的重视和好评，以至于当时陕甘宁边区流传着"边区的林主席，编书的辛安亭"的说法，将他与边区政府主席林伯渠相提并论。

1940年，陕甘宁边区新华书店出版了辛安亭的第一本教材《边区民众课本》。1942年，华北书店出版了他的《中国历史讲话》（后改名为《中国古代史讲话》，于1981年和1995年，分别由甘肃人民出版社和中国青年出版社再版，1995年被选入希望书库；著名历史学家范文澜曾对本书给予高度评价）和《农村应用文》两本教材。1943年是他编写出版教材的高峰年，该年华北书店出版了他编写的初小国语、算术课本（一至六册），高小国语、地理、历史、自然课本（一至四册）及《民众课本》（一至二册）。嗣后的1944—1949年，辛安亭编写的《高小卫生课本》《绘图日用杂字》《冬学文化课本》《儿童谜语》《识字课本》《新三字经》《初小国语补充教材》《干部识字课本》等一系列教材陆续面世。

辛安亭所编教材特色鲜明，以历史教材为例，主要有以下四个特点：（1）历史教材做到化繁为简，突出重点，抓住历史的主要线索。辛安亭编写的高小历史课本第一册中的《魏晋南北朝》一课就体现了这一特点。这一篇课文全文仅有400多字，却概述了东汉统治崩溃后，魏蜀吴三分天下，司马炎吞灭三国，两晋续立，南北朝继而并起的历史，将三国两晋南北朝三四百年的历史融于400多字，并交代了其间的经济、文化变迁和民族融合。作为高小的历史普及性教材，其重点在于了解历史的变迁与时代的背景，而不拘于细枝末节。（2）重视历史教学与思想政治教育的融合。他指出："除了讲解一般历史知识之外，特别注意对学生进行阶级观点和群众观点的教育。例如，在中国古代史当中，一方面充分揭露反动统治阶级的罪恶行径，另一方面则大力歌颂劳动农民反抗地主阶级的英勇斗争。"古代史如此，在近代史方面，辛安亭更加重视历史教学的政治性。他强调，历史教材要为当时的抗日救国服务。这一目标在辛安亭编写的历史课本中也有明确的体现："历史课本第一册全是讲抗日的：从'九一八'事变讲起，然后依次是'一·二八'抗战、察北抗战、'八一'宣言、'西安事变'……一直讲下去。""在中国近代史课文中，一方面揭露了帝国主义对我国的侵略罪行和军阀、官僚的卖国勾当，另一方面又歌颂了革命人民和进步党派反帝反封建的斗争。"（3）强调系统性，反对零敲碎打。辛安亭编写的四册《高小历史课本》前三册为中国史，第四册为世界史，先中国后世界，符合学生的认知特点，同时每一册也注重其内在逻辑。辛安亭自述所编写的历史课本："从古到今讲下来。对政治、经济、文化几方面都讲到了，课文又力求中心显明，社会发展的前因后果都力图交代清楚；每一历史事件又叙述得简明扼要，具体生动，一字一句也再三推敲，力求妥当。"这四册历史课本以马克思主义科学的历史观为指导，如在近代史方面，辛安亭按时间线索，对鸦片战争、太平天国运动、辛亥革命等历史事件做了深入浅出的分析，使这套历史课本系统、完整，具有极强的科学性。（4）注重教材的美学设计，以直观形象的形式传达抽象的内容。辛安亭在编纂高小历史课本时注重美学设计，并与内容和谐统一。例如，在他所编的高小历史课本第三册中，辛安亭就穿插加入了毛泽东、朱德、鲁迅等历史人物的木刻像。另外，辛安亭认为编写历史教材还要讲求辩证法。这也是辛安亭从徐特立先生处汲取的经验。徐特立在与辛安亭谈历史教材编写问题时指出："对历史问题要辩证地看，要有历史观点，不能机械地讲，不能讲死。如西周的井田制度，在当时促进了生产的发展，是好的；但到春秋战国时代就阻碍生产，变成坏制度了。"辛安亭对此深表赞同，并在自己编写教材时尽力体现。

当代著名教育学家和课程论专家陈侠对辛安亭在延安时期的教材编写成就给予高度评价，他说：辛安亭"不仅善于运用马克思主义的立场、观点和方法来处理教材编写工作，而且能运用教育学、心理学知识，调查研究边区人民生产和生活的实际，按照党中央和边区政府的政策，使编写的教材具有高度的思想性和教育性，也保证了一定的科学质量"。诚哉斯言！

二

1949 年 6—8 月，辛安亭跟随革命队伍到西安、兰州，被任命为军管代表，负责接管了陕西师范专科学校（今陕西师范大学）等高校。8月底兰州解放，辛安亭出任军管会文教处处长，作为军代表，他率军管小组进驻国立兰州大学，明确宣布解放军保护全校师生员工生命安全和学校财产安全，支持时任兰州大学校长辛树帜继续领导全校教务。这些举措使人心很快稳定下来，正常的教学秩序也迅速得以恢复，受到全校师生员工的热烈欢迎和真诚拥护，为大变革时代兰州大学的新生和平稳发展奠定了重要基础。12 月 2 日，辛安亭接到中央人民政府主席毛泽东签署的任命辛安亭为甘肃省人民政府委员的委任状。1950 年 3 月 17日，他又接到政务院总理周恩来签署的任命辛安亭为甘肃省人民政府文教厅厅长的委任状。另外，他还兼任西北军政委员会文教委员会委员、兰州大学校务委员会主任委员等职。

新中国成立伊始，为加快新教材编辑出版工作进程，推动教育事业发展，中央决定成立人民教育出版社，由叶圣陶任社长、总编辑。1950年 12 月 1 日人教社正式成立。当时，叶圣陶公务异常繁忙（除了在人教社的职务外，同时还担任着出版总署副署长以及其他重要的行政及社会职务），为加快教材的编审出版速度并提高教材质量，上级主管部门和叶圣陶都希望能从出版界、教育界选择适当人物，加强人教社的领导班子。这件事并不简单，因为这个职位需要一个高学历、有教材编写经验、党性强的人来担任。叶圣陶在日记中写道："我人于出版界颇为熟习，环顾能手，实属无多，欲于其中选择适当人物，为我社增进实力，竟难乎其选。"经过上级组织和叶圣陶等的积极努力，最终选定辛安亭担此重任。新中国成立之前，辛安亭已是教材编写名家，业务精湛，政治修养过硬，享有盛誉。他不仅是北大毕业的高才生、边区的老党员、老干部，还有着11年的教材编写工作经验，堪称最佳人选。1951年8月，辛安亭调离甘肃，赴京就任人教社副社长、副总编辑（主持工作），负责人教社日常事务。是年9月20日，叶圣陶及人教社编审部全体、经理部少数负责人召开聚餐会，欢迎辛安亭等同志加入人教社。辛安亭和叶圣陶这两位早就声名远播的教材专家和编辑出版家终于见面，开始为新中国第一套统编中小学教材并肩作战。

辛安亭加入人教社后便马不停蹄地展开了工作。他为人教社初创时期的体制建设和规章制度建设做出了重要贡献。他经常与叶圣陶会面，两人不分昼夜，共同进行教材审议工作，讨论教材编写的原则、方案。如1952年5月3日，叶圣陶与辛安亭、蒋仲仁对刘薰宇所编各种数学课本进行讨论，希望数学组能够将其与苏联数学课本进行对比，先研究、再动笔。叶圣陶和辛安亭都是语文教育大家，对于语文教材的讨论最多、最深切。二老一起商议了中学语文课程标准说明稿，召开了多次小学语文编辑座谈会，讨论语文教材文本取舍问题、中学语法教学问题等等。1954年，在叶圣陶领导下，辛安亭主持代教育部起草了新中国第一部《小学语文教学大纲》。他和叶圣陶一起搭建起了新中国第一套小学语文教材的编写班子，并依《大纲》组织编纂了新课本。1956年，新课本正式启用，为新中国的语文教材编纂工作开了个好头。虽然二老都长于语文教材编纂，但在人教社工作期间，叶圣陶和辛安亭所进行的教材编纂工作是全方位的。除了上面提到的语文、数学课本，两人还经常就历史、地理等其他各科课本编写方案进行讨论。

除了教材编辑工作，辛安亭"多顾及各单位之开会，以及同人各方面之情形"，帮叶圣陶承担了很多人教社的事务性工作。20世纪50年代初，"三反""五反"运动在全国各地展开，人教社的相关活动主要由辛安亭来组织开展。他与叶圣陶、金灿然、蒋仲仁共同组织召开社中节约检查委员会，纠察人教社的浪费等情况。1952年1月10—11日，人教社开全体大会，叶圣陶、金灿然等社领导纷纷进行自我检讨，辛安亭任会议主席，组织群众提意见。由于叶圣陶公务繁杂，辛安亭常前往教育部和出版总署开会，回来后向叶老汇报转达会议精神和上级对人教社所编教材的意见。如1952年3月5日，辛安亭赴教育部开会，翌日即与叶圣陶会面，转达教育部对人教社所拟初中历史教材大纲初稿的意见——未能贯彻历史唯物论，二老遂共同讨论解决办法。人教社内部个别编辑偶有闹情绪不利于工作的，叶圣陶忙于重点工作，"无以慰之"，辛安亭就主动为叶圣陶分忧，做"调停人"。在各级会议上，二老亦分工明确，叶圣陶常做提纲挈领的宏观总体发言，辛安亭则依叶圣陶的讲话精神进一步展开发挥，或说明具体情况，或布置落实。社领导班子开内部会议时亦是如此，如在1952年6月28日的会议上，叶圣陶就人教社之组织机构、人员编制、重要制度进行概述，辛安亭则具体讲8个月以来编辑工作之总结。再如1953年2月10日，两人参加扩大社务会议，叶圣陶略致辞后，便由辛安亭继续做具体汇报。又如同年8月12日，人教社开全社工作人员代表会议，叶圣陶先进行"甚简短"讲话，辛安亭继之作大会报告，在叶圣陶主持和引领下，会议针对辛安亭所作报告之要点进行讨论。

为了提高人教社编辑人员的素养，在叶圣陶的领导和大力支持下，辛安亭创办了内刊《编辑工作》，并亲笔撰写了发刊词。1954年4月，辛安亭在《编辑工作》第二期发表了《课本中的数字使用问题》。叶圣陶亲自为这篇文章写了按语。按语中说："辛安亭先生这篇文章大有意义，咱们应该仔细地读。"二老的工作紧密配合，相辅相成，相得益彰，共同推动了人教社的发展。这一时期，辛安亭更加重视教材的儿童化和审美质量。在辛安亭组织参与新中国首套统编中小学教材时，就先后聘请了多位著名的画家绘制教材插图，并为教材设计封面，力求规范美观。精美的插图和封面，无疑起到了吸引儿童的作用，促进了教材的引人入胜，使教材更贴近儿童、贴近学生生活。同时插图也起到了辅助教材内容的作用，是对教材内容的有力补充。

从1951年到1961年，在人教社工作的11年里，辛安亭协助叶圣陶领导全国中小学统编教材的编写和编辑出版工作，除了领导编写、审定、编辑出版中小学通用课本的工作外，还从事相关的研究工作，是新中国中小学教材编写出版和教材研究事业的开拓者、领导者和亲历者。20世纪50—60年代，辛安亭编写的《新三字经》《日用杂字》《农村干部文化课本》《农村日用杂字》《工作方法四字经》《历史歌》等多部教材和读物，继续发光发热，流传甚广，多次再版，产生了持久的影响。

三

1961年底，辛安亭主动申请调离北京，12月底，他带着一家老小返回兰州。当时全国各省份大都有了教育学院，甘肃还没有，中共甘肃省委和省政府就把在甘肃师范专科学校基础上创办甘肃教育学院（今兰州文理学院前身之一）的重任交给了辛安亭。1962年3月，甘肃教育学院正式建立，辛安亭任党委书记兼院长。自此后至1966年5月的短短几年时间里，他就将甘肃教育学院办得风生水起。

辛安亭虽然担负着繁重的行政管理工作，但工作之余仍然钟情于青少年读物的创作。他主张青少年读物编写要尽量符合青少年的心理特征，用青少年喜闻乐见的方式来阐发知识，通过各种手段让青少年明白有关内容。在叙述方式上，他认为要做到循序渐进、综合连贯，用浅显易懂的方式表达和呈现复杂的历史事件，并尽量引起青少年的共鸣。1964年，辛安亭编写的《历史歌》由甘肃人民出版社出版发行。《历史歌》分为《人物歌》和《朝代歌》两部分，运用韵语写作而成。韵语言简意赅，音调铿锵，朗朗上口。辛安亭在《历史歌》的编写说明中指出，用韵语写历史，"可引起学习兴趣，可帮助记牢史实，对历史教学不无小补"。这里仅以《历史歌》中《司马迁》一篇为例："太史生逢汉武时，初成《史记》少人知。正史规模开山祖，传神笔墨百代师。"这首《司马迁》短短四句，却道明了司马迁的人物身份、生活年代、主要成就和历史地位，让青少年对司马迁有了一个准确全面的认知。最为重要的是，这首人物歌，运用韵语写作而成，读起来合辙押韵，符合青少年的认知心理，易于历史初学者诵读和记忆。这种韵语写作方式贯穿于辛安亭的《历史歌》全书，这本小书作为中小学学生和知识青年的读物，鲜明地反映了辛安亭关于教材和读物要体现儿童化的思想，符合儿童的学习心理和理解方式。

1966年5月"文革"开始后，辛安亭被当作"反动学术权威"和"走资派"关进了牛棚。1968年7月，他恢复工作，任甘肃教育学院教育革命领导小组副组长。1969年7月，辛安亭被安排担任由甘肃省革命委员会批准在甘肃教育学院成立的甘肃省中小学教材编审领导小组的成员。1973年2月起，担任兰州大学革命委员会副主任、党委副书记、副校长（1976年开始主持全校工作）等职。1982年他退居二线后仍承担学校大量管理工作，直至1984年离休后任兰州大学顾问。"文革"结束后，在乍暖还寒的情势下，他尊重知识，尊重人才，坚持拨乱反正，大力整顿教学秩序，平反冤假错案，为在改革开放后兰州大学迈上快速发展的康庄大道，做出了不可磨灭的贡献。辛安亭在主持兰州大学的工作时，对大学的历史教学工作也有一定的研究。辛安亭指出，大学的历史教学重点是要形成一套完整的系统，以专业为指针，主次分明，难易适中。这一点在历史课程开设方面有具体体现。辛安亭研究分析了高校的专业课程安排和设置，指出各门课的教学时数应当安排适当，偏多偏少都是问题。在历史教学方面也特别要注重这种系统性，要将教学重点放到基础上，不能贪求难点，忽视根基。辛安亭指出："历史系中国古代史、近代史、现代史各占一年，结果古代史讲不完，近代史却又讲得太繁，学生听得有厌烦情绪，应该加以调整。我的意见是：古代史至少应占整个中国史的一半时间。"在大学，历史教学更要注重专业性。但是在注重专业、系统的同时，也不能忽视教学方法，这就要求大学的历史教学更要脚踏实地，注重历史教学中的渐次性和难易程度的阶梯性，同时兼顾学生的接受程度。

从 20 世纪 70 年代开始，辛安亭继续编写各类教材和读物，如《新编儿童谜语》《中国历史人物》《文言文读本》《古诗文背诵手册》《外国历史人物》《中国著名现代人物选》等。在编写教材和领导教学的实践中，他坚持与时俱进，不断总结教材编写经验与心得体会，研究教育理论，力求有所创新，出版了《论语文教学及其他》《教材编写琐忆》《辛安亭论教育》等多部教育著作，为新中国的教材研究和教育理论建设工作提供了重要参照。

1979 年 12 月，全国中学语文教学研究会举行成立大会暨首届年会，大会选举了第一届理事会，叶圣陶任名誉会长，辛安亭任顾问。1981 年，陕西教育社创办《教师报》，辛安亭与叶圣陶又一同被聘为顾问。在人教社与叶圣陶共同工作的 11 年时光对辛安亭来说是十分难忘的经历。在共同进行教材编审的过程中，叶圣陶的编辑心得和语文教育思想对辛安亭产生了重要影响。从北京返回兰州任职后，辛安亭在讲话、文章中经常提及叶圣陶并时常引用叶圣陶的观点，如在《怎样指导学生作文入门》一文中，辛安亭提出要"文从写话起"，不能教儿童生编硬套，正确的说法应像叶圣陶同志在《大力研究语文教学，尽快改进语文教育》一文中所说的一样。又如在《改革语文教学 提高教学质量》一文中，他引用叶圣陶的文章，证明"教师要少讲"这个观点。在兰州市中学语文教学座谈会上，辛安亭宣讲介绍了叶圣陶对中小学作文课的看法和意见。总之，辛安亭称叶圣陶是语文教育的老前辈，对叶圣陶的很多教育思想都非常推崇。

1982年1月，民进甘肃省委会筹备委员会成立。辛安亭出于对教育事业的热爱，加之受到叶圣陶（1962年加入民进，1979年起历任民进中央副主席、主席、名誉主席）的深刻影响，便提出申请，希望加入民进。中共甘肃省委统战部鉴于辛安亭在教育界年高德劭，他加入民进既便于更好地联系教育界同人，也有利于民进甘肃省委会的创建，遂在1982年6月特批早已是中共党员的辛安亭加入民进。辛安亭成为民进会员后，于1983年7月受命牵头创办了金城联合大学。这所大学是甘肃省历史上第一所民办大学，由甘肃省八个民主党派联合筹办。由于辛安亭在教育界德高望重，又有管理兰州大学的经验，于是被各民主党派一致推举为金城联合大学首任董事长。年近八旬的辛安亭欣然承担重任，奔走呼号，协调各方，克服困难，为金城联合大学的创办和发展殚精竭虑。1984年1月30日，民进中央副秘书长吴廷劢和民进中央组织部副部长郑芸龙，代表民进中央看望了因病在京住院治疗的辛安亭。

20世纪80年代初，面对外来资本主义文化的侵入，一些青少年盲目地认为"外国的什么都好，中国的什么都不好，于是自由化、个人主义就流行起来；极少数人数典忘祖，甚至崇洋媚外，丧失国格"。这种情况使部分青少年陷入历史虚无主义的旋涡之中，失去了为祖国奋斗的激情与热血，对社会、国家的建设起到了非常不好的影响。面对这一现象，辛安亭提出："在增进青少年文史知识的同时，结合对他们进行爱国主义的思想教育，以抵制资产阶级思想的腐蚀是完全必要的，也是我们教育工作者的一项光荣任务。"基于此，辛安亭编写一系列杰出历史人物的传略。1982年，辛安亭将有关人物传略寄给叶圣陶。此时叶圣陶视力极度衰退，但他仍令叶至善等诵读辛安亭的部分著作，将大意转述之。叶圣陶念及辛安亭长期致力于撰写历史人物传略等供青少年阅读的文章，积累至今，已成规模，便提议辛安亭将这些人物传略印成一册。辛安亭欣然采纳，一年后的1983年，辛安亭就出版了《中国历史人物》一书。在该书的序言中，辛安亭写道："我编写的历史人物，有对我国疆域的开拓、巩固与捍卫做出了重要贡献的，有对各民族团结做出突出成绩的，有的是社会政治改革家，有的是农民起义领袖；另外，有伟大的诗人、散文家、小说家、艺术家，有杰出的思想家，有著名的科学技术专家，总共136人。"这些历史人物都推动了中国历史的前进，留下了宝贵的精神遗产，是中华民族的脊梁。对每一个历史人物，他都做到评述得当。如在汉武帝这个历史人物身上，辛安亭就对繁复的历史材料费了很大的剪裁功夫。汉武帝16岁登基，在位50余年，开创察举制，推行推恩令，兴太学，拓疆土，一生建树功业无数。但是辛安亭在该书中却只撷取了其"罢黜百家，独尊儒术"和抗匈奴、通西域两件大事。这是因为这两件事是最能突出汉武帝这个历史人物特点的事件，能让学生了解到汉武帝的雄才大略，并对汉代的疆域发展及中国的社会经济文化在汉代发展有一个概括的认识。这就是辛安亭教材和读物编写思想中要抓住主要线索的观点的表现。辛安亭编写该书，就是希望通过对这些中国优秀历史人物的介绍，让中国的青少年了解中国历史，增强对中国历史的认同感，接受爱国主义教育，增强青少年的民族自尊心，从而抵制崇洋媚外的不良风气。辛安亭认为，历史读物可以多择选历史人物小时候的故事，这样儿童易产生共鸣，提高学习兴趣。同时，在描述过程中，要注重语言的生动具体。例如，在《中国历史人物》的《詹天佑》一章中，辛安亭就对幼年詹天佑有一段生动的描写，记述了詹天佑听父亲讲鸦片战争的故事："当讲到林则徐烧毁英帝国主义运来毒害中国人民的鸦片，并打退英国侵略军时，詹天佑高兴得跳起来；讲到清朝皇帝把林则徐撤职，英军又来侵略时，他气愤得捏紧小拳头，像要打架的样子。"这段描写十分生动形象，同时通过典型的事例让儿童对幼年詹天佑有了一个清晰的认知，为之后描写詹天佑修建京张铁路，为祖国奋斗终生做了铺垫。文中的"小拳头"三字，一下子拉近了历史人物与儿童间的距离。儿童会意识到，历史人物其实离自己并不遥远，他们和自己一样，听到了高兴的事会"跳起来"，听到了生气的事会握紧"小拳头"。这样的描写尽可能多地消除了历史人物与儿童间的隔离感，易于儿童理解和接受。

辛安亭与叶圣陶共同工作的时间虽然仅有 11 年，但二老的情谊历久弥笃。辛安亭每次入京，必去看望叶圣陶。他在日记中说："叶老德高望重，我很尊敬他，他也很喜欢我，……每次去了他总是要多坐坐，多谈谈，……所以见面后总是念念不舍。"叶圣陶对辛安亭的来访亦十分欢迎，他在 1983 年 8 月致信辛安亭，表露对他来访的欢喜："公每次到京，必垂顾敝寓，今夏又蒙伉俪偕临，隆情古道，永志不忘。"1988年 2 月 16 日，叶圣陶不幸与世长辞。是年，辛安亭在所编《中国著名现代人物选》中加入了叶圣陶的名字。在《前言》中，辛安亭写道：人物选中"都是杰出的""十分优秀、十分卓越的民族精英"。在介绍叶圣陶时，辛安亭用通俗易懂的语言向青少年介绍了叶老波澜壮阔的一生，称他是"为人民立言的现实主义作家""一位忠诚的爱国主义者""始终把教育的着眼点放在大多数人身上"。在这篇短文的末尾，辛安亭饱含深情与敬意地写道："叶圣陶平易谦和，诚朴敦厚，表里一致，一丝不苟，他从来不说不写一句违心话。他的品德、文章、言行，培养教育了一代又一代的作家、学者、教师、学生、编辑和出版工作者。他是中华民族知识分子的楷模，在各方面都不愧为一代师表。"同年的 12

月 28 日，为共和国教育事业不懈奋斗的辛安亭也走到了生命的尽头。

辛安亭生前曾兼任中国教育学会副会长、甘肃省教育学会会长、甘肃省人大常委会委员、甘肃省社科联副主席、兰州市诗词学会会长等职务。兰州大学校园内一个主干道被命名为"安亭大道"，此举旨在彰显辛安亭对兰州大学乃至全国教育事业的贡献。

综上所述，辛安亭一生致力于教材编写出版、教育研究和高等教育管理工作，是新中国教材编写出版工作的开拓者和主要领导人之一。辛安亭有一些响当当的"头衔"，但他从不以官员自居，不以老党员、老革命自傲，而更愿称自己是一个"编辑"。他致力于教材编写工作，对高职厚禄没有兴趣，生活十分简朴，淡泊名利。辛安亭不仅有丰富多彩的教材编写和编辑出版实践，也有丰富多彩的教材思想和教材研究成果。他从延安时期起长期从事中小学教材编写出版工作，以其在教材领域丰厚的学识和丰富的经验在我国近现代教材发展史上发挥了重要的引领作用。他的教材思想历久弥新，对当今中小学教材建设具有重要的借鉴和指导意义。

第一辑　教育总论

第二辑　教材研究

第三辑　语文教育

第四辑　历史教育与教育人物

第一辑

教育总论

为开展工农教育而努力①

一、方针与计划（略）

二、组织形式与教育方式

工农的学习是业余学习，学习时间是个大问题，必须根据他们生产的情况，善于利用一定的空隙，才好进行教育。工厂工人长年在劳动，可成立正规的职工业余学校，平均每天抽出一二小时来进行经常性持续性的学习。农民则一年中忙闲不一，不好规定通年一律的学习时间。

由于时间关系，工农业余教育的组织形式也只能因时因地因各种情况而制宜，采取多种多样的形式，不可强求一律。工厂城市以及条件好的乡村，可以组织长年学校，一般的农村只能采取季节性的冬学形式。冬学又可根据不同情况，分成整日班、半日班、夜班、早班、午班等等。还可因年龄与性别的不同，分成青年、儿童与妇女等班。文化程度也是一个分班的条件。以上都是集中教学的形式，不可能集中时也可采用分散教学的形式，如巡回学校、识字组、小先生送上门等等。

---

① 本文为作者在 1950 年 12 月召开的甘肃省工农教育会议上的讲话。

长年的正规学校的学习比季节性冬学的学习效果要大，集中的学习比分散的学习效果要大。因此在可能的条件下，冬学应争取转成经常性的文化补习学校，识字组应争取转成冬学。

不论是长年的或季节性的组织形式，不论是集中的或分散的组织形式，都应贯彻统一领导的原则，有计划有组织有制度地进行，才好收到效果。

对工农的教育方式，应是多种多样的。方才讲的各种组织形式可以作为进行文化及政治教育的一种方式。此外，黑板报、读报组、秧歌队、座谈会、连环壁画等等都是教育工农的很好方式，可以适当采用。

上述各种教育方式，在本省说来都是新的办法，不少教育工作者还不大会运用。解放后一年来我们这方面的工作，就整个说还没有展开。不过个别地区采用了某种方式做出不少成绩，也是事实。如西峰与靖远的冬学，兰州市与合水县的夜校，张掖的民教馆，天水的黑板报，武威的假期秧歌宣传等，从工作报告与前昨两天汇报中都可看出是有成绩的，值得各处学习。

工农教育的组织形式与教育方式，在兄弟民族地区都应注意当地的习惯。

三、师资与经费

工农业余教育的师资，主要应依靠群众解决，工厂工人业余教育的教员可由职员与识字较多的工人兼任，专任教员不可太多。城市夜校与农村冬学根据目前甘肃的情况，还是应以小学为基点逐渐发展，教师可由小学教员兼任。单独办的冬学与识字组织，如不是整日班，应尽可能动员乡村干部、农村知识分子、完小以上学生担任教学。整日的冬学可请专任教员，即便有专任教员的冬学，也还应多吸收农村知识分子参加工作，帮助教学。因为工农业余教育要展开，必须采取民教民的方针，广泛吸收能教的人，争取可能争取的一切知识分子，发挥其可能发挥的一切力量；单凭专任教员是解决不了问题的。

这样吸收来的教员，文化程度一定是参差不齐的，政治认识也许更谈不到。因此在开学之前，必须以县或区为单位集中训练几天，使这些教员把他们要教的教材研究一下，并对他们服务的思想与态度给以指示，特别在兄弟民族地区要指示他们尊重兄弟民族的风俗、习惯与宗教信仰。训练这些教员时，要派强的干部。

工农业余教育的经费，基本上也要依靠群众解决。工厂工人有百分之一点五的文教费供给开支，基本上没有问题。农村中兼任教员一般不兼薪，家庭特别困难者，应适当给以补助。专任教员的待遇与兼任教员的补助费，一般都用群众自筹的方法来解决。政府应对工农业余教育准备一定的经费，用以补助个别学校（特别是兄弟民族地区的某些学校）及奖励模范教师与学习模范。工农的文化教育是要逐渐开展的，经费的开支要力求节约，就是节约原则下的开支也还不敢包在政府身上，政府是绝没有这样大的力量的。群众有没有担负这笔经费的力量呢？一般说是有的，关键全在群众发动起来了没有，如果真正发动起来了，群众真是出于自觉自愿的要求办学校，经费是不大成问题的，群众自会想出很好的解决办法。这在老解放区与今天的东北、华北，都有不少事实可证明。

四、教学精神与教材教法

工农业余教育的教员必须有高度的服务热忱才可做好工作，因为教工农是不容易的，工农是半路出家学文化，困难很多，教员如没有克服困难的决心与细心钻研的态度就很难教出成绩来，也许连学生都动员不来，或来了巩固不住，特别在兄弟民族地区。可是克服困难的决心与细心钻研的态度不是随便什么人都有的，必须是重视工农，重视工农教育，能以担任工农教育为光荣，有为工农服务的高度热忱的人，才能具有。在这一点上，陕北的模范教师任逢华先生是一个好典型，全国工农教育会议上钱俊瑞副部长号召全国工农教育工作者向他学习。

成年工农不同于儿童，教成年工农的方法也不应与教儿童的相同，必须根据成年工农的生活、经验、思想要求上的特点来进行教学，才能收到应有的效果。成年比起儿童来，他们有许多特点：第一，工作繁忙，生活上负有责任，因而实用的思想很重，在学习上要求学习常用的字，日常应用文以及和生活、生产有关的实用知识，不欢迎像儿童课本上的那种描写文与故事。第二，社会知识与生活经验多，理解力强，在学习上喜欢学较深的东西，不欢迎小学课文式的娃娃话。第三，他们识字少，记忆力也差，因而在学习上又不能接受长篇大论的东西。为了统一这一特点与前一特点间的矛盾，初学的文化课文的编写应采取言近旨远、文短意长的格言谚语形式，内容是综合性的，包括政治、生产、卫生等常识。教员教学时应多加发挥讲解，同时应在文化课之外进行时事政策等政治教学，教员准备详细参考材料，口头给学生讲，学生不用课本。第四，成年从旧社会染上许多不好的思想与习惯，如迷信、保守、自私、重男轻女、民族仇恨等等，教材教法上也要注意，以求逐渐克服。第五，成年受了旧社会的影响，对识字、对写作存有神秘观念，认为读书识字写文章是天生来的聪明人才可干的，工农粗手笨足学不成，学习上信心很低。这一点教材教法上也要注意，要设法说比喻、举实例，以启发他们的思想；并改进教学的方法，使他们学习上显出成绩来，以提高他们的信心。

另外对工农学习上有人提倡"三勤"（勤问、勤念、勤写），也有人主张"五到"（眼到、口到、耳到、手到、心到，即多看、多念、多听、多写、多想），这都是好的，可以采用。又有人主张教工农要少讲多练，加强个别指导，提倡互相考问，互教互学，这也是好的，可以采用。但是有人主张识字时要做到"四会"(会念、会写、会讲、会用),这却须要考虑。"四会"如作为识字的目标当然是应该的,但每识一个字,就要立刻达到"四会",那一时就很难做到。如我们今年冬学所用课本的第一课里就有个农字,初上学的人头一天你就要他写会这个字,笨点儿的人也许就会降低他学习的兴趣与信心。因此,"四会"教学还是灵活运用才对。

五、领导问题

工农业余教育是一件很艰巨的工作,能否顺利开展,关键在于领导。首先政府、群众团体(工会、农会、青年团、妇联会等)与地方上热心教育的人士应联合组织业余教育委员会(职工的与农民的分别组织,农民的县、区、乡各级都可组织),把力量集中起来,求得步调一致。各级业余教育委员会负责讨论有关该地业余教育事项,决定后由政府教育部门公布;有关教育行政的管理,教学业务的改进,也由政府教育部门负责,群众团体与热心教育人士配合。关于学生的动员、组织、保证学习、了解学习情况等,教育部门应与群众团体共同负责,热心教育人士协助。统一领导,分工合作,政府负责,依靠群众团体,各方配合进行,这是东北与华北工农教育工作中的经验总结,是我们今后开展工农业余教育必须坚持的原则。

仅有组织制度上的规定,还不一定能做好工作。分工合作、统一领导的实现,有赖于干部的正确思想与作风。必须大家都肯负责,又肯遇事虚心商谈。商谈时遇到不同的意见,如果不是原则问题,要尊重别人的意见,善于妥协;如果是原则的问题,一方面要坚持真理,同时要耐心说服别人,要善于展开批评与自我批评,求得合理的统一。这方面,东北与华北的工农教育中都有许多成功与失败的经验,值得我们及早注意。

　　工农业余教育要做好，领导思想上还必须有足够的重视，认识它的重要意义，这在前边已多讲过，不必再谈。但是光喊重要是不行的，力量的使用上要注意这个问题。今后县教育科要配备一定的人力管理这方面的工作，不可放任自流。同时与县政府各科也要取得配合。我们不要关起门来办学校，应该帮助各科在学校里多做宣传政策的工作，同时争取各科人员多多帮助我们的工作。

　　工农业余教育要做好，领导上对群众路线也必须有足够的认识。要认清工农业余教育是工农得到政治、经济的翻身后在文化上解放自己的重要步骤。这是一个广泛的群众运动，必须发动群众起来自求解放。工农群众的创造力是无穷无尽的，我们必须相信群众、依靠群众、发挥群众的积极性与创造性，来进行教育工农的工作。放任自流是不对的，包办代替强迫命令也是不对的。群众如果发动起来，真正自觉自愿地要求学习，一切困难问题如经费、师资、设备等都容易解决，工作上的缺点也容易发现与改进。因此，认真地发动群众，是十分重要的。一定要多方启发使工农及工农干部认识到不识字没有文化的痛苦，认识到文化知识的重要，并对知识分子给予信任与尊敬。

　　关于今年的冬学运动，各分区与县的出席同志于这次会议结束前，应本着全国工农教育会议的精神，参考本厅冬学计划草案，初步订出本地区的发展计划，与本厅社教科再行商谈。回去后很快把计划确定下来，就具体地布置工作。在动员开学前后，要特别注意防止强迫命令与放任自流的两种偏向。上课后要加紧巡视检查，认真指导教学，发现好的例子及时鼓励与推广。冬学结束后要好好作一次总结，取得可靠的经验，以便明年进一步开展冬学运动时参考。

　　我要讲的几个问题讲完了。最后，我们要认识到工农业余教育是长期的艰巨的工作，尤其在我们甘肃这样地广、人稀、经济文化落后的地区，工作过程中一定会遇到许许多多的困难。但革命同志的高贵品质就在于不怕困难，并敢于克服困难与善于克服困难；革命的力量也正是在这样克服困难中成长起来，壮大起来的。我们大家好好努力吧，力量是绝没有白费的，千千万万人的点点滴滴的工作，将会集合成一个伟大的事业。

（原载于《西北教育通讯》第 5 卷第 5 期，1950 年 12 月）

各级学校必须重视健康教育

　　新教育的方针是要培养完全的人，或者说培养全面发展的人，学校对德育、智育、体育、美育都应该重视，一定要把学生培养成体魄健康，思想进步，并且有一定文化知识与审美情趣的人。这个要求适用于大、中、小各级学校，不同的只是要求程度上有些差别。教育上只顾到某方面的发展而忽略另方面的发展是不好的。这本来是极浅显的道理，谁都会承认的。但是口头上的承认并不等于工作中的贯彻，现在我们就健康教育问题来谈一谈。

　　健康教育的重要，教育工作者谁也不会否认；但思想上真正重视健康教育，而且在工作中表现出成绩来的却是非常之少。这也不足奇怪，因为我们从来就有轻视健康教育的不良传统。封建时代，"白面书生"是知识分子的光荣称呼，轻视健康教育是不必说的。兴办学校以后，虽然把体育提出作为教育的一个方面，但实际上把体育的内容缩小为运动，而运动在锦标主义的支配下，几乎又变成少数运动选手的专门事业。于是所谓体育好的学校，实际上只是多出了几个运动选手，并不意味着学校对健康教育的重视，也不是说一般同学的健康情况比别的学校更好。本省解放虽然一年多了，但是因为受了这个不良传统的影响，我们许多学校对健康教育还是毫不重视。今年一月文教厅召开的全省中等教育会议上反映了好多严重的情况，如有的学校学生喝不上开水，常年喝着生水；有的学校学生为了节省，好久不吃食盐；至于不吃青菜更是普遍现象。特别严重的有下面两件事情：临夏中学有床板一部分，如果要发给学生只够半数人用，学校领导上觉得不好处理这个问题，干脆就把全部床板放在空房子里，让学生一律睡在地上；结果疥疮蔓延，传染了百分之七十以上的同学。师院附中数、理、化的教材太重，学生接受不了，开夜车赶功课成了普遍现象，不但在临考时，而且平时也是如此，高中各班尤其严重（现在该校这一现象初步纠正了）。这不只是对健康教育的轻视，简直是对学生健康的摧残。这样惊人的情况，我们不能不加以严重的注意。

根据最近文教厅召集的一部分县教育科长会议上的反映，各地小学生对健康教育不注意也是普遍现象，甚至有的完全小学不但不给学生准备开水，而且连冷水也不准备。学生在夏季每天只吃两顿饭，一天在学校八九点钟，上课、自习、运动等活动很紧张，但流了汗口干了连一点冷水也喝不到。有的学校强调培养学生的劳动观点，让学生负担过重过多的劳动，或者发动劳动竞赛，使劳动过分紧张，这都是需要纠正的现象。

中央教育部对于健康教育是十分重视的，去年夏季全国高等教育会议时，为了照顾学生的健康，严格地提出精简课程教材；在课程改革决定中规定每星期全部学习时间以四十四个钟头为标准，最多不得超过五十个钟头。按照这个规定，课堂教学的时间一般的应该在二十个钟头上下。但是中央的规定我们一部分学校并没有重视，因此课程精简做得很差，去年秋季兰州大学的理学院和医学院上课时间一般还是超过规定，医学院个别年级甚至有一个星期上课三十六个钟头以上的，几乎超过了规定的一倍。中等学校的情况也大致相同，初中不规定学英文，一般还在讲授；数、理、化的上课时间，不少学校是超过规定的；中央规定的精简提纲，许多学校并没有切实执行。课程教材的负担既然加重，开夜车赶功课的现象也就难以克服，学生的健康当然会受到损失。因此，最近全国中等教育会议上对学生健康问题专门做了一个决定，其中规定高中每天全部学习时间不得超过九个钟头，初中不得超过八个钟头。关于这个文件，等到确定以后就要发布下去。

为什么课程精简的精神在大中学校都不能认真贯彻呢？主要的原因是旧教育的遗毒还在一部分学校领导人和教员的思想上作祟。他们相信历来规定的那些课程与教材都是标准的，不可改变或减少的，中学生尤其担心，恐怕学得少了考不上大学。其实过去的有些课程与教材是不必要的，学习它只是耗费许多时间与精力，并没有多大用处。至于招生试题当然应出在精简教材范围之内，不应根据最繁重的课本出题来难为学生。不过事实上考不上大学的高中生和考不上高中的初中生，绝大部分并不是因为学的课本太简单，试题出了课本范围之外；而是由于学得糊里糊涂，不精不通，对学过的问题也答不上来。因此，即使为了升学，教材也还应该采取少而精的原则。这一点希望中等学校的师生特别注意。今后对课程教材应该继续进行切实的精简。

繁重的课程教材成了健康教育的障碍，这的确是一个严重的问题，这方面有很惨痛的教训。在国民党统治时期，被人夸赞的所谓"好学生"，几乎都是功课比较好而身体比较坏的学生，被人夸赞的所谓"好学校"，也几乎都是功课繁重，学生文化程度比较高，而健康一般比较坏的学校。这叫作"得不偿失"，不是教育的成功，而是教育的失败；这样的学校和学生不但不应得到夸赞，而且应该受到批评。因为一个人如果身体坏了，即使学识很好又有什么用呢？还不是增加些自己的苦痛和社会的负担么？现在举一个例子来说明这个问题：兰州大学数学系四年级一位姓宋的同学，他功课学得很好，去年春天被人推荐到兰州工农速成中学教课，只教了一个多月，肺病就复发了，一病就好几个月，又住了医院，最后送回陕北老家长期休养。我们想想，这样的学生对社会对个人有什么好处呢？另一方面也有模范的例子，如去年来西北的访问团团长沈钧儒老先生，去年已经是七十八岁的老人了，如果是一般中国人，六十以上已经进了坟墓，或者病在床上了；但是沈老先生却在六十以后仍是耳不聋，眼不花，又不近视，牙齿不动摇，也没掉落一个，皮肤没病，内脏也没病，一切都很健康。直到今天还是如此，因此他每天还可按时工作，十余年来对民主运动有很大贡献。有句格言"伟大的事业基于健康的身体"，沈老先生就是最好的证明。沈老先生与宋同学这个显明的对比，含有丰富的教育意义，每个同学应该把他们作为自己注意身体的榜样，每个学校应该把他们作为健康教育的生动材料。

今后各级学校对健康教育应该切实加以重视，必须认清不注意学生的健康教育而致损害到学生的健康，就是使我们整个民族遭殃，使我们为国家培养建设人才的努力蒙受损失。不但认识上要重视，并且在各方面应订出具体的实施办法。各级学校首先应该彻底精简课程教材，以减轻学生学习上过重的负担，这一点前边已经讲过好多，不再谈了。

其次，对体育课与生理卫生课应改进教学，力求克服历来教条主义的错误，对有关健康生活的问题应讲得切实而又具体，并配合行政上认真检查，以便对学生的健康生活真正能起指导作用。

第三，每天应该规定适当的作息时间和运动的机会，并且切实执行。学习时间应该保证学习，不能马虎，但应有的睡眠与休息时间也必须保证。运动要向群众性的方向发展，使每个同学都有参加的机会，绝对要防止变成少数运动选手的事情。同时开展体育活动要根据学校现实的条件，不可一谈体育，就只在体育设备方面打主意，要求领导上解决不可能解决的问题。

第四，饮食方面也要大大注意。供给开水问题，学校必须解决，没有水喝与喝生水的现象必须克服；饮食要适当地注意营养，食盐与蔬菜无论如何不能不吃；清洁也要讲究，尤其在夏天，要消灭苍蝇，同时更得注意厕所的卫生。

第五，住的房子应该干燥，也应讲究阳光与空气。如果地方潮湿，应该发动同学自己制草垫，铺在褥子底下，被褥毡毯也应该多晒太阳。

第六，中等学校可能时应该成立卫生所，至少应该聘请适当的西医或中医担任校医，定期检查学生的健康，经常注意疾病的预防。同学中不幸而传染了疾病时，看护必须周到，住房应该隔离，免得加重与蔓延。

目前各级学校对这一问题，应该立刻进行讨论，把急待去办也可能办到的事情先办起来；等到中央关于健康问题的决定发下去以后，再认真研讨，规定出切合实际的详细办法，在实际工作中贯彻。这是学校教育上一个重大的任务，希望各级学校的同志们很好地担任起来。

（原载于《教育文选》第 5 辑，甘肃省文教厅 1951 年编印）

谈谈外国教育发展的情况

多年来，由于林彪、"四人帮"的破坏，我国的教育事业遭受了极其严重的损失，对于外国的教育情况，几乎一点都不知道。粉碎"四人帮"以后，随着对外文化交流的增加，外国的教育情况也逐渐介绍进来。不过，我自己看到听到的还不多。现在仅就个人知道的一些情况，着重在可供借鉴和学习的，简略地谈谈，以供大家研究和参考。

一、教育内容和教学手段的改革

自二十世纪五十年代以来，世界上科学技术在很多领域都有重大的突破。生产自动化的发展，把作为社会主要生产力的人的作用，提到一个惊人的高度。随着科学技术的飞跃发展，自然而然地引起了从根本上改变普通教育和职业训练的需要。现代化的生产过程，要求劳动者必须掌握一定量的最低限度的现代科学技术知识；不仅要求工人的"双手"要"受过训练"，而且要求工人的"头脑"也要"受过教育"。

现在，正在出现一个知识的急速陈旧化的过程。据说，一个工程师的业务知识，在十年期间，过时的就有一半；在今后的五年到八年内，各行专家所必须具备的基本知识，有很大一部分今天人们还未掌握。目前，各国教育界正在加紧探索各种途径，企图克服教育内容的稳定性与工程活动高速度发展变化之间的矛盾。二十多年来，美国、苏联、西欧、日本都在这方面做了许多工作。它们采取了许多措施，都想改变学校教育内容同科技革命成果之间脱节的现象。苏联的科学工作者和优秀的中小学教师及教育科学研究者共同合作，经过理论上的论证和实际的实验，对学校的课程和教学进行了重大的改革。

1957 年，苏联发射人造卫星以后，美国为了培养大批科技人才与苏争霸，便锐意改革中小学课程、教材和教法。1959 年，美国全国科学院在伍兹霍尔召开会议，讨论如何改革中小学的课程与教材问题。著名心理学家布鲁纳担任大会主席。他在这次会上所作的总结报告，于1960 年以《教育过程》为题而出版发行。这本小册子，在国际上被誉为最重要的、最有影响的教育著作之一，截至目前已被翻译成二十三种文字，在全世界广泛流传。它的思想不只直接指导美国中小学数学、物理、化学、生物等科教材的编写，而且也影响到其他许多国家中小学课程、教材的革新。

《教育过程》的一个非常突出的思想，就是强调教材应该带有启发性，能引起学生学习的兴趣，能激发学生对事物的好奇心，能使学生主动地去探索、钻研，并能有所收获、发现，从而产生一种兴奋感。在布鲁纳看来，教材不应只是讲一些现成知识，更重要的是要教给学生一种正确的学习态度和方法。任何一个科学家都能谈一些学习的方法和态度，估量什么样的学习方法和态度最有普遍性、最有用，这是非常重要的。教师应该注意把初步的学习方法和态度传授给儿童，这对他们的迅速成长是大有好处的。

《教育过程》的另一个重要思想，是认为好的教材应当既能清楚地反映各个学术领域的基本原理，又能让普通教师教给普通学生。编写教材的诀窍在于：既要能使学生接受得了，又要能使之快步前进，把这两方面恰当地结合起来。儿童智力发展的每个阶段，都有他自己观察世界、解释世界的特殊方式。给任何特定年龄的儿童教某门学科的任务，就是要按照儿童自己观察事物的方式去进行。这样，任何学科的基础知识，都可以用某种形式教给任何年龄的儿童。

《教育过程》还有一个重要思想，是认为教材的良好结构，能使知识较长期地保存在人的记忆里。详细的材料是靠简单的、明确的表达方式保存在人的记忆里的。这种表达方式具有叫作"再生"的特性。人们获得的知识，如果没有完满的结构把它联在一起，那是很容易遗忘的。一串不连贯的论据，在记忆中只有短暂的寿命；根据原理组织论据，是改善人类记忆能力的唯一方法。

现在，美国在课程、教材的改革中，人们一致认为，智育的任务应当是传授人类积累的文化遗产。要吸收这些遗产，必须进行系统的学习，所以课程应以学科为中心，每门学科都应该用逻辑的次序组织教材，按教材的顺序进行教学。每一学科都应以其固有的基本概念、原则为这一学科的结构。在教学中应特别注意一个学科的基本概念的形成。这样做的好处是：

第一，可以使学生更容易理解学科内容。因为掌握了基本的概念，就容易理解许多特殊现象。

第二，可以使学生更好地记忆问题的细节。因为只要学会了原理和原则，就可以随时把各种细节重现出来。

第三，能启发和开阔学生的思路。因为掌握了基本概念和原则，便能举一反三，触类旁通。

第四，有利于缩小高级知识和初级知识之间的鸿沟。因为一门学科的各个基本概念和原则，虽可分出高低不同的差别，但其根本性质则是一致的。

科学技术的发展以及课程、教材改革的结果，使大学的某些知识可以下放到中学，中学的某些知识可以下放到小学。某些基本概念，也可以在各级学校中用不同方式，螺旋式地在不同水平上进行教学。

美国新的数学教材，把数学中的许多基本概念，如集合的概念、数的概念、空间的概念以及函数、映射、关系等概念，组织成一个有系统的数学结构，并用这些抽象概念和结构，把全部教学统一起来。学习数学的任务，就是要掌握这些概念和结构。物理学教材删减了不少陈旧的内容，增加了许多现代科学的新材料，如有关热力学、固体物理学、电子学、放射同位素反应堆、原子能、量子论、高空科学、火箭推动原理等内容。化学与生物学教材，也都进行了类似的减旧增新的改革。

美国中小学课程、教材改革之后，原先曾盛行的大范围混合课程与单元教学的做法不再兴时了。随着强调学科知识的系统性，科学知识的分量增加了，教学的质量也提高了。

现代科学技术的飞速发展，不但要求教育内容的现代化，同时也要求教学手段的现代化。教学手段的现代化，就是要求用现代技术设备来组织教学活动。具体说来，就是要求在教学上采用新的电教设备，使用电视机、电影机、收音机、磁带录音机、语言实验室、程序教学机、电子计算机等等。教学手段的这种改革，既可大大节约教学的人力，又可充分利用直观教学，大大提高教学的效果，这是一种多快好省地培养人才的办法，在我国今天可以使教育更好地为四个现代化服务。

二、教育科学研究方法的进步

外国教育研究中采取的方法，可供我们借鉴的主要有教育实验法、多因素分析法、追踪研究法、综合研究法、智力、成绩测量法以及运用现代电子设备和控制论理论等等。这里只对教育实验法、追踪研究法和智力、成绩测量法，简略介绍如下：

外国教育界用实验研究的范围很广泛。例如，对婴幼儿的智力发展、中小学学生的学习方法、中小学的学制等，都曾做过实验研究。苏联著名教育家赞科夫，在这方面取得了显著的成果。

在五十年代，苏联有一些教育学家和心理学家，在小学进行了大规模的实验工作。他们的实验研究，帮助人们改变了对低年级学生推理和认识能力估计过低的陈旧观点。研究结果证明，低年级学生的这种能力大大超过了原先的教学大纲所提出的要求。

赞科夫在此研究的基础上，从1957年至1977年，用了二十年时间，长期进行教育实验，规模由小到大。在实验过程中，赞科夫提出了他的教学与儿童发展的主张，提出了他的新教学论的原则，并且制订了新的小学实验教学计划、各科教学大纲，编写了各科教科书和教学参考书。赞科夫的一些著作，已被十三个国家翻译介绍。

赞科夫制订的新教学论的原则，第一条是在高难水平上进行教学。根据这一原则，教师在每堂课的教学进程中，要教给学生十分丰富的知识，使学生集中全部智力吸取它，由此来加快学生的发展速度。第二条是让学生用快速度来吃透教材。为了在教学中把学生的智力提到应有的高度，使学生不至于精神怠惰和呆滞，这条原则是必要的。第三条是在不忽视学生拼写、计算等技能的训练的同时，要特别重视培养学生的抽象思维的能力。

赞科夫认为，考察教学质量要注意教学工作的效率。所谓效率，就是单位时间内所完成的工作量。赞科夫不赞成教师在课堂上讲得太多，他说教师如果尽讲学生已经知道的东西，那就会使他们兴味索然，感到枯燥，终于扼杀了学习的兴趣。赞科夫认为，教师讲得太多是一种教学效率不高的表现，是一种浪费；不精心安排练习，练习虽多，效率不高，也是一种浪费。赞科夫说让学生解答无数的题目，使他们的主要精力放在防止错误和克服作业的单调乏味的影响上面；而他们的思想不过是走熟路，并没有开动脑筋，结果学生做了大量的题目，而对其中的基本规律却盲无所知。赞科夫说多余的重复是传统教学法的特征之一，它实际上限制了学生的思维活动。赞科夫主张教师要在教学过程中，充分调动学生的学习积极性，发展他们的独立思考能力，给学生的个性以合理的表现的余地。他说儿童很想把自己的见闻和想法说出来，跟同学和教师交谈，教师应当满足儿童的这种精神需要。教学中的一些问题，可以提给学生自己思考和讨论，而教师的任务就是创造这种积极讨论问题的情景，并加以启发和诱导，回答学生所不能解决的问题。教育不是教给儿童许多死的知识，而是要在儿童自己思维活动的基础上发展儿童。已知和未知，新旧知识之间的冲突，可以激发学生积极学习的意向，应当很好地加以利用。解答儿童思想上发生的"活问题"，扩大他们的知识面，是对教学和教育工作极为有利的。

赞科夫认为，在教学方法上应克服多余的重复，烦琐的讲解，节约教学时间，加快教学进度，这就是以高速度进行教学。这样做了，就可以不断地以多方面的内容来丰富学生的智慧，使知识纳入一个广泛展开的体系，便于为越来越深刻地理解所要学的知识创造有利条件。赞科夫认为对"巩固性"的要求不能片面理解，知识的广度有助于知识的巩固。他说在传统教学中，传授的知识大多是孤立的，没有形成一个广泛的体系，而在心理学上早已形成这样一条规律：如果知识的各个成分之间没有联系或者联系薄弱，它们就不能在记忆中长期保持。有些知识不是靠单纯复习就能记住的，而是靠知识的广度、靠与其他知识的有机联系而得以牢固掌握的。

赞科夫说，学生的程度不齐，这是客观存在的实际情况，我们应该承认，并且要采取实事求是的态度和措施，使所有的学生都能在自己原有的基础上得到提高。他说一个班的学生虽然学的是同一个教材，但教师可以允许学生掌握的深度不同，对不同的学生提出不同程度的要求，例如数学课对较差的学生，只要求做出正确的计算结果，对较强的学生，则不仅要求计算正确，还要求理解论证为什么要采用这种解题方法；课堂上拿比较容易的问题问差的学生，拿比较复杂的问题问好的学生。教师制定教案时，要从几类学生的不同情况出发，准备几种备用的变式的方案，以便灵活运用。教师只有深入地了解学生的个人特点，才会发现他们潜在的长处，才会逐渐对学生发生感情，才会找到对学生的适当措施。

赞科夫认为，现在对于教学质量的要求大大提高了，由死记硬背得来而不能灵活运用的知识，是不能满足现代化的要求的，即使学的很多。现在的教学要求应是培养学生的思维能力，使学生能够独立地获取不断增长着的知识，遇问题能够自己独立思考，自己分析问题和解决问题。这种品质如果学生毕业以后继续保留下来，可以保证一个人不致落后于日益加速的科学技术的进步。

赞科夫总结了他长期实验的经验，并作了科学分析，在 1975 至 1976 年得出初步结论；按照他的新的教学论原则实验的结果，苏联中小学的教学质量的水平大体提高了一年，即小学三年级达到了原来四年级的水平，中学九年级达到了原来十年级的水平。学生获得的基础知识和基本技能，也比以前更加丰富和充实了。

科学技术的进步和教育实验研究的结果，都要求对数学、物理、化学、生物等学科做较大的改进。其中，数学改革的幅度最大。小学数学要学的新知识主要是等式、不等式、方程的概念，同时在小学阶段，已经给学生讲授了变量、函数等内容，引进了用字母代替数的概念，开始用代数方法来解题，也广泛运用了某些几何知识。这样一来，就保证了学生能从较高的水平来理解关于数、算术运算和数学关系的观念。由于把数学教材内容的一部分从高年级下放到中年级，从中年级下放到低年级，结果，在九、十年级的教学大纲里，就可以增加一些具有重大意义的新内容。例如数学归纳法和积分、无穷极数和极限、三角函数及其图象和导数、指数和对数的导数。在几何课中，也可以学习几种基本的变换，如矢量、双侧对称和轴对称以及平面对称。十年级的重要改革是应用积分来推导计算立体体积的公式。

数学、自然科学改革之后，又有越来越多的人提出，应该给青年人加强法律、经济和哲学知识的教育，他们主张在中学高年级设置系统的社会科学课程，这就产生了在中学设选修课的做法。学校里有两类课程、两类科目，一类是所有学生都必修的，另一类是学生可以按照自己的兴趣选修的。这样做的理由是，一方面考虑年青一代有全面发展的需要，同时也注意到每个学生个性与特长的差异。必修课只讲授每个学生都必须掌握的基础教材。至于那些更为复杂的教材，往往不是所有的学生都能接受的，就让那些对之有特别兴趣的学生自由选修。苏联教育部现已选择并审定了七十种以上的各科教学大纲，许多课程已有供学生用的课本和教师用的教学法参考书。

这些改革自然会给教师带来很大困难，不过有些困难很快就被克服了。现在，他们的数学教学水平已经有了显著的提高。

关于追踪研究法，据一位苏联教师讲是这样的：如果我们想观察学生是怎样接受从学校所获得的知识和信念，以及这些知识和信念怎样进一步发展，那就要对培养出来的人的活动追踪观察几年到几十年。很遗憾，现代心理学和教育学对学龄儿童研究所发表的许多结论，都是建立在对各种学生进行孤立地、短促时间地观察研究的基础上的。要知道，对完全不同的对象、进行急急忙忙地观察所获得的资料是具有偶然性的，而且常常是不可靠的。人们对所研究的对象，如果没有长时期的持续的观察，就不可能揭示出研究对象的规律性。不经过这样一番功夫而得出的结论，往往也就没有严格的科学意义。我们根据经验中大量普遍的事实，也可证明是如此的。我们常常看到在学校里学习很好的学生，出校后有的确实不错，在社会上工作也很突出；有的却平平庸庸，毫无建树。在校时成绩平常的学生，出校后在社会上倒有做出一番事业的。这中间有什么原因，追踪研究下去，是可以弄清楚的。教育学和心理学应该研究这个问题，以丰富其学科内容。

1964年，美国芝加哥大学的心理学家布卢姆写了《人类特性的稳定与变化》一书。这本书以先前发表的近千个从幼儿时期一直追踪观察到成年的"追踪研究"为基础，提出了两个很重要的假设。第一个假设是：个人的某些特性在其变化极为迅速的时期，环境的影响最大；在其变化极为缓慢的时期，则影响最小。布卢姆指出，普通智力从胎儿到四岁的发展，与从五岁到十八岁的发展是差不多的。第二个假设是：变化的幅度与最初的程度无关，但它与个人在变化时期所处的环境条件有密切的关系。据此，他主张家庭应与学校配合行动，以便互相促进。布卢姆的研究工作，指出了早期教育的极端重要性。

关于智力、成绩测量法。量东西要用度量衡，量学生的知识和教育质量，也需要有一个统一的测量工具。现在，外国在这方面也有一套详细的办法。他们对学生的体质、智力发展有一套量表，能够很准确地测定；对学习成绩的好坏，也编制了相应的量表进行测量。他们的量表是在实验研究的基础上制订的。测量的结果是得到大家公认的，教师可据以改善自己的教学，教育科学工作者可据以进行实验和统计分析，作出决策，大学可据测量的成绩录取新生。测量智力的方法很多，主要是强调能独立思考，不受成规约束，发挥创造性。创造力测验的答案，愈多愈好，但应着重创新而有意义。比如在物件的用途项下，要求学生写出"砖"的用途。甲生指出砖可以砌墙、造路、盖亭子等；乙生除指出砖可以造房屋外，还可以抵门、作烟灰盘、蜡烛台，甚至于必要时还可以当手榴弹打敌人。主试者对这两个学生的评语是：甲生的思想较为平凡，所想到的只是作同一类的东西，跳不出常规；乙生的思想特别而优异，所想到的是多方面的，是有能变化的作用，具有超乎寻常的功能。

在这方面我们现在还毫无经验，应该详细介绍过来，进行实验研究。

三、教育科学研究范围的扩大

现代科学的发展有一个明显的趋势，就是随着科学知识的分化与综合，出现了好多新兴的边缘学科。与此相适应，国外的教育科学，也已经突破了教育学、教育心理学、教育史、各科教材教法以及比较教育这一传统框架，出现了教育经济学、教育工艺学、教育人类学、教育未来学等新的边缘学科。这里只对教育经济学与教育未来学简略介绍如下：

教育经济学的核心问题是，把由于生产者能力的提高而创造出来的经济价值，和为此而进行的教育投资的数额进行对比，从而计算出教育投资的效果。

教育经济学具体研究教育工作的生产与分配，教育经费的供应，教育经费的国际比较研究，教育组织的工作效率，教育经费、成本、投资与经济收益，各种教育结构的经济收益的对比，教育与经济增长的关系，教师的需求与供给，各种教育组织的最佳规模等等。

根据教育经济学的观点，教育投资并不是一种消费，而是积累。为了国家富强，就要提高生产者的科学知识和技术水平，这比单纯的增加固定资本和就业人口的效果更好。因此就应不断地进行教育投资，扩大教育投资，积累教育资本。这种经济效果是可以计算的。美国的舒尔茨，曾于1961年提出了一个具体计算的方法。第二年，丹尼逊又修改了舒尔茨的方法，把教育水平的提高作为促进发展经济的诸因素之一，计算方法更精密、更科学了。

教育未来学的意图是：预言未来教育发展的途径，制订适应今后几十年要求的预测性的学校模式。在已经提出的许多未来学校的模式中，占主要地位的是电子计算机、控制教学设备和其他构想中的技术新设施。

法国教育家布斯凯认为，二三十年以后的教育远景是这样的：通讯卫星将向整个大陆转播各种教学电视节目，大型教学电视机和极其复杂的教学机器将会像现在的黑板和粉笔一样普及。

西德的有些学者认为，未来的教育体系将变得和现在完全不同，学校可能消失，教员上课也将会结束。那时，几乎人类的全部知识都将储存在电子计算机的记忆系统之中，人们在电子计算机辅助下，根据各自的才能和任务，确定自己学习的进度。每个大城市及其附近地区将设立一个"教学和情报中心"，那里设有复杂的电子计算机，它们把从家庭成员、医生、教师、心理学家那里得到的关于每个学生的情报集中起来，然后为他们挑选出各种教学大纲、教学资料、影片等。每个家庭里将有一间"学习室"，里边有大型的电视屏幕和一整套教学机器，只要一揿电钮，屏幕上就会出现教师的面孔，学生就能跟他进行直接对话。教师会提出各种建议，回答问题，注视学习进程，并指出学生的进步和不足之处。这种研究是在探索用控制论技术来改善教学过程的可能性，研究的结果有时会有一定的科学价值。

西方教育未来学还有另外一派，其著名代表是智利的伊里奇。1970年出版了他写的《无学校的社会》，此书已译成许多种文字，并在一些资本主义国家里赢得了支持。作者描绘了资产阶级学校的弊病，指出它的阶级性，指出它利用教育机构维护社会不平等的企图。他反对任何学校和有设施的教育。他认为将来在无阶级的社会里不要学校；只要有图书馆、博物馆等就能代替学校的职能，自学将成为一切学习的基础。这种主张反映了反对资本主义社会制度与学校制度的思想情绪。

（原载于《社会科学》1979 年第 3 期）

改进教学，更有效地培养人才

四个现代化的建设，关系着我们国家的前途命运，是当前最大的政治。时间在飞逝，我们必须树雄心，立壮志，狠狠抓住这个最大的政治，专心致志，同心同德地干下去，一天也不能再耽误了。

在这个大前提下，我们高等学校必须承担的光荣而艰巨的任务，就是快出人才，多出人才，出质量高的人才。要完成这一任务，高等教育方面有一系列问题需要解决。仅就学校内部说，全校的工作，自上而下，各个部门，都必须有所改进。我这里只就与教学有直接关系的课程、教材、教学方法三个方面，讲一些个人的看法。

一、关于课程问题

关于大学的课程问题，我没有做系统的研究，现在只就下列四个问题，参考外国经验，讲一些我们的情况与改进意见。

（一）课程门类的多少与互相配合

根据社会的需要与学生接受的可能，一个专业课程门类的多少应该适当，太多了，负担过重，太少了，学生吃不饱，都不符合教学的要求。我国高等学校 20 世纪 50 年代的课程体系，特别是理工院校的课程体系，基本上是从苏联搬过来的。1958 年曾做过一些改革，但苏联原初课程的那个体系的痕迹还是存在着。苏联高等学校 50 年代开设的课程，一般偏多，一个专业往往有三十来门，教材分量又重，我国学生学起来困难较大；在今天内容也是很陈旧了。最近三年来，我们对课程安排做了些调整，但改变不大，总的来说还是偏多。如兰大的地质地理系、数力系、物理系的有些专业，四年共开二十好几门课，一学期同时开的课程，多则七八门，少的也有六门；中文系一年级同时开七门课，都嫌太多。我看了一些有经验的教师的论文，也征求了校内一些教师的意见，初步设想：一般专业，四年内基础课与专业必修课共设十六七门，另外指定选修与任意选修课，每个学生再有四至六门，共计二十门稍多即可。当然，各专业可以稍有不同。至于用三五周即可讲完的专题讲座，可不受此限制。有人认为某些专业的课程虽多，但都是必要的，减不下来。果真如此，那就所用教材，不能求完整体系，只能选最必要的讲。

各门课的教学时数，也应安排适当，偏多偏少，也是问题。如历史系中国古代史、近代史、现代史各占一年，结果古代史讲不完，近代史却又讲得太繁，学生听得有厌烦情绪，应该加以调整。我的意见是：古代史至少应占整个中国史的一半时间。

一个专业所设课程相互间的分工、配合，应成一个完整的合理的体系，先修课与后继课应有密切的联系；对必要的知识，各科间应是既不重复，又无遗漏。但是从现在的实际情况看，在这方面存在的问题很多。如兰大物理系一年级讲电磁学、热学需用的数学公式，在高等数学上还未讲到，给教学造成很大困难。应该是一年级的高等数学多教一些，电磁学等课移后一点儿再学，这样就衔接上了。又如物理系一年级的理论课与实验课自成系统进行教学，也有问题：实验课讲义中着重讲实验方法，对理论概念不加解释；理论课还未讲过的内容，上实验课时学生连概念也弄不清楚，盲目地进行实验，效果很差。为了避免脱节现象，理论课与实验课也应当加以适当调整。再如数力系的理论力学与普通物理两门课程内容有不少重复，浪费时间；这两门课与数学物理方程课又有脱节现象，由于衔接不密切，学生学数学物理方程课有很大困难，这也需要调整。以上所举，都是与教学计划有关的问题。今后教学计划应制订得严密、合理，各科教学大纲也要经过周密的研究，把课程教材间有交叉的地方，集中地适当安排在一处讲清楚，在别处就不要再重复了。同时也要保证知识的连贯性、循序渐进，不能有所遗漏、躐等而进。

（二）关于公共必修课

外国近年来，对于公共必修课十分重视。日本的大学生四年共修124个学分，一般教育科目，即公共必修课就占36个学分，占了总学分的29%。美国麻省理工学院的学生，除学自然科学的公共必修课外，还必须学人文和社会科学72个学分，占了四年大学全部360个学分的20%。

外国这样加强公共必修课的学习，其主要理由是：

1. 发展学生口头与书面的表达能力；

2. 加强学生对于构成人类活动的基础理论、基本概念与思想体系的理解；

3. 促进学生对于国家社会的政治、经济、法律机构的认识。

就培养通才而言，上述理由及做法是好的，有可取之处。但从我国实际出发，现在还不能这样办。因为我们的高等学校经过林彪、"四人帮"的十年破坏，学生的程度比较低，教师在数量和质量上，也都难于胜任那样广泛课程的教学。再就我们的社会主义制度而言，我们首先应该强调政治，特别在今天国内外的情况下，需要大大加强四项基本原则的教育，加强马列主义理论基础的教育。因此，我们公共必修课内设哲学、政治经济学、党史三门政治课是非常必要的，文科还应加授国际共产主义运动史或科学社会主义。这也正是我们教育的先进性。

我们的政治课，作为必修课虽很重要，但也存在问题。当前的大学生因种种原因，有重专轻红、重业务轻政治的倾向，因此，政治课成了不被重视的课，上课时有无故不到的，也有偷看其他书籍的。这种状况必须改变。政治课是讲马列主义理论的，是我们对学生进行政治思想教育的重要组成部分，是学生学习马列主义理论基础，培养革命世界观和人生观的重要方面，是德育的一部分。我们的教育方针是培养学生成为德智体全面发展、又红又专的人才，如果不重视政治课，培养的学生是只专不红的人，那我们的教育和资本主义国家的教育还有什么差别呢？要改变不重视政治课的状况，只就教师方面而言，应努力学习，提高自己的业务水平；才能解放思想，敢于对现实问题发表自己的观点，改进教学方法，多和学生共同研究、讨论，政治课教学的现状是能够有所改善的。政治课内本来还规定每周有一次形势任务教育，这是很必要的；但后来常被别的活动所占用，这也是一个应解决的问题。

公共必修课的外语也有问题。因为学生在中学里有的没学外语，有的学了很少一点儿，因此程度很低。外语每周上课虽只有四节，但复习的时间，每天少则两小时左右，多则三四小时，这就严重影响了基础课和专业课的学习。因此，兰大很多学生对外语学习很发愁，中文系和历史系的一部分学生提出免修外语的要求。免修当然是不恰当的，一个大学生连一门外语都不学，是不合格的。解决这一问题，从现状出发主要还应从提高教师水平与改进教学方法上找出路。就兰大的情况而论，学生学外语困难，一方面是由于学生外语程度低而又参差不齐；另一方面也由于教师的业务能力差，教学经验少。因为兰大的外语系是"文化大革命"后才成立的，水平较高的教师多留在系内教专业课，教外系公共课的教师，有的水平较低。今后要特别加强外语教师的培训工作，教师自己也要抓紧业务学习，认真备课，以改变目前的被动局面，把外语教学的水平大大提高一步。

还有一点我认为应该考虑，就是在大学一年级各个专业都开设中国语文的问题。过去南京大学一年级开设了中国语文课，最近上海许多大学都开设了，我认为很有必要。现在的大学生在中、小学阶段，由于林彪、"四人帮"极"左"路线的干扰破坏，没有很好学习，文化程度低，首先是语文程度差。因此，兰大有的师生也主张在大一普遍开设《中国语文》课，以增补学生的语文知识与提高写作水平；或者开设写作课，着重提高书面表达能力。因为语文是工具课，水平太低，会影响任何专业的学习。我同意这一看法，大一的公共必修课，应增设《中国语文》。如果有很少数学生的语文程度确实高，可以经过考试，合格者准予免修。

（三）关于基础课

对于基础课程，近年来外国也很重视，都在大力加强。如联邦德国在培养工程师的教育中，头两年进行基础教育；日本大学新生入学后，先进"教养部"，读两年普通基础课；法国大学理科一、二年级的"初学级阶"，也是对公共基础学科进行集中教学。为什么他们这样重视基础理论呢？因为虽然科学发展的趋势是分科越来越细，但任何分细的学科都与最基本、最普遍的基础理论有一定联系，掌握了基础理论的普遍规律，对研究分细的专业学科有方便之处。实践也充分证明，基础理论掌握好了，适应性强，学习和工作才能有后劲。专业课即使学得少一些，补学起来也比较容易；如果基础课学得差，专业课也不易学好，所学专业课只能适应很窄的需要，要改学别的困难就很大。有了扎实的基础训练，才能有较强的适应性。我国古人说："根深才能叶茂，源远才能流长"，就是这个意思。

我国在"四人帮"横行时期，对高等学校的课程，鼓吹以战斗任务带教学，大破"老三段"，火烧"三层楼"，取消了基础理论课与专业基础课，只在专业课中选讲一点点基础知识，把基础课教学几乎破坏殆尽了。粉碎"四人帮"后，我们高等学校也在拨乱反正，许多基础课恢复起来，教材也修改了旧的，或者重编了新的，现在绝大部分基础课的教材，已经供应上了。教基础课的教师的力量也加强了。就兰大说，去年上半年学校提出加强基础课教学的问题，经各系讨论后，在统一认识的基础上，下半年把许多有经验的教师（包括正副教授 38 人，讲师 114 人），调到基础课的岗位上，大大加强了基础课教学。这就使教学秩序稳定了，教学质量也有所提高，师生都比较满意。

（四）关于选修课

外国大学课程设置的新趋向是选修课开得多。如美国麻省理工学院每个专业一般能开设选修课四五十门，圣戈达加利福尼亚大学的戏剧专业，低年级设选修课 18 门，高年级设选修课 61 门，让学生从中选一部分。从选修课占的比重说，法国的大学每年最低总课时为 1 100，其中选修课即占 35%；在选修课中，学校指定范围的选修课占 25%，学生自选课占 10%。麻省理工学院的指定选修课与学生自选课，有一种专业占总课时的 25%，另一种专业占总课时的 37%。日本大学的选修课，比重也不小。

他们为什么要设很多选修课呢？这里有社会的需要，也有学生个人的要求，同时也是科学技术发展的必然结果。从社会需要说，把社会上工作中实用的学科列在大学选修课内，学生学后就能在工作中用得上，可以解决社会用人的问题。从学生个人要求说，多设选修课，便于因材施教，发挥学生的特长，也可满足学生不同的兴趣。从科学技术的发展说，现代科学技术发展的趋势是各学科之间互相渗透，使课程内容综合化。因此，在课程设置方面产生了文理结合、理工结合、理工医结合，使学生理解不同学科之间的关联性，培养学生分析综合的能力，以适应科学技术发展的需要。

学科间的相互渗透，产生了许多原先没有的边缘学科，也就是新兴学科。如理工方面的信息科学或工程、生物物理或生物工程、自动控制或系统工程、环境工程等。社会科学间的互相渗透，也超出了单科学科的范围，甚至超出了人文与社会科学的范围。如政治学、社会学与心理学之间，哲学、语言学与心理学之间，经济学、管理学与数学之间，都产生了新的学科。这种新兴的学科反映了课程的先进性。因此，有人说，没有课程的综合化，也就没有现代化。外国大学有不少选修课，就是属于这种新兴学科。

根据上述经验，我国高等学校的课程，也应在加强基础课的同时，多开一些选修课。但是，我们的课程现状，却是选修课很少。以兰大为例，七七级的学生上半年已是三年级了，二十几个专业，开了选修课的只有历史、经济、物理、地理水文地质等几个专业。当然，要多开选修课，当前教师的力量（数量与质量）与学校设备，都有不少困难。不过我们要肯定多开选修课的方向是正确的，要积极创造条件，不但专业课设选修课，基础课也可设选修课。我们应该鼓励教师开出各式各样的课，特别要鼓励他们开出新兴学科与不同流派的学科，这既有利于发挥教师的学术专长与教学才能，培养提高教师；也更有利于活跃学术空气，开展百家争鸣，把高等学校真正办成教学和科研两个中心。我们还应该鼓励学生按照社会的需要、个人的兴趣及科学技术发展的趋势，选学各门各类的科目，使自己成为适应性很强的专门人才。

二、关于教材问题

教材是教学的主要内容，教材建设是提高教学质量的重要一环。三十年来，我国高等学校的教材工作做出了不少成绩，但也走了些弯路，与整个教育工作一样，有正反两方面的经验。一种好的教材，至少应具备三个特点：一是"新"，二是"精"，三是"清"。现行高等学校的教材无论是基础课的还是专业课的，在这三方面，都还存在问题。有比较好的，也有缺点不少的。

（一）先讲教材要"新"的问题

教材是科学知识，一定要保证其科学性，概念的说明、原理的论证、公式的推导，都必须正确，数据的引用，都要有可靠的依据。但光是科学上正确还不够，还应求新。什么是"新"呢？就是要吸取科学的新成就。自20世纪50年代以来，世界上科学技术在很多领域都有重大的突破。生产自动化的发展，把作为社会主要生产力的人的作用，提到一个惊人的高度。现代化的生产过程，要求教育从根本上来一个改变；要求一般工人不仅要"双手""受过训练"，而且要"头脑"也"受过教育"，掌握一定量的最低限度的科学技术知识。至于指导生产的技术人员，应该在高等院校受到更深更高的新的科学技术教育。

现在已经出现一个知识急速陈旧化的过程。据说，一个工程师的业务知识，在十年期间，过时的就有一半；在今后的五年到八年内，各行专家所必须具备的基本知识，有很大一部分，今天人们还未掌握。国外教育界曾探索一条途径，企图克服教育内容的稳定性与工程活动高速度发展变化之间的矛盾，于是采取了许多措施，首先就是在教材内容上，吸取科学技术的新成就，以解决教育内容与科技革命成果之间的脱节现象，使教育赶上时代的要求。因此，近二十年来，国外大、中、小学的教材，都进行了不小的改革，吸取了新的科学成就。

以上是讲自然科学，至于社会科学和文学艺术，二十年来，国内外也有很大的发展。因此，高等学校在这方面的教材，也有不断更新的必要。

我国高等学校理工科的教材，多是从50年代苏联的教材搬过来的，文科教材多是我们60年代初期自编的。拿今天的标准来衡量，当然是很陈旧的。粉碎"四人帮"四年来，在教育部领导、组织下，经过广大教师的努力，新编了不少教材，把原先的教材又修改了许多，在教材建设上，做出了不小成绩。就兰大的情况看，上学期共开课140门，有现成教材的136门，仅有讲稿的4门。在136门现成教材中，"文化大革命"前出版的23门，其中经过修改的17门，未经修改的6门。"文化大革命"后新编的113门，其中统编的55门，自编的58门。据师生反映，现在有书可用，有的教材质量也比较高，吸取了不少科学新成就，对提高教学质量起了很大作用。

但是用新的标准严格要求，教材老化还是一个问题。未经修改的，一般说更显得陈旧；修改过的，也有不少像是旧衣打补丁，新旧不够协调；即使是新编的，有的由于时间仓促，有的由于参考资料缺乏，有些仍是炒旧饭，并未吸取多少新的科学成就。这个问题的进一步解决，当然主要靠教育部摸清情况，组织人力，认真重新编写。但是各大学也应重视这项工作，凡教师力量与资料条件较好的，应鼓励教师自己重新编写，为教材建设贡献力量。

（二）再讲教材要"精"的问题

教材内容不应贪多求全，应求"少而精"。少而精就是要求教材质量较高，分量适当，能抓住重点，讲清讲透，让学生学精学通。我国古人讲"少则得，多则惑"，是很有道理的。那种取材上贪多求全，不留余地；写法上平铺直叙，不抓重点的教材，教师赶进度教，学生拼命地学；教师教过去了，学生未学到手，似懂非懂，糊里糊涂，这还不是"多则惑"吗？因此，教材必须在保持本门课程必要的完整性、系统性、思想性的前提下精简其内容。学生的头脑是有创造力的活的机器，不是单贮藏知识的仓库；教学的过程不是把书本上的知识简单地搬运到学生头脑里，而是着重培养学生自己获得知识的能力，即自学的能力，研究的能力，思维的能力，表达的能力。教材分量过重，课内学时太多，学生成天被动应付听课与复习教材，自己没有主动学习、研究的机会，这如何能培养学生自己获得知识的能力呢？而且心理学上讲："成功是学习的动力，失败会使学习的信心受到挫折。"要使学生学习有兴趣、有信心，教材的写法应有启发性，对一般问题，简要叙述；对关键问题，能深入浅出，讲清讲透；对复杂事物之间的联系，能交代得条理分明。这样的教材能使学生的心智"豁然开朗"，有"柳暗花明又一村"之感，觉得学习很有味道，产生"欲穷千里目，更上一层楼"的愿望。学生学习的积极性高了，有主动钻研的兴趣，教材分量又不大，学生就可自己钻研问题。这样，学生的学习才算走上正轨，前进才有了基础。有人提出对大学生要断奶，要让他们吃粮食，加强自己的消化能力。这一比喻很有道理，值得深思。

"少"与"精"不能并列，少是手段，精是目的。教材做到适当地少，教师才有条件集中兵力打歼灭战，讲透那些精华；学生才有思考、钻研、回味的余地，才能理解透彻。什么是精华呢？每种学科都有许多规律、概念和方法，它们都是互相联系、互相依存的，其中有一些带根本性的东西就是精华。前边讲过，近年来科学技术的发展非常迅速，新的科学知识不断增加。教学如果只是单纯传授知识，学生无论如何也学得有限，不能解决毕业后实际需要解决的问题。只有在传授知识时，抓住精华，抓住基本原理、基本概念，讲深讲透，让学生真正掌握，才能适应社会的需要，随时解决遇到的实际问题。

美国著名心理学家布鲁纳，1960年写了一本《教育过程》的书。这本小册子，在国际上被誉为最重要、最有影响的教育著作之一，已被译成二十几种文字，在全世界广为流传。他在这本书里也强调教材要把基本原理、基本概念讲清楚，强调抓住关键解决问题，这是符合教材要"少而精"的精神的。他认为讲清楚基本原理、基本概念的好处是：第一，可以使学生更容易理解学科内容。第二，可以使学生更好地记忆问题的细节。纷繁的材料是靠简练的表达方式保存在记忆里的，这种简练的表达方式，具有叫作"再生"的特性。学习普遍的基本的原理的目的，就在于保证记忆不会全部丧失，而遗留下来的东西将在需要的时候，能够一件件重新构思起来。第三，领会了基本概念和基本原理，能够通向"训练迁移"的大道。这也就是我们平常说的能够引申理解，能够随机应用，能够举一反三，触类旁通。《教育过程》里讲的是中小学的教材编写原则，我认为对大学教材的编写也完全适用，很值得参考。

我国现行大学教材在"少而精"方面，当然也有不少是好的，但存在问题的也不少。

（三）最后讲教材要"清"的问题

教材不同于一般的书本和论文，它是在教师指导下，供一定程度的青少年学习用的。因此，在写法上不应由编者信笔写出，而应有所讲究。简单地说，教材应该写得"清"，即写得清楚明白。这个要求似乎很平常，但真正要做到，也并不容易。教材要写得"清"，首先，是内容要逻辑性强，要组织严密，要条理清楚，要由浅入深，循序渐进，要能分清主次轻重，重点突出，善于深入浅出；其次，是要有观点，有材料，观点与材料统一，用观点统帅材料，用材料说明观点；再次，语言必须准确、鲜明，不可含混不清，专词、术语不可不用，但也不应随便用，应根据学生年级的高低，有计划地使用；最后，大小标题，也不应随便写来，要提得既简明，又准确，引人注目。这样写出的教材，才便于阅读，便于理解，便于记忆，才能收到事半功倍的学习效果。

布鲁纳在《教育过程》一书中，很强调学科的结构，提出一种学科的教材要把要求学习的事物间的相互联系处理恰当。我体会他讲的就是教材写法上要"清"的问题。

我国现行的大学教材，在这方面有的是很好的，特别是一些有教学经验的老教师编写的，都讲得条理清楚，学起来容易。有的则不然，特别是众人合编的教材，在这方面的缺点就比较多。如果没有一位有经验而又有责有权的主编，统观全书，认真增删、修改，而是听由参加编写的同志各自为政，那么全书就难免出现或结构松散，或内容庞杂，或主次轻重不显明，或材料有重复与遗漏，或前后观点不一致等毛病。这样的教材，教起来太困难，教学效果是可想而知的。

去年 11 月，教育部召开了恢复高等学校理工科教材编审委员会的筹备会，讨论了 1981—1985 年教材规划的若干问题。高等学校的教材建设是一项很艰巨、复杂的任务，希望今后教育部加强对这一工作的领导，遵循教材编写的正常工艺流程，先认真制订各专业教学计划和各课程教学大纲，再根据教学大纲编写教材，进一步提高教材质量。

三、关于教法问题

教学是一门科学，有它自己的客观规律，有它自己的方法。长期以来，有一种说法：小学、中学应讲究教学方法，大学不需要什么教学方法，只要学术水平高，就可把课教好。历来的心理学、教育学、教学法，也只讲小学、中学的教育与教学，而不讲大学的。这实际上是一个习惯的错误，并没有科学根据。实践是检验真理的唯一标准，学术水平太低，要教好大学，当然是不可能的。但是学术水平并不低，教不好课的有的是，无论今天的哪一所大学，也无论过去哪一时期的大学，都不难找出有学识而教课效果并不好的教师，也不难找出学术水平、教学热情都相当而教学效果却不同的事例。原因何在呢？就在于有的教师没有掌握好的教学方法。要知道学术水平高，是说明他掌握了某学科本身的客观规律；教学效果好，是说明他掌握了学生认识过程的客观规律。这是两种规律，掌握了前一种而没有掌握后一种，做科研工作还成，做教学工作就差，这是必然的。小学、中学、大学的学生，年龄不同，知识水平不同，认识的规律、教学的方法，应有所差异；但都有其认识规律，都有其教学方法，是不应该怀疑的。

为了提高教学效果，我们大学的教师应该注意研究教学方法。向教学方法好、教学效果显著的同志学习，互相交流经验，取人之长，补己之短；征求学生对自己教学的意见，采纳正确的意见，改正自己的缺点；总结自己教学的成功与失败，吸取经验与教训；也可找一些教育学、心理学的书本翻翻，求得一些启发。在高等学校对教学法的研究，应是科学研究的组成部分，对研究教学方法的论文应与其他科学研究论文同样看待，都是学术讨论的重要方面。

高等学校的教学方法应该注意哪些问题呢？首先要注意这样一个问题，即教学方法应有利于实现培养目标。大学的培养目标，就综合大学而言，应是培养各学科理论上高质量的人才。所谓高质量的人才，就是不单要学得一定的科学理论知识，而且要具有自己获得知识的能力，包括自学的能力、研究的能力、思维的能力、表达的能力，等等，也就是分析问题、解决问题的能力。有此能力才能运用知识，发展知识；工作才能胜任愉快，才能创新。讲教学方法，应贯彻这一要求。至于具体的教学方法，我只讲如下三个方面。

（一）备课

有人认为备课是新教师、初教课教师的重要工作；有教学经验的老教师，备课不备课关系不大。这种认识是很错误的。无论自然科学、社会科学，新的发现、发明不断出现，新的理论、观点年年发生，教师不认真备课，如何能在教学中传授新知识、新思想，跟上时代前进呢？同时讲课不单要求教师自己理解，而且要让学生掌握。教师如何根据学生的程度，把要教的知识让学生确实学到手，这里有个教师在课堂上如何教学才有效的问题。教师在课前要考虑成熟，计划安排好，才能使课堂教学收到良好效果，而这些问题都要在备课中解决。事实上，真正有经验而又认真负责的老教师，并不放松备课工作，而是把备课抓得很紧的。

备课主要是钻研教材，要认真把教材吃透，同时要了解学生的接受程度与学习态度和方法。特别是一年级新生的学习态度与方法，往往不适应大学的教学，教师更须注意了解。因为教学是要学生掌握教材，备课如不考虑这两方面，教学方法就有盲目性，教学效果就不可能很好。当然，了解学生是教师平时经常的工作，不是要求每次备课都要做系统的了解。备课要厘清哪些是主要内容，必须在课堂上讲深讲透，要求学生掌握的；哪些是次要内容，可以一般去讲的；哪些是无关紧要，可以删掉不讲的。哪些是难点，教材又写得抽象、概念化，学生不易理解，要考虑讲授时举一些具体事例，或运用图表、模型以及电化教育手段，帮助学生理解；哪些容易看懂，课堂上不必多讲，甚至可以不讲，让学生课后自己去看。

（二）课堂讲授

课堂讲授是教学的主要形式，是教学各环节中最重要的环节。"四人帮"胡乱批判"课堂中心""教师中心"是十分荒谬的。

课堂讲授，首先应注意如何贯彻备课时对处理教材的各种考虑。讲授要与所用教材配合好，既不重复教材内容，又不脱离教材另讲一套。照本宣科或脱离教材的讲法，不仅会浪费学生的时间，而且会引起学生概念模糊，思想混乱。讲授时对教材中重要而难理解的地方，要加以阐发说明；对教材中在学术界观点不一，有争论的，应该指明讲清，万不要不分主次，什么地方都讲一通，估计学生能读懂的教材，只指点读时应注意之点，不要再浪费时间去讲。总之，讲课是指导学生学教材，不是重复读一遍或另讲一套。

其次，课堂讲授要提高质量，也要抓"少而精"。前边讲教材时强调了这个问题，但现行教材有不少不符合这一精神，分量偏重怎么办呢？我们不能完全让现成的教材束缚自己的教学，而应该根据教学的需要由我支配教材。应该是我用教材，不是教材牵我。对不符合"少而精"要求的教材，教师要采取适当的方法，抓住精华，讲清讲透，让学生学精学通。非精华的地方，可以指导学生阅读，不必详讲。相反，如果贪多求全，什么都讲，学生疲于奔命地往脑袋里装知识，成天忙于被动接受，缺乏主动思考，结果不但学习效果不好，而且学得过多，学生负担过重，被迫减少了必要的休息、睡眠与体力活动的时间。如兰大有一个班有三分之一的同学，每天课内外学习时间在十二小时左右。这样下去，势必影响健康。现在兰大学生中，有的体重减轻了，有的眼睛近视了，有的神经衰弱，夜里失眠。这虽与课程门类多、教材分量重有关，但与教师教学不甚得法，也有很大关系。我们的教育方针是培养德智体全面发展的人，大学里绝不可培养病号，造成社会的包袱。因学习负担过重而影响健康，不是个小问题，而是大问题，必须引起严重的注意。

讲课时也可以对学生提出一些问题，或者介绍一些教材内容上有争论的问题，启发思考，引起争论，开展课外阅读。这样便于培养学生的自学兴趣和才能，有利于发现人才，因材施教。

无论文科、理科，各专业在历史上或现实中，都有一些成就突出的专家学者，在教学的有关地方，向学生介绍这些专家学者的钻研精神、创造毅力、研究问题的思路、发明发现的过程，是有好处的，对学生有启发鼓舞作用。

课堂讲授，一般地说，黑板上不宜多写，不可形成一种抄笔记、背笔记、考笔记的不良学风。

（三）辅导和考试

教学的任务，除备课与讲授之外，还有课后辅导的问题。在辅导工作上，首先要求主讲教师与辅导教师要密切配合，讲课的重点，难点，辅导教师都要切实理解，在辅导中要有计划地、有安排地让学生理解、掌握。学生掌握知识，有一个接纳的过程，还有消化的过程。课堂上听讲，是在接纳，还未进行消化；课后经过认真复习，把新知识与原有的有关知识组织在一起，使之协调一致，这样新知识才算经过消化，变成学生自己的，才算真正掌握了。在学生复习消化的过程中，一定会发生疑问，遇到困难，有些疑难是学生自己钻研之后即可解决的，有些则需要教师辅导才能解决。这时，辅导就成了"雪里送炭"，是最有实效、最受欢迎的。

在课后辅导中，学生提出的问题，可能出乎教师预料，有的问题教师也难以当时解答，可下去查查资料或请教别人。这样做既解答了学生的问题，也增长了教师的知识，这正是我国古人所说的"教学相长"。教学能做到这一步，是教学的很大成绩。

对课外阅读的辅导，应是辅导的重要一部分，这对培养学生的自学能力、自动钻研能力，开展学生的科研活动，能起很大的促进作用，值得大大提倡。

辅导学生复习，也要指导复习的方法。开始复习应将教材全面阅读一遍，再理出头绪，分清主次；然后对主要部分再细细阅读，进一步明确教材内容及各个部分之间的联系。这样，教材在学生的脑子里就不那么庞杂，而趋于简明了。有人讲，书是"越读越薄"，这是深有体会之说。另外，要告诉学生复习不能企图一劳永逸，还要间断进行，隔一定时间，再复习一次。因为学习是一个螺旋上升的发展过程，只有反复学习，反复领会，才能牢固，才能深入。

课外辅导不单是解答疑难，讲解知识，而且应注意指导学生的学习态度、思想作风、学习方法等。教师要结合讲授知识，在适当的地方，指点学生学习的态度要严肃认真，细致精密，切不可马虎，不可偷懒，不可粗枝大叶。有些学生重分数、爱面子，不肯切切实实地下功夫学习；有的学生贪多不求精，好高骛远；还有些学生只重记忆，不重理解。对这些毛病，教师应该诚恳地指出来，并帮助改正，消除学习上的障碍。教师还要强调预习教材的必要性，并指导学生如何预习教材，如何记笔记，如何查检工具书，如何看参考书等。要指导学生在预习时，注意找疑难问题，上课时要特别留心听教师对自己疑难问题的讲解；对于看参考书要根据学生程度的不同，提出高低两种要求。

大学生学习，应着重理解。但有些年龄大的学生，只求理解，不重记忆，这也是不对的。对于应该记忆的教材，还是要记住；不过不要盲目地笼统地让学生死记硬背，要在理解的基础上去记，在知识的组织联系中记，在简化了的形式中记，这样记忆就比较容易了。

考试应该是教学方式的一种，运用得好，能促进学习，能促使教师改进教学方法，促使学生改进学习方法。但是，多年来考试并没有起到这种良好的作用，而是成了对学生的一种压力，一种负担，不但不能促进学习，而且阻碍着认真钻研。为什么会成这样的呢？因为考试的方法不好，经常考死记硬背的东西，考零散的知识，考鹦鹉学舌的理论，有的还考教师在黑板上写的东西。要学生死记硬背课本、讲义已不应该，而抄笔记、背笔记、考笔记，就更不应该了。学生在临考前放弃了正常的学习，临时抱佛脚，死记硬背，脑子里装得满满的；但一考过后，很快就一片模糊，再过几天，也许就忘得一干二净了。这样的考试，考不出真正的水平，得分多的往往是很平凡的死用功的学生。这种考试对无连贯性的讲授与机械的学习是一种鼓励。我们应该把考试改变成鼓励学生钻研问题的方法。不管是知识测验或论文形式，都应把考题出成研究探讨式的，可以各抒己见，要能从事物的联系中考虑问题、回答问题。

好的答卷不一定相同，可以各有特色。据说武汉大学历史系曾出过"对朱元璋的评价"这样的考题。这个题是比较好的，也许稍难了一些。考试评卷之后，教师对考卷应加分析研究，做出总结。根据考卷中暴露的问题，提出今后教学方面应求改进的地方，指出学生学习方面应求改进的地方，并向全体学生讲一讲，让大家议一议，是有好处的，总之，高等学校的考试问题是值得研究、讨论的，希望能够找出一个好的办法。

（原载于《兰州大学学报（社会科学版）》1980 年第 4 期）

谈大学优秀学生的培养问题

一、大学要培养优秀的人才

有人说，人才是今天世界上所有财富中最宝贵的财富。因此，近年来有许多国家都提出人才的开发问题，重视研究人才、发现人才、培养人才、选用人才的工作。如 1960 年日本经济审议会发表的《日本经济的长期展望》提出"人才开发论"，并推行"天才教育"，对青年进行早期发现，早期开发，加工培养。1973 年美国国会通过"天才教育法"，为实施天才教育提供了人力、财力、物力和法律的保证，全国有十二所高等学校培训从事天才教育的研究生。苏联在大学里，特别是在几所著名大学里，开办了普通寄宿学校（苏联一般大学里学生不寄宿），从八年级毕业的学生中挑选优秀者，继续学习一年之后，再经筛选转入大学，毕业后再进研究班，培养高级科研人员。如莫斯科大学 1964 年以来，就培养了一千六百多名这样的研究生。

在我国，开发人才，快出人才，出质量高的人才，也是四化建设的需要。过去，我们因缺乏人才、不善于使用人才，吃的苦头够多了，受的损失也够大了。外行领导，不懂装懂，不按客观规律办事，经验教训是太深刻了。

所谓人才教育、天才教育是什么意思呢？就是从学生中选拔特别优秀者，不拘常规，破格培养，使其成为各行各业需要的优越人才，供社会使用。

优越人才应该具备什么条件呢？我想，首先德、智、体三方面应该都很优越。在道德方面应有进步的思想与高尚的品德，在智力方面应有比较丰富的科学知识与敏捷的认识能力，在体力方面应有健康的身体与充沛的精神。这也可以说是人才要素的结构吧。这三者不只是缺一不可，而且有一者差一些也不成。因为智力差当然不能成为人才；智力虽优，但道德差则不做好事做坏事，是社会的败类，是害群之马，人民不会承认他是人才；道德、智力虽优，但体力差则疾病缠身，终身一事难成，也不能算作人才。

光就智力而言，也有个要素构成问题，我想应包含这样三个要素：一是宽厚的基础知识，二是科学的研究方法，三是追求真理的勇气。基础知识宽厚，则进一步学习、工作适应性强，学习专业或改学专业都较容易。掌握了科学的研究方法，则少走弯路，可收事半功倍之效。这二者是一般人都认为重要的，至于追求真理的勇气，其重要性许多人并不认识。要知道有了追求真理的勇气，才敢于在前人的定论面前提出怀疑，敢于冲破习惯的禁区，闯进真理的领域。

根据一些科学家的研究、统计，一般人学习能力最强的年龄在 20 岁到 30 岁之间；科学家发明创造的最佳年龄在 25 岁到 45 岁之间。这就是说，一个人在大学及大学毕业后的几年之间，是学习能力最强的时期；大学毕业后的二十来年，是从事科学研究最好的时期。据此，我们应该在青年的大学教育期间，充分发挥其潜力，提高其智力，把他们培养成优越的后备人才，让其准备迎接艰巨的科研任务或其他任务。

如何把大学里优秀的学生更有效地培养成社会上的优越人才，这是我们高等学校的重要任务之一。要完成这个任务，学校校、系领导、有关教师及学生自己三方面要配合努力。应如何努力，以下讲一些个人不成熟的看法。

二、校系领导要有措施

破格培养优秀学生，首先在领导思想上要打破一种顾虑。因为有人担心特别照顾优秀生的培养，会放松对一般学生的教育；而优秀生是学生中的少数，也许还占不到学生总数的十分之一；培养好一个丢掉了九个，这不是得不偿失吗？其实这个顾虑是多余的，所谓破格地、加意地培养优秀生，并不是要放松对一般学生的教育；我们是在面向全体学生，普遍提高教育质量的前提下，注意培养优秀学生的。这二者并不是互相排斥，而是相辅相成的。普遍的质量提高可以促进优秀生的发展与发现，而对优秀生的教育经验又有助于对一般学生的教育。因此，对培养优秀生的顾虑是不必要的。

培养优秀生，先得选拔出适当对象来。优秀生必须在德智体几方面都优异：在德育方面，政治上应是热爱祖国，热爱人民，拥护四项基本原则，愿为四化建设贡献力量；品德要高尚，考虑公益多，考虑私利少。在智育方面，知识比较扎实（包括基础知识与外语），认识事物、事理的能力较强，智力高，钻劲大；这就不单是当前的学业成绩比较优异，而且进一步发展的潜力也大。在体育方面，身体健康，精力充沛，能吃大苦，耐大劳。这样的苗子才是好的培养对象，才有远大的前程。

以上讲的是选苗的标准，是优秀生应有的基础。在大学期间，对优秀生还应有一个培养的标准，即要达到的要求。这里不指别的，只是指在品德作风方面更便于继续前进的必要条件。在今年京津青年座谈会上，许多青年讲其自学成才的经验，综合讲到这样五条：理想、勤奋、毅力、虚心、科学方法。这个经验非常中肯，后来有人誉之为成才的规律、钥匙，大学培养优秀生也应向此学习。理想对一个人很重要，它是生活的动力。有理想的人才能活得有趣，干得有劲，生气勃勃，积极上进；没有理想的人，不是悲观厌世，就是怀疑动摇，或者是昏昏沉沉，无所作为。政治上有共产主义理想，当然很好；即使没有，而有专业理想，希望在专业方面有所成就，能对祖国、对人民做一些事情，能有所贡献，这也很好。但理想不是空想，也不是光在口上谈的，而是要求实现的，这就要努力，要勤奋，才好达到。勤奋还要能坚持不懈，不能忽热忽冷，一曝十寒，三天打鱼两天晒网是不行的，因此又要有毅力、有恒心、有韧性。一个人要能充分发挥才能，做成一番事业，还要有谦虚的品质，能听取别人的意见，吸收别人的长处，以补自己的不足，使自己成为更完美的人。无论学习、工作，科学方法都很重要，会运用科学方法，可以少走弯路，收到事半功倍之效。能使优秀生在大学期间，达到有理想、能勤奋、有毅力、能虚心，又会运用科学方法，毕业后在社会上做了工作，就可继续努力，自学成才，承担国家给予的艰巨任务。

培养优秀生，校系领导的重要措施之一是要把选拔出来的优秀生另行编班，单独授课。现在按专业编班的办法，教师只能按一般水平进行教学，满足不了优秀生的要求。为了便于因材施教，充分发挥优秀生的聪明才智，去年6月兰大物理系从180名学生中经过两次筛选，选出30来名优秀生，另行编班，加强基础理论课与英语课的教学，选较好的教师负责教学与辅导。这样突击了三个月，学生进步很快。10月间国家统一考试出国研究生时，这个班参加考试的共12人，录取了7人，77级胡青同学还名列全国第一。

1981年春，学校教务处又协同数、理、化三系，从三系全部学生中，经过考察、考试、辅导答疑，选出德智体全面优秀生57人，让他们脱离原班，另行组成新班，合班上英语，分三班教学和辅导数、理、化基础课。这些班都加强了实验、习题、辅导答疑，有的还参考外国教材，加深了课程内容。这样做的结果，学生进步也很快，解决了优秀生在原班经常"吃不饱"，而一般学生又"吃不了"的问题。

在另行编班的同时，还要调整课程和教师。目前大学课程设置的缺点，受过去苏联的影响，固定的必修课偏多（有的多至二十六七门，每周上课二十五节以上），选修课太少，学生成天忙于应付必修课，顾不上自行钻研，学习方法被迫形成死记硬背，只往脑子里装知识，消化、吸收很差。根据我国过去的经验与近年来外国的做法，改革的办法应是把固定的必修课坚决减下来，减到二十门以下，每周上课二十节左右。其中要加强基础理论课的教学，给学习选修课与进一步学习专业课打好基础。选修课根据专业的需要和学校教师的条件，尽可能多设一些，还可以设多种多样的专题讲座，以便学生根据个人的兴趣、特长以及将来工作的需要随意选修。选修课的分量可多可少，有的可教一年、半年，有的可教一月、两月；选修课的内容应该多样，可以是基础课的扩大与加深，可以是基础理论的应用，也可以是科学发展的新成果或新问题。这样，学生必须学的知识减少了，主动钻研的机会就增加了，给学生独立思考创造了条件，学到的东西活一些，应用起来会好一些。这是一般学生都需要的，优秀学生尤其需要。

在课程调整之后，就要调配业务水平高、责任心强，而又富有经验的教师去担任教学和辅导。有了高水平教师的指导和帮助，优秀生就会迅速成长起来。

培养优秀生，学校的一些制度应有所改进。除了经过考察，可以免修某些课程，可以转换系或专业外，应该允许少数有专长的优秀生，听给研究生或教师上的课，以发挥他们的特长，满足其学习要求。如兰大数力系发现 77 级部分学生入学前曾自学过高等数学的部分内容，他们对数学的兴趣较大，学习的积极性很高，于是经系领导征求任课教师意见后，批准他们参加 77 级研究生基础课程的学习。后来又批准了 77 级学生 7 名、78 级学生 2 名，参加 78 级研究生的"实变函数"课的学习。课程结束时，与研究生一起考试，参加考的 8 名，4 名成绩 100 分，2 名也达到良好。后又参加"泛函分析"的学习，结束考试，6 人中 5 人成绩优秀，1 人及格。他们还吸收优秀生 4 名参加教师的"测度论"讨论班，结束时经过考试，三名成绩优秀，一名良好。化学系让优秀生听外国专家讲的"量子化学"，听后参加考试，有的学生获得了优良成绩。

此外，还应该让优秀生多做科学实验，多组织理论研究或实验、实践小组，把理论和实践紧密结合起来。这不仅对理科学生完全必要，就是对文科学生也应强调，以培养其自动钻研的能力。如兰大中文系部分学生，在校系领导支持下，组织了"五泉文艺社"，已出《五泉》专刊四期，有小说、报告文学、文艺散文、诗歌等，颇得好评。最近又以文科为主，也吸收理科同学参加，成立了"兰大诗社"，社员已有七十多人，将出版《秦风》诗刊。这些组织的活动都给了优秀生钻研与提高的良好机会。中文系 78 级学生黄建国写过许多短篇小说，在几种文艺刊物上已发表过十篇以上。中文系曾召开过对他的小说的讨论会，还请校外作家参加，会上大家对黄同学给了许多鼓励与帮助。

三、教师的教学与辅导

这样的事实是不少的：一个学生在校时学习成绩很好，考分很高，甚至各门学科得到全优，但出校以后，工作平平无奇。为什么会有这种现象呢？主要由于学校衡量学生的标准与社会上工作中需要的条件不一致。学校是重书本知识，以学生书本知识的多少决定优劣，而工作中需要的却主要是做事的智能。学校所学的知识有的与做事的智能无关，有的虽有关系，但也不等于智能，要转化为智能，还有一个学得活与加强练的功夫。要解决这个问题，学校的教学不应只重视知识的传授，还应重视智能的培养。

智能包括智力与能力两方面，智力主要指学生的注意力、观察力、思考力、创造力等，能力主要指实验能力、操作能力、查阅资料的能力等。讲到知识与智能的关系，可以说知识是人对客观现实的认识，智能是人对客观现实的支配力，二者有密切关系。离开知识，不会有智能的发展，智能的发展又有助于掌握高深的知识。二者是互相促进，结合发展的。根据许多人的经验，学习知识时在两点上注意，有助于培养智能：一是要从联系中学知识，要有理解地学知识；二是结合作业、操作、实验学知识，不能空讲道理。这样学下的知识较活，便于应用，容易转化为智能。因此，教师的教学方法要改进，不能只是教师讲、学生听，要善于运用启发式，发动学生自动学习，自己动手动脑，多提出问题，先自求解决，无法解决时，再求教师指导解决。如兰大物理系有的教师，去年收集到美国考题数百道，在指导学生解答时，先让学生深刻理解题意，提出分解的方法，有时教师具体分解典型问题，讲的范围小，但挖得深，学生可以触类旁通，受益很多。

教师对优秀生的教学与指导，还应把教学与科研结合起来，着重培养研究能力，让学生更多地自行探讨解决问题。如兰大数力系教师在讲授"抽象代数"时，除要求学生学习课程内容外，并组织他们阅读有关文献，开展科学研究的训练。在这样指导之下，有三位同学合写出《关于具有限零因子的环的一个问题》的论文；吕多加同学写出了《关于〈关于群的定义〉的一点注记》的论文。这两篇论文在 1980 年 10 月学校科学报告会上宣读过，并得到好评。后一篇是对云南师范学院陈重穆教授发表在《数学进展》上的《关于群的定义》一文的补充。陈教授看到该文后，复信中说吕同学的文章"逻辑正确无误，发展完备了我的《关于群的定义》一文的结论，工作是有意义的"。这样的指导，不仅提高了学生的数学程度，而且培养了学生的科研能力，作用是很大的。再如兰大哲学系有个教师，发现 78 级学生邬焜有勤学苦钻的精神，对"信息"问题很有兴趣，于是他就帮助邬焜选题、找资料，并推荐他参加校内外学术讨论会，研究这方面的问题。在教师的精心指导下，经过三年的努力，该生写出了《信息在哲学中的地位和作用》一文，得到大家的好评。

基础理论的重要，前已讲过，教师一定要花大力气教好基础理论课。如何教好呢？第一，教师对基本概念与关键问题要讲清讲透。第二，对专业课常用的基础知识要着重讲，以便学生学专业课时容易接受。这就要求教基础课的教师也要熟悉专业课的内容，跟教专业课的教师取得联系，互相配合。第三，教专业课的教师要随时指导学生复习有关基础课知识，以便温故知新。

教师指导优秀生确定重点研究方向，是一个重要问题。指导的总原则是扬长避短，发展优势。教师要及早深入了解优秀生确定重点研究方向的有关条件，如个人的专长、兴趣，亲友协助的便利条件，社会工作的需要等等，然后综合考虑，与学生反复商谈，确定研究方向。确定之后，就要鼓励学生下决心，费大力，坚持干下去。

教师对学生进行辅导答疑，是发现优秀生，进行具体指导的重要机会，教师要充分利用这一机会。要改革考试方法，不要限于考察学生的知识状况，还应注意了解学生的注意力、观察力、思考力、创造力的水平。这样一来，就把考试变成了解学生智力，改进教学方法的依据，这对培养优秀生也是有益的。

在改进教学方法的同时，教材也要力求改进，向精、新、清的标准努力，精就是"少而精"，不要贪多求全。教材应在保持本门课程必要的系统性的前提下，精简其内容，抓住重点，教师讲清讲透，学生学精学通。新就是要吸收科学的新成就，二十世纪五十年代以来，世界上科学技术的发展突飞猛进，教材吸取新的科学成就十分必要。清就是清楚明白，教材不同于一般著作，不应由编者信手写出，必须组织严密，条理清楚；由浅入深，循序渐进；分清主次，重点突出；语言必须准确、鲜明，不可含混不清。这样的教材，才便于教学，便于自学，便于理解，便于记忆；才能收到事半功倍的效果。现行教材多数不是教师自己编的，不一定符合这三条标准，尤其不一定符合优秀生的需要，这就要求教师根据学生的特点，灵活使用教材。

要教好学生，特别是教好优秀生，教师必须有"学而不厌，诲人不倦"的精神。只有热爱教育事业、热爱学生的教师，才会有这种精神。这样的教师，才是真正的好教师。一个教学班里有了一位这样的好数学教师，学生学习数学的兴趣就高了，很快就会出现一批数学好的优秀学生；如果有一位这样的好物理教师，学生学习物理的兴趣就高了，很快就会出现一批物理好的优秀学生。这是客观规律，许多人有此经验，希望我们能有许多这样的好教师。

四、学生学习的态度与方法

从根本上说，学生的知识、能力是自己学会的，不是教师教会的；教师的作用只在启发指引学生自学的态度与方法。因此，学生自学的有效经验是十分宝贵的。兰大部分优秀生写的个人学习经验，有不少是很实际、很有用，可供参考的。现择述一些如下：

1. 新生入学后对大学学习方法有一个不适应的时期，这期间学生对新环境表现出新奇和不习惯。一是学习兴趣很高，但带有盲目性，如贪多图快，什么都想学，到处听课，学习面铺得很宽，不从精力上考虑，不从效果上考虑，结果造成包袱过重，疲于奔命，不能坚持下去，浪费了时间。二是学习方法简单。中学课程门类少，教材分量轻，许多学生用死记硬背的方法去应付。大学课程门类多，教材分量重，用死记硬背的方法不但学不过来，而且这样学习效果很差，远不符合大学的要求。这两个缺点必须很快改掉，才好适应大学的学习。

2. 听课应以听懂为主，不应以记全笔记为主；应在听懂的基础上，稍做一些笔记。重点是记教师所讲的要点，证明定理的关键步骤，解题的分析方法等。对难懂的地方，宁肯不记笔记，也要听清教师的讲解。

3. 复习要及时，最好在学后一二日内进行。此后，每隔一段时间再复习一次，这样就容易巩固，理解也可加深。复习时要理清系统，抓住中心与重点，把头绪弄简明，化繁为简，易懂易记，有人说书是越读越薄，很有道理。

4. 复习不应是一般地、浮光掠影地应付学习的教材，手忙脚乱地企图一下午看多少页书；应该联系先前学过的内容认真思索，总结过去所学的东西，不断充实、掌握较深的知识。复习要保证质量，尽可能解决平时遗留下来的许多问题。要把教材的重要内容，经过复习，经过思考、发掘，变成自己的东西。

5. 复习时看书最重要，听课后看一遍，总复习时再看一遍，要细心看，以理解为主。遇到疑难，先看笔记与参考书，解决不了，再问教师。对教师解答有不同意处，要敢于提出自己的意见，可在尊师前提下与教师争辩。一定要求得水落石出，心服口服，不能唯唯诺诺，似懂非懂。

6. 练习不应追求数量，不是越多越好，简单的数量，重复一套完全相同的练习没有什么意义，徒浪费时间，不能提高程度。学习不是反复做同样的事情，而应是逐渐有所发展，进行更高水平的作业。因此，练习应设计得好，选择得好。做习题要做有代表性的，做一道可以带一批；做题时要注意解题步骤的严密性与叙述的简明性；做题时不要匆匆忙忙见题就动手做，要先把有关基本概念、基础知识弄清楚后再做。

7. 学习总要记住一部分东西，怎样容易记住呢？一是理解了它的重要性，自然就加强了注意力，思想集中，容易记住，而且记得较牢固。二是从知识的联系中学习知识，对知识从扩大、加深中理解，也容易记住，记住后用处也大；孤立的知识不容易记，记住用处也不大。

8. 一个人真正要学有所得，不应计较考分，不要做分数的奴隶。现在一般考试，几乎都是重在考查知识数量，忽视了解知识质量。要学有所得，必须重视知识质量，要善于创造性地领会学习材料，要从理论的深度上理解问题，从理论的运用中掌握问题。这样学下的知识才是高质量的知识，用处才大。

9. 任何一个学习过程，其本身必然是某种学习方法的应用；其学习结果，必然是某种学习方法应用的结果。因此，讲究学习方法，对我们每个人来说是必要的。

10. 一个人要能学有成就，应该有远大的志向。学习是很艰苦的，要把自己培养成有真才实学的人，不经过长期的刻苦努力是不可能的。有了远大的志向，才会有坚定的信念，才好持久地刻苦学下去。一个人能为世界文明、人类进步做点事是有意义的，是光荣的，幸福的。要立志做一个有文化、有才能的建设者，要为祖国的科学事业做出贡献。有了这样的志向，才能给学习以力量，给克服困难以勇气，提高学习的积极性与兴趣。

以上十条经验是部分优秀生的切身体会，其基本精神是要搞好学习，使自己成为有用之材，必须自己多动脑筋、多下功夫，做学习的主人，不做知识的奴隶。这样才能学得主动活泼，越学越有兴趣，越学越深入；才能有所发现，有所发明，有所创造，有所前进。当然这些经验还不是全面的，有待通过实践去逐步完善，不过我们决不能因此而忽视它的作用。

（原载于《兰州大学学报（社会科学版）》1981 年第 4 期）

谈人才的成长

我们对人才的范围应有正确的理解。不能把人才局限于政治、军事或科学、文学方面，也不能局限于职位高的人方面；应该是各行各业都有人才，只要他的工作成绩突出，成就大，他就是人才。我们的四化建设，正是需要千千万万的各行各业、高高低低的人才，而不只是需要高级的少数人才。

人才成长的途径应该是很多的，我这里只就自己认识到的讲几条。如有可取之处，培养使用人才者可参考，自学成才者也可借鉴。

一、确立志向

自古以来的名家学者，都强调立志的重要。我国明朝的王守仁说："志不定，天下无可成之事。"立志与成才有很大关系。但志向不是空想、幻想，胡思乱想；而要经过深思熟虑才确定。这就成了理想，理想是一种动力，它能推动人前进，使人干起工作来有劲头。理想要远大，不能鼠目寸光，光顾眼前利益。如有的青年中学毕业，理想是考大学，考上大学又如何，就有些迷惘。有的大学毕业，理想是找一个工作，有饭吃，有个小家庭，就心满意足。这样的理想太可怜了。远大的理想应把个人努力与伟大事业联系起来，如中国女排的同志，"她们立志要为祖国的荣誉而打球，把自己的一生同祖国伟大的社会主义建设事业结合起来，把祖国繁荣昌盛的责任感放在自己肩上，这就是她们的理想"。（见 1982 年《高教战线》第 1 期 38 页）这样的理想才能使生活充实，永不迷途。我国古人中成就事业的，也多是青少年时就胸怀大志，理想远大的。如东汉的班超，青年时就矢志要学习西汉的张骞，立功异域。后来他参加征匈奴、通西域工作，并留驻领导西域三十余年，争取、团结各少数民族，为开辟、巩固中国的疆域做出杰出的贡献，自己也成了中国历史上卓越的政治、军事人才。又如北宋的范仲淹，朱熹说他"少有大节，其于富贵、贫贱、毁誉、欢戚不一动其心，而慨然有志于天下，常自诵曰：士当先天下之忧而忧，后天下之乐而乐也"。（见《五朝名臣言行录》）范仲淹的一生就是为实现这一志向努力的，最后也成了中国历史上杰出的政治家、军事家、文学家，自然是出奇的人才。

我国近代史上也出了不少人才，如詹天佑就是一位杰出的铁路工程师，他是自幼立志要在帝国主义面前为中国人民争气而成了才的。十二岁时，清政府招考幼童，出洋留学，他被录取，到了美国。先上中学，后上大学，学习铁路专业。回国后，领导京张铁路的建设。京张铁路经过高山深谷，坡度极大；尤其南口、关沟一带工程十分艰巨。外国人认为中国工程师是绝不可能修成这段铁路的，他们甚至讽刺说："中国修关沟铁路的工程师还没有诞生呢！"詹天佑认为修好京张铁路是关系着洗雪帝国主义诬蔑中国人的耻辱的大事，一定要修好。结果果然修成了，帝国主义者再也不敢胡言乱语了。

臧克家是我国现代著名文学家之一，他发表过许多诗歌、散文和文学评论。他也是自幼立志要为贫苦农民解除痛苦而努力成才的。他在1982 年第 1 期《人才》杂志上讲他的经历说："长期的农村生活，对农民的接近与同情，成为我以后写诗和散文的比较深厚的基础。爱农村、爱农民、爱祖国、爱文艺，这种思想、性格，我在十五岁前基本上定型了。"

现在我国的人才更多，且不讲专家学者，就是下乡知识青年，也有不少立志成才的。如程有志是河北涿鹿县人，中学毕业后升学不成，响应党的号召，自愿报名下乡。农村是广阔的天地，他决心要在农村做出一番事业。他先修剪改进梨树，使产量增加了十倍；又试验改进稻米的种植，使原来亩产二百斤增到七百多斤；又试验玉米杂交；整整试验了十二年，小区试种，亩产达到二千二百多斤。因为成绩卓著，从1973年起，他连任几年县革委会副主任，出席过全国科学大会和五届人大，被选为共青团十大中央委员。职位高了，荣誉多了，但他仍不放松他的试验与研究。

二、勤学苦练

勤学苦练也是成才的途径之一。读书是学习的一个重要方面，高尔基讲书本像窗户，读了书就像打开窗户，能看见许多景物，开扩眼界。但读书也不能无选择的乱读，应抓住重点。重点有两个：一是基础知识的书，一是专业知识的书。专业书要结合自己的工作需要去读，基础的书直接与工作无关，但用处较广，也必须读。虽然专业的门类，科学的门类都很多，但基础知识与各类专业知识、科学知识都有一定联系，掌握了基础知识，学专业知识就比较容易。学好基础知识，其适应性较强。

学习要有收获，态度必须谦虚而又自信。"谦虚使人进步，骄傲使人落后"，这是真理。骄傲自满，老子天下第一，对谁都瞧不起，那当然就不学习了。不学习就不能进步，别人进步而自己不进步，自然就显得落后了。谦虚的人，到处留心向人学习：比自己强的，学人家的长处，补自己的不足；比自己差的，只要他有某一点长处，也要学。甚至别人犯了错误，也要借机检查自己，从中吸取教训。这就是孔子所说的"见贤思齐，见不贤而内自省"了。有的人倒不骄傲，而是信心不足，有自卑感，总觉自己天资低、基础差，努力也赶不上别人，于是干脆就不努力了，这叫作自暴自弃。其实，即使天资与基础稍差一些，只要肯努力，总会有收获；勤奋学习，持久不懈，收获还会是很大的。正如我国古人所说的："人一能之己百之，人十能之己千之，果能此道矣，虽愚必明，虽柔必强。"

任何学习，或多或少总要配合进行练。有的学习则主要是在练，当然也需要一些个人的探索、体会与别人的适当指点。如体育就是如此，如不下苦功练，是难以成才的。我国女排得了世界冠军，大家都兴高采烈。这个冠军是轻易得到的吗？不是，是从一般人意想不到的苦练中才得来的。比如有一次，教练袁伟民训练女排结束了，他又问了一句："谁愿意加练一点？"陈招娣说："指导，我加练一点。"加练的任务是救十五个球，如果救丢一个就负一球，当招娣救起第九个球时，累得躺在地板上起不来了。但袁伟民还是不停地把球往她身上砸过去，一边砸，一边喊："负一，负二，……"招娣感到很委屈，她想：是我自己要求加练的，练点就算了，干吗这么过不去？于是她站起来往场外走，并说："我不练了！"可是袁伟民却严肃地说："要练就练，不想练就不练，没那么容易！今天不练完，明天一早就练你。"招娣无话可说，只得又继续练下去。又如孙晋芳是女排的二传手，是队长，袁伟民对她的要求更严。他常常有意制造各种困难，去磨炼孙晋芳。比如，孙晋芳带领队员做准备活动，明明她是带着腰伤坚持锻炼，袁伟民却偏要点她的名，他对姑娘们说："大家看队长练！"在这种情况下，小孙常常感到委屈，心里想：又不是我没有完成任务，干吗专要我练？袁伟民知道她想不通，语重心长地对她说："小孙，不是我袁伟民要整你，你是队长，肩上的担子重，对你多磨炼一点，这是场上的需要，是事业的需要。"

孙晋芳在这样的苦练中，才成长为优秀的二传手，导演出多少惊心动魄的场景。

李瑞吉是我国壮族痔瘘专家，他勤学苦练，在二十年内（截至1981年）解除了六千二百多名痔瘘患者的疾苦，成了医学界卓越的人才。他给患者动手术时，一边谈话，一边动刀，往往手术完了，患者还不知道，真是"得心应手，神乎其技"了。别人问他的手术有什么"绝招"，他说："'戏法人人会变，各有巧妙不同。'我的巧妙多是向别人学来的，自己也从实践中积累了一些经验补充进去。"他说他给病人减少痛苦的巧妙之道，其实一点也不神秘。只要集中精力，认真钻研，在实践中细心揣摩要领，自然就熟能生巧。他总结他的主要经验时说：要练好技术，强烈的事业心是主体，临床实践和科学研究是两翼；主体最重要，但两翼也缺一不可。

三、扩大见闻

扩大见闻也与成才有关。人常说学问要广博精深，需要"读万卷书，行万里路"。这话是有道理的，见多识广，闻博知繁；孤陋寡闻必然识见短浅。宋代文学家苏辙在《上枢密韩太尉书》中讲："太史公行天下，周览四海名山大川。与燕赵间豪俊交游，故其文疏荡，颇有奇气。……辙生年十有九矣，其居家所以游者，不过邻里乡党之人；所见不过数百里之间，无高山大野可登览以自广。百氏之书虽无所不读，然皆古人之陈迹，不足以激发其志气，恐遂汩没，故决然舍去，求天下奇文壮观，以知天下之广大。"这把远走各地、扩大见闻的好处，讲得十分清楚。

汉朝的伟大历史学家、文学家司马迁，他著的《史记》最受读者赞赏，他的文章之所以特别有吸引力，与他广游全国各地有绝大关系。他从二十岁那年开始出游，用了两三年时间遍游了今河南、安徽、江苏、浙江、江西、湖南、湖北、山东、河北等省。以后又随汉武帝多次出去巡游。东至泰山、琅琊、东海，南至会稽、庐山、长沙、九嶷、邛筰、昆明，西至崆峒、岷山、巴蜀，北至涿鹿、朔方、长城。中国本部几乎都走遍了，只有两广地方没有去。司马迁的大游历对他的一生有极大的意义，不只收集了许多散在民间的珍贵历史资料，而且接触了现实生活，了解了人民的思想感情，经见了名山大川，开阔了胸怀，扩大了眼界。他的文章见识高超，气势雄伟，与他周游各地是有密切关系的。

宋朝的沈括是我国历史上的一位奇人，他是政治家、外交家，协助王安石变过法，还出使辽国谈判过边界。他也是历史学家，当过太史令。更重要的他是科学技术家，他懂得数学、物理、化学、生物、地质、天文、历法、农学、医学、水利工程等等。他的数学水平很高，一位日本的数学家三上义夫曾经说："沈括这样的人，全世界数学史上找不到，只有中国出了这么一个。"沈括著的《梦溪笔谈》是一部奇书，全书写各种知识六百多条，其中关于科学技术的知识就有二百来条，记载了他的许多科学发明发现和真知灼见。世界著名科学史家李约瑟称赞《梦溪笔谈》是中国科学史上的坐标。沈括能有这样的科学成就，和他遍游祖国各地也有绝大关系。他在青少年时就随父亲游历过南北各地，增长了不少见识。后来他在各省做官三十年，到处观察天文、地理、地质、生物等现象，广泛收集各方面的知识，并加以分析研究，晚年著成《梦溪笔谈》。他丰富精深的知识，主要不是从读书得来，而是从亲身经历中得来，从扩大见闻中得来的。

我国明朝的李时珍用了三十年功夫，著成一部《本草纲目》，这是中国历史上最宏伟的药物巨著，全书一百九十万字，收药一千八百九十二种，药方一万一千零九十六个。欧洲著名生物学家林耐的植物分类学著作的出版，比《本草纲目》晚了一百多年，他收集的植物还不如《本草纲目》中的多。李时珍的伟大成就，固然与他大量研究了前人的医药著作有关，但更重要的，特别是他新发现的部分，是得之于亲自在旅游各地时的观察与收集。他多次外出旅行，采药足迹遍及大江南北，行程达一万多公里，"穿花寻路，直入白云深处"。他积累了大量关于草药的第一手资料和民间偏方，促成了他的宏伟著作。

英国的达尔文是近代世界史上最伟大的生物学家，是生物进化论的完成者。他的成就与接受前人的研究成果有关，但更重要的是他参加了"贝格尔"号军舰的环球考察。从 1831 年到 1836 年的五年远航考察，是他一生中极重要的事情，决定了他的整个事业。在考察中他登高山、进密林、上孤岛，详细地考察了南美洲和太平洋中许多岛屿的动植物以及地质、矿产等方面的情况。他不但观察到许多现存生物的现象，也看到化石中生物的现象，他发现古今生物是有变化的，生物品种是由少到多、由低级到高级发展的。这就促成了他进化论的思想。

以上这些历史人物都是卓越的人才，他们遍游各地，广开见闻，对成长都起了很大作用。当然出远门，行万里路，也不能无目的、无准备地乱跑，而是要有目的、有准备地去做，带着问题去走，才能收到应有的效果。

杨联康就是一个带着研究黄河发源史的问题，有目的地步行万里，考察黄河的科学工作者。他是北京大学地质地理系毕业生，早有考察黄河的宏愿。1981 年 6 月 10 日，他从北京出发，到了青海黄河源头，开始了步行考察万里黄河的伟大壮举，用了将近一年的时间。他历经酷暑严寒，雨淋日晒，穿过近三十个大峡谷，走过八个省区，1982 年 5 月 10 日到了河南郑州，预计月底可达河口。他是我国历史上第一个徒步考察黄河全程的科学工作者，他取得了有关黄河的大量宝贵资料，已写下四十多万字的考察笔记，这都是研究黄河的重大成果。

四、智能结构合理

智能结构有三个要素：一是知识，二是技能，三是方法。知识是指一个人对客观事物的性质与变化规律的认识；技能指运用知识作用于客观世界，以取得预期成效的能力；方法是人们综合运用知识、技能，以获得事业成功的科学途径。这三者配合成套，结合得又好，可以相得益彰，互相促进，使研究问题或进行工作，都可做出卓越的成绩。

严复是我国近代史上最有成就的翻译家，他翻译之所以成功，是由于他有独具的优越条件：一方面他精通外文，又大量阅读了西方的学术名著，并真切地了解西方资产阶级的社会政治与科学文化；另一方面他又深知当时中国社会弊病的症结，主要不是缺少"声光化电、船坚炮利"，而是需要社会制度的变革，民族精神的觉醒。因此，他介绍西学是针对中国的症结，选择了西方资产阶级社会思想与科学方法方面的八本名著，而不是随便拿来就译的。

严复选译的西方名著，对当时中国思想界的影响是很大的。如他译的《原富》与《法意》，系统地介绍了西方的社会思想与经济学说，的确满足了人们进一步向西方寻求真理的迫切要求，也给了那些封建顽固派的守旧思想以致命的打击。毛主席把严复与洪秀全、康有为、孙中山并列，作为近代中国向西方寻求真理的代表人物，是有深远意义的。严复翻译的八本著作中，影响最大的要算《天演论》。他不翻译达尔文的《物种起源》，而选译赫胥黎的《天演论》，是有他的指导思想的。他认为当时中国重要的不是介绍生物科学知识，而是要宣传政治变革与救亡图存。赫胥黎把达尔文的进化论的基本精神，概括为"物竞"与"天择"，严复又把"物竞天择"与"适者生存"的思想，提到自然与人类社会共同规律的高度，认为"它近之可以保身治生，远之可以强国利民"。他警告国人：如不奋发图强，除旧布新，则将无法生存于世界。这在当时是一声大吼，震动了中国整个知识界与思想界。

严复翻译名著的问世，为先进的中国人反对封建主义的斗争，提供了有力的理论武器。从此，思想的批判变成社会的批判，促进了政治的变革。

严复的译文也是非常值得赞扬的。他精通中国古籍，文言文写得精确而又流畅。他提出译文应达到信、达、雅的标准，既要如实表达出原著的原意，又要中文流畅自然，并有文采。这一要求至今也是很正确的标准。

以上所讲严复译书的成功，其原因是各种条件配合得好，也就是他的各种知识、技能和方法的结构合理，唯其有此结构，他才能在翻译界做出极其优异的成绩。

郭沫若是我国近代研究中国古史有突出成就的一个专家，他之所以有成就，也是因为他具备了几个必要的条件，使知识、技能与方法结合得好，并充分利用起来的结果。他具备马列主义的观点与方法，特别是《家族私产及国家之起源》一书，可以中外对比，使研究工作容易得到启发；他又博览古籍，并懂得甲骨文和金文，便于考订古史的正误；他又精通英、法、日等几国的语言，便于参考、借鉴国外研究的成果。这许多条件结合起来，互相促进，才使他研究中国古史的工作，能够达到前人未及的高度。

五、专心致志

要成才，总要耗费好多精力。但人的精力是有限的，如不集中使用，东山看着西山高，时而干这，时而干那，或同时干几种工作，那成就一定很小。孟子说："人有不为也，而后可以有为。"这就是说，一个人一定不要干许多无关的事，才容易集中力量干成一件事。心力集中在一个方面，对其他毫不用心或用心极少，当然难免出问题、闹笑话，但这也不要紧，如牛顿煮鸡蛋错把钟表煮在锅里，人们传为笑柄，这有什么要紧呢？要知道正由于他在别的事上不用心，做到有所不为，才能集中心力钻研物理学，并取得了空前的成就，使他成了科学上的巨人，有人称他为科学史上最伟大的人物。

我国古代的大医学家孙思邈，幼年时体弱多病，又亲眼看到许多穷苦老百姓，得了病无钱医治，悲惨地死去，便产生了一个念头：当一个医生救活人命是多么重要啊！他于是下决心学习医术，二十岁上就行医看病。他活了一百零一岁，一生一直钻研医术。隋文帝、唐太宗、唐高宗都曾请他去做官，但他不去做，专心给人看病，同时研究医学。他在中国医学方面有很大的成就，七十岁时把他经过长期努力，收集验证成熟的药方汇集起来，编成一部书，叫《千金要方》。过了三十年，他一百岁时，又把后来三十年积累的药方编成一本书，叫《千金翼方》，来补充前书的不足。这两部书都是中国医学的重要著作，是他毕生精力、八十多年的专心致志得出的成果。我们常用"十年如一日"来形容能持久练功的精神，而孙思邈的持久精神则是"八十年如一日"。因此，他成了医学上的杰出人才。

我国科普作家叶永烈同志，提出一个聚焦理论，说：犹如凸透镜可以使万千条阳光集中到一个焦点，从而引起燃烧一样，精神世界的智慧光芒也只在聚焦效应之下，才能形成突破性的成才能量（参看1981年《人才》杂志第1期）。一个人必须聚焦式的专心致志、集中精力去研究、去做事，才能有突出成绩，才能成才。

六、坚持不懈

一个人有了远大的志向与理想，还要专心致志去努力；但如果努力是一曝十寒，也不会有大的成就。要有成就还必须有坚持不懈的精神，坚韧不拔的毅力，这样才能实现远大的目标。鲁迅主张做事要有"韧性"，要能"锲而不舍"。他还说："即使艰难，也还要做；愈艰难，就愈要做。改革是向来没有一帆风顺的。"这就不单要能"坚持不懈"，而且要能"百折不挠"。艰难挫折正是锻炼自己成才的好机会，孟子说一个人的成长，"必先苦其心志，劳其筋骨，饿其体肤，困乏其身，行拂乱其所为；所以动心忍性，增益其所不能。"这话是很有见地的。

我国历史上为了达到远大理想，而能长期坚持不懈的人物是很多的：如汉朝的司马迁编写《史记》费了十八年工夫；宋朝的司马光编写《资治通鉴》费了十九年工夫；明朝的李时珍研究药物学，费了五十多年的时间，其中编写《本草纲目》，就费了三十来年；唐朝的孙思邈一生钻研医学八十多年。他们在钻研编写过程中，都是经过克服困难而完成的。如司马迁在编写《史记》的中途，因李陵案件而遭了宫刑，曾想自杀，但又想到古来富贵而不能流传的人多的是，只有那些有志气而与众不同的人，虽遭逢厄运，也能流芳百世。所以"西伯拘羑里，演《周易》，孔子厄陈蔡，作《春秋》，屈原放逐，著《离骚》，左丘失明，厥有《国语》……"于是他奋发振作，继续写完《史记》这一名著。

1981年《人才》杂志11期上，有一篇《走向大学讲坛的道路》，介绍一位攻读《周易》的坚强人物刘大钧。这也是一个坚持不懈，百折不挠而成才的典型。刘大钧1961年中学毕业，考大学没有被录取，回到家里。他的外祖父是个"老书箱子"，喜欢研究《周易》，他对刘大钧说："《周易》是中国文化史上的瑰宝，你花一点心血，研究它里面的丰富哲理，不也能求得学问吗?"外祖父的这一开导，竟成了刘大钧生活道路上的新起点。他下定决心，走自学的道路，研究《周易》，研究这部历代学者、文人推崇备至的"天书"，要为中华民族的哲学，做出自己的贡献。

《周易》的文字是很难理解的，刘大钧一遍、两遍、三遍地反复读，知难而进。他工作时都在琢磨书中的词语，休息时又拿出书本反复看。"文化大革命"期间，他在一个工厂工作，因为读《周易》，被说成是"封资修的残渣余孽"，挂牌、戴高帽、游街批斗。他住在牛棚里，还背诵《周易》的文句，思索其中的意义。看管的人说他得了精神病，被幸运地送回了家。1976 年 10 月，粉碎了"四人帮"，雨过天晴，刘大钧的《周易》研究由"地下"转入公开。他白天在工厂做工，晚上便钻研《周易》，有时为了一个古字的解释，常常翻阅先秦诸子的几十篇文章，以寻求确切的理解。

1978 年 7 月，刘大钧把他初步整理出的三篇哲学论文——《读易管见》《读史释易——读师卦》《读豫卦》，寄到中国社会科学院哲学研究所。不久，这三篇文章在《哲学研究》与《光明日报》上发表了；哲学研究所还向山东大学推荐了这位后起之秀。1980 年 1 月，刘大钧被调到山东大学哲学系任教，登上了大学讲坛。现在他除了给研究生讲课外，全部精力都用在著书立说上，争取 1982 年 3 月撰写完《周易注释》。

劳动人民中也有出色的人才。四川大英县蓬莱镇的一个清洁工沈前明，坚持灭鼠二十六年，与同伴一起消灭老鼠七十多万只，创造出二十二种灭鼠方法，被某医院约为研究员。我们不论做什么工作，要成为一匹"千里马"，做出独特贡献，先得做一头"老黄牛"，埋头苦干若干年，这也是成才的途径。

法国的居里夫人，是一位著名的女科学家。当她和丈夫居里一道取得发现镭的荣誉，共得诺贝尔奖之后不久，居里便不幸早逝了。这时居里夫人才三十九岁，身边还有两个女儿，小的才三岁。要是别的妇女，可能就躺在过去的荣誉上，安排自己的个人生活了。可是居里夫人则不然，她决心独自前行，继续进取，把两个女儿交给爷爷照管，又投身到事业中去了。五年后，她又一次获得诺贝尔奖。一个人一生得到两次诺贝尔奖，没有顽强的精神，百折不挠的毅力，能办到吗？

七、科学方法

无论做什么，方法是很重要的。毛主席在《关心群众生活，注意工作方法》一文中讲："我们不但要提出任务，而且要解决完成任务的方法问题。我们的任务是过河，但是没有桥或没有船就不能过。不解决桥或船的问题，过河就是一句空话，不解决方法问题，任务也是瞎说一顿。"工作、学习都要讲究方法，无方法，事倍功半；方法好，事半功倍。掌握科学的方法，是爬山走捷径，渡水乘快船，效果要好得多。

科学方法很多，首先是学习马列主义的观点与方法，学会能辩证唯物地看问题。同时还要学习逻辑学，学会用逻辑思维考虑问题的方法。

其次是要善于利用时间。时间就是生命，只有最大限度地利用时间，才能成才。时间有零有整，工作、学习有繁有简，零时间小用，整时间大用，一时一刻不放过，一天能顶一天半用。饭前饭后、坐车乘船，都要安排下利用时间的事，一点也不让空过。有人在监狱里学会了外语，有人在住牛棚时写下了小说底稿，这都是利用时间的能手，值得学习。

管好时间是科学方法之一。1982 年《人才》杂志第 4 期上，讲到美国一个钢铁公司的董事长，每天在办公室里忙得不可开交，但工作效率不高。他请效率专家艾维·李指教，并答应将付给他一定报酬。艾维·李回答说："好，我愿在二十分钟内满足你的要求，使你的工作效率至少提高百分之五十。你每天把你必须做的最重要的六件事情写在卡片上，并按重要程度依次编排。每天上了班按卡片次序办事，一天即使做不完六件事，做完三件也好，把最重要的完成了，效率就好。"这位董事长照此去办，工作效率大大提高。他高兴地给艾维·李寄去一张两万五千美元的支票，并附了一句短语："我平生所学，从未感到有如此大的收益。"可见，分清事情的主次，首先集中力量做好最重要的工作，就能利用好时间，提高工作效率。

学习、研究，少不得资料，善于利用资料，也是科学方法之一。研究一个问题，不要一来就蒙头自己想，先应查查有关书文目录索引，看已有哪些人研究过，看看他们研究的成果。在接受前人成果的基础上，再进一步研究，就不会走弯路，枉费工夫。

善于利用有利条件，也是科学方法之一。如家人、师友有某些专长，与自己研究的问题有关，应多请教，求得指导；他们有的经验、资料，也应设法利用。有时可与之共同协作，不要孤军独战。

善于交叉学习，也是科学方法之一。单调使人容易疲劳，变化易于调节神经。学习一会儿外语，再学习一会儿史地或自然科学，交叉配合进行，效果要好。

善于抓住主要矛盾，善于提出新问题，也是科学方法之一。学要多疑，要能看出矛盾，并且找出主要矛盾，能提出新的问题。跟着新问题再追下去，继续探索，深究一步，这就容易"更上一层楼"，达到"柳暗花明又一村"的境界。

八、机智与勇敢

世界上杰出的军事家拿破仑第一讲过：最卓越的军事将领，要具备两个条件，即机智与勇敢。机智，指军事的知识、聪明、敏感；勇敢，指勇气、果断、决心。这二者不但缺一不可，而且应该并重。勇多智少则冒险蛮干，智多勇少则耽误军机，都不能取胜。

我国汉朝的班超初到西域时，在鄯善国扑灭匈奴使者的战斗，就是机智与勇敢相结合而取胜的典型范例。班超带领三十六人到了西域鄯善国，起初鄯善王招待他们很热情，后来忽然冷淡了。班超很机智，估计一定是匈奴派来使者拉拢，鄯善王一时拿不定主意。他下定决心对带来的人说：不入虎穴，不得虎子。于一夜之间突然袭击，杀死匈奴使者三十多人，烧死一百多人。鄯善王见这情况，大为恐慌，便屈从班超，愿断绝与匈奴的关系，同汉朝和好。

机智与勇敢是军事人才的重要条件，也是从事政治活动、科学研究、文学创作的重要条件。如无机智，政治家就看不出应兴应革之事；

科学家就发现不了前人理论的缺陷与不足；文学家就体验不到社会现实反映在人们心灵深处的问题。如无勇敢，政治家则安于故习，不敢进行兴革；科学家则不敢对前人的理论提出问题，闯进真理的领域；文学家则不敢违反习俗的欣赏习惯，写出惊人的作品。

毛主席讲过："人类总得不断地总结经验，有所发现，有所发明，有所创造，有所前进。"回顾过去，不论生产、科学以及整个历史，都是这样运动的，这是客观规律。如果人们明确了这一规律，加上主观努力，那就会使发现、发明、创造、前进得更快一些。发现、发明、创造、前进四者中心是创造，而创造就必须有机智勇敢。机智才能看出苗头，看出事物萌芽状态的发展前途；勇敢才能把认识变成现实，创造出新事物。可见机智与勇敢是推动人类社会前进的重要力量，也是一个人成才的重要条件。

机智与勇敢这一优良品质，一般地说，青年比成年、老年更强些。因为青年没有书本知识的拘束，也不受习惯势力的限制，思想比较敏锐，行动敢于创新。毛主席说：年轻的胜过年老的，学问少的胜过学问多的，例子多得很，这怕是一条规律。他又说：青年像早晨七八点钟的太阳。因此，他寄希望于青年。讲人才也应注意这一特点，如青年作曲家何占豪，当他还是上海音乐学院小提琴专业的一名学生时，便感到小提琴可与越剧结合，大胆写出《梁山伯与祝英台》，创一代之新，一举成功。现在《梁祝》已蜚声中外乐坛，成为名作。何占豪也成了作曲家的新秀。

以上所讲八条途径，不一定是每个人才的成长都必须遵循的，也许这个人与其中某几条有关，另一些人则与其他几条有关。但总的说，这些都是人才成长的重要条件，很值得研究。

（原载于《社会科学》1982年第3期）

要加强小学生的思想品德教育

今年七月初，党中央宣传部召开少年儿童思想品德教育座谈会，号召全国人民都来关心少年儿童的健康成长。八月，教育部又颁发了五年制小学思想品德课教学大纲（试行草案）。

要把今天的小学生教育成二十年后的真正人才，这当然需要学校、家庭、社会几方面共同协作努力，但我认为主要还在学校和教师。这不单因为小学生一天的活动大半在学校里，而且因为教师的威信，一般比父母要高，父母对他讲时，他不大重视，老师对他讲时，他容易听从。尤其那些品学兼优的教师，他们既管教，又管导；既教书，又教人。他们不但讲课能吸引住学生，而且对学生的品德习惯也很注意，很受学生尊敬，学生也乐于接受他们的指教。可见教师在小学生的思想品德教育中作用是很大的。

对小学生进行思想品德教育，要从大处着眼，启发其远大的理想。有了理想，才有努力的方向。不少小学教师在思想品德课中，给学生讲老一辈无产阶级革命家及英雄人物的故事，还对学生进行"五讲四美""三热爱"的教育，以逐步培养学生的革命理想和为人民服务的思想，将来要为振兴中华贡献力量。但远大理想不是空说的，必须从日常生活中的小事着手。"千里之行，始于足下"，伟大寓于平凡，积累今天的平凡，才能达到明天的伟大。因此，他们经常教育学生勤奋学习，遵守纪律，热爱劳动，爱护公共财物，尊敬老师和长辈……因为只有从一点一滴做起，才能使理想不落空，而有丰富的内容，日积月累，理想才能实现。这里应该特别指出，英雄人物的故事对小学生的教育作用特别大。英雄形象一旦潜入青少年心灵，就能像灯塔一样，在他们心灵中闪光，照亮他们前进的道路。因此，运用大量的英雄人物、革命家、科学家的事迹、传记、文学作品、电影等，对青少年进行教育是十分必要的。

在对小学生进行思想品德教育中，要加强爱国主义教育。我国人口众多，物产丰富，历史悠久，有光辉灿烂的古代文化。我国历史上有许许多多杰出的人物，他们有的从事革命活动或社会改革，做出了轰轰烈烈的事业，促进了我国社会的进步；有的埋头科学研究或文学创作，留下了宝贵的精神财富，对发展民族文化起了很大作用。在今天社会主义四化建设中，更有千千万万的英雄模范人物，做出了惊天动地的事业。通过各种方式教育我们的小学生懂得一些基本的中国历史知识，知道祖国的锦绣河山，涉猎我国古代的灿烂文化，学习古今英雄人物，这样就可以丰富他们的精神生活，提高他们的民族自尊心和自信心，从而激发他们振兴中华的责任感。这对我们今天建设社会主义的物质文明与精神文明，无疑是会有很大帮助的。

对小学生进行思想品德教育，应该做到言教身教并重，课内课外并重。言教是很重要的，教师对起码的是非观念，什么是好，什么是坏，什么该做，什么不该做，平时应对小学生讲清楚。这样学生就有所遵循，知道行为的方向。因为道德行为总是以对道德的认识为前提的，有了这个前提，道德行为才能正确，也才能坚持；否则，只凭盲目冲动去做，听到歪道理，自己心中无数，甚至可能附和。言教的方法当然要讲得通俗易懂，让小学生能理解；也要分寸恰当，让小学生容易接受。身教，也就是做老师的要处处事事以身作则，要求学生怎样做，自己先做出榜样。例如，要求学生整洁卫生，老师自己的头发就梳得很整齐，衣服洗得很干净，做到端庄朴素。如果要求学生尊重别人，对人讲礼貌，老师首先身体力行，对同事不论年长年轻都称"老师"，不直呼其名；借用罢同学的铅笔，也说声"谢谢"。这样坚持下去，同学们就能做到每天保持整齐清洁，衣着、教室、作业本都干干净净；对老师和同学都很有礼貌，从不打骂人，也不说粗野的话。

课堂教学不单是传授知识，也能进行思想品德教育。北京市实验一小的一位老教育家说："通过教材中的正反两方面人物的分析，使孩子们对正面人物起共鸣作用，和典型人物、模范事迹，同命运，共呼吸，逐渐受到感染；借反面人物的可耻行为，激发他们同仇敌忾、义愤填膺的情感。久而久之，孩子们就可以化知识为力量，而知荣知辱了。"①这是讲在课内怎样进行思想品德教育，至于在课外活动中如何进行思想品德教育，兰州市七里河小学的老师们的做法值得参考。他们不但按学生各人的喜爱组织了歌咏、绘画、书法、科技等兴趣小组，还在节日游园时也组织各种有趣活动，借以培养学生的劳动习惯、集体观念、守纪律的思想等等。经过几年努力，他们的学生在组织纪律、学习劳动、团结友爱、助人为乐、关心集体、讲礼貌、讲卫生、爱护公共财物等方面，都形成了良好的风气。

对小学生进行思想品德教育，要重视集体的作用，在集体中进行工作。学校除对少数儿童应进行个别教育外，主要的应在全班和全校学生中进行统一的号召与教育，形成好的班风与校风，充分发挥环境教育的作用，以获得大面积的丰收。兰州市七里河小学就是这样做的，他们每

① 见《教育研究》1982年第2期。

年有活动月，每次有新内容、新要求，深入持久地把学英雄、树新风的教育贯穿于各项活动之中，以激发广大学生的上进心和集体荣誉感。他们还利用广播、黑板报、幻灯、画展，及时宣传表彰学生中的好人好事、好风尚。每年评选出"三好"学生一百多名，成为学生自己的榜样；同时还评选树立先进班集体。这样，经过几年努力，就形成了良好的班风与校风。儿童在这样的集体里生活，无形中就受到了教育，培养出良好的思想品德。

对小学生进行思想品德教育，还要注意指导儿童交朋友。孔子说："德不孤，必有邻。"意思是说一个人要求上进，学得好品德，必须有同伴互相勉励。他又说："益者三友"，"友直、友谅、友多闻，益矣"。意思是说，交朋友要选择正直的，忠实的，见多识广的去交，这是三种有益的朋友。这些讲法在今天还有现实意义，教师和家长应指导儿童交往好朋友，儿童看样学样，于潜移默化中就会养成好的品德。

对小学生进行思想品德教育的内容和方法是很多的，我这里只就自己想到的讲了几点，供小学的老师们参考。

1982 年 11 月

（原载于《辛安亭论教育》，湖南教育出版社 1983 年版）

减轻中学生的学习负担
提高教育质量

　　中学教育对一个人来说，既是确立正确人生观的重要阶段，又是长知识、长身体的最佳时期。因此，它对青少年的健康成长关系极大。根据中学教育的性质，党和人民政府为普通中学规定了双重任务：为高一级学校培养合格的新生；为社会培养合格的劳动后备力量。具体地说，即不论学生是升学还是就业，都要把他们培养成为有理想、有道德、有文化、守纪律的社会主义新人。只有达到了这个要求，才算是"合格"。近几年来，我们的中学教育有了很大的进步，但按照这个要求来衡量，还存在不少问题，其中主要的是有许多学校学生学习负担过重，教育质量不高。这个问题的存在影响着不少青少年政治、文化、身体素质的进一步提高，也损害着我们整个民族和国家的未来，应当引起我们的高度重视。

　　中学生负担过重的主要表现，首先是教材加深加宽，而学生的基础普遍差，有些教师的水平也比较低，因此在规定的课时内教不完，另加了授课时间，或者在规定的课时内勉强教完了，但学得不透彻，需要另加时间补教补学。还有少数学校为了争取较高的升学率，提出"超纲"

的口号，在中学教学大纲之外又增加了教学内容。因此，用星期日和寒暑假为学生补课，这种现象在初、高中的应届毕业生中更为普遍。其次是各门功课都给学生布置作业，其中数学、物理、化学、外语的作业尤多，学生忙于完成作业，每晚做到深夜，有时星期日还要补作业练习。还有一些学校给毕业班找来各种习题集，让学生做难题、怪题，以应付升学考试。第三是不少学校测验、考试频繁，学生除参加校内的阶段、期中、期末、摸底、模拟等考试外，还要应付各种名目的统考，使学生的思想经常处于紧张状态。

由于不少学校和教师的主要精力放在抓智育上，致使学生整天忙于听课、做作业、准备考试，不参加或很少参加必要的社会活动、生产劳动和体育锻炼，其结果是有的文化知识虽学得不少，但思想品德不佳，健康状况不良。如有的学生不愿参加劳动，看不起工农群众，有的缺乏起码的道德修养，不尊敬老人，不关心别人，甚至打人骂人，损人利己。有的学生说："有才就不缺德"，"有个好分数，考上大学，就能飞黄腾达，受用一生"。在他们的脑子里，根本没有四化建设、振兴中华，也没有为人民服务的思想。还有些学生身体衰弱，不能坚持学习，个别考入大学的，由于疾病缠身，被迫中途休学或退学。这样的学生不是我们需要的人才，而是教育的废品，无补于社会主义物质文明与精神文明的建设，而是社会上的负担。再就他们所学的文化知识而言，由于负担过重，整天疲于奔命，只能消极被动地接受知识，没有时间去消化理解它，考试靠死记硬背，作业只能照猫画虎。这种支离破碎而又缺乏理解的知识，不易转变为能力，难于应用。有的学生即使侥幸考上大学，但这靠"催肥"和突击获得的成绩很不巩固，进而学习较高的课程感到很吃力，需要付出很大的力量，才能赶上进度。由此可见，学生学习负担过重，不仅没有提高教育质量，相反地却降低了教育质量，这实在是一个严重问题。

造成中学生负担过重的原因很多，有林彪、"四人帮"的破坏，有教师水平不高和学生基础差的问题，有学校管理和教材、设备方面的问题，也有违反教育规律的问题，但最主要的则是与片面追求升学率有很大的关系。许多学生及其家长担心毕不了业升不了学，将来找不到工作，生活无出路，前途成问题。当然也有不少学生急于成才，希望多学些文化知识，以便深造，好为国家和人民多做贡献；也有一些家长"望子成龙"，要求自己的孩子拼命学习，考上大学，既可有好的工作，又能做一番事业。在这种强烈的要求下，有的教育行政部门表扬升学率高的地区和学校，学校表扬升学率高的班级，教师尽量给学生灌输知识，增加作业，促使他们能够考上高一级的学校；地区和地区之间、学校和学校之间、班级与班级之间、学生与学生之间又互相竞赛，其结果就造成了学生的负担过重。因此，要解决中学生负担过重的问题，首先应该彻底清除片面追求升学率这个大祸害。而要彻底清除这个祸害又是一个比较复杂的问题，需要社会各方面共同协作才能起作用，单凭学校和教育部门是解决不了的。但是，我们在学校工作的同志决不能等解决了这个问题之后，再求减轻学生负担，提高教育质量。而应就教育本身的利害着想，立即尽力设法减轻学生负担，提高教育质量。这既是国家和人民赋予我们教育工作者的艰巨任务，也是我们学校和教师的光荣职责。

如何克服学生过重负担，提高教育质量呢？我认为最根本的办法应该是坚决贯彻党的全面发展的教育方针，认真按照教育规律办事。根据目前情况，具体要抓好以下几项工作：

一、重视德育、体育和美育

在全面发展的教育中，德育是根本，智育是关键，体育是基础，美育可以使学生在审美感受的基础上形成道德信念。因此，苏联当代著名教育家苏霍姆林斯基说："在一定意义上说，美育是德育的深化和丰富化，德育主要晓之以理，美育主要动之以情。"事实上，德育与美育是互相联系和互相渗透的，它们对培养一个人的远大理想和高尚的道德品质，都是不可缺少的。现在有些学校对智育比较重视，这是对的；但是因此忽视了德育、体育和美育，就很不对了。我们培养的下一代，如果没有远大的理想，没有共产主义的道德品质，没有健康的体魄和吃大苦耐大劳的精神，不愿意或者体弱多病不能够为人民和国家服务，这样的人知识再多，能力再强，又有什么用处呢？党的教育方针要求我们培养的学生在德智体诸方面都得到发展，成为有社会主义觉悟有文化的劳动者。我们一定要全面贯彻这个方针，向国家和人民负责，为子孙后代造福，决不能做违背教育方针和教育规律的事，更不能以牺牲学生的健康为代价，来换取教学成绩。当前各中学应该在继续抓好智育的同时，把德育、体育和美育重视起来。按照党的十二大关于建设社会主义精神文明的要求，通过课堂教学和课外活动，普及理想教育、道德教育、纪律教育，使我们的青少年真正成为有理想、有道德、有文化、守纪律的一代社会主义新人。在进行这些教育时，一定要根据青少年的特点，以正面教育为主，从大处着眼，从日常生活中的小事着手，把远大的革命理想寓于勤奋学习、热爱劳动、遵守纪律、爱护公共财物、尊敬老师和长辈等文明行为之中，使学生能够分清是非、美丑、善恶、荣辱，知道什么该做，什么不该做；拥护什么，反对什么。这样，学生就有所遵循，行为也有了方向。在教育方法上，要避免简单的道德说教，而用生动的故事，用动人心弦的英雄模范人物的事迹，用音乐和美术独有的旋律和色彩，等等，去感染学生，在潜移默化中使学生受到教育，形成高尚的品德和情操。在体育方面，除坚持"两操两课一活动"外，要使学生养成锻炼身体和讲究卫生的良好习惯，保证学生有足够的睡眠时间，要注意保护学生的视力，对大量出现的近视眼，应采取有效措施积极治疗和预防。

二、严格减轻学生的学习负担

中学生负担过重的主要表现及其严重后果，前边已经讲了。这个问题引起了社会有识人士的忧虑，去年老教育家叶圣陶先生针对片面追求升学率、严重影响学生身心健康的问题，发表了《我呼吁》的文章。几天后，人大五届四次会议的政府工作报告，着重提了这个问题，责成有关方面认真注意，切实加以改正。近一年来，教育部门和许多学校就全面贯彻教育方针，减轻学生过重负担，采取了一些有力措施，实行之后，已初见成效。如上海市向明中学作了五条具体规定，其要点如下：

1. 各科必须按照教学大纲的要求，克服起点过高、难度过大的倾向。

2. 严格控制作业量。

3. 坚决把学生从频繁的测验、考试中解放出来。

4. 改进教学方法，提高教学效果。

5. 学校领导改变领导作风，改进工作方法，参加听课，把工作抓深抓细。

上海市曹杨二中建立了二十八个课外科技小组和运动队；上海市普陀中学也在学校中积极开展科技、文娱、体育等活动，从而大大丰富了学生的学习生活，开阔了学生的眼界。

北京市教育局在减轻学生过重负担方面做得更彻底，他们具体规定了六条，其要点如下：

1. 市、县、公社都不得给学校下达升学指标，不要以升学率高低评定学校好坏，对学校与教师进行奖惩。

2. 坚决把学校和师生从频繁的考试中解放出来。

3. 必须对全体学生负责，不能只抓毕业班，忽视非毕业班。

4. 严格按照教学计划与教学大纲进行教学，不得任意提高或降低教学要求，不得任意增减课时。

5. 教育部门不编印习题集之类的资料，更不得以此作为统一教学的要求。

6. 要保证学生每天有足够的睡眠时间，力争每天有一小时的体育活动。上课不拖堂，按时放学。按教学计划规定给学生留作业，不许超量。

上述规定及做法都是很好的，值得各地中学参考学习。

据了解，现在绝大多数学校和教师，都承认中学生负担过重，应该设法减轻，但顾虑学生的负担减轻了，会降低教学质量，学生升不了学。关于这个问题，我建议大家认真读一读1982年12月29日《光明日报》发表的《一所教育思想端正的学校——上海育才中学调查报告》。这是一篇很有说服力的好文章，读了可以提高我们的认识，解除我们的顾虑。育才中学是上海市一所中等水平的学校，他们坚持全面贯彻党的教育方针和按照教育规律办事，坚决抵制片面追求升学率，积极减轻学生负担，使学生都能生动活泼地主动地得到发展，从而培养出了大批德智体全面发展的人才。单就其升学率而言，不仅没有降低，而且逐年提高。今年该校高中毕业生158人，除三人顶替家长工作、一人因病缺考外，其余154人参加高考，全部录取，考取重点大学的121人。上海市文科第一、二名，理科第二名都是育才中学的毕业生。这一事实充分说明，改进教学方法，减轻学生负担，提高教学质量是完全可能的。随着教学质量的提高，升学率自然也会提高起来。

三、改善知识教学的方法

现在中学生负担过重，与一些教师的教学不甚得法也有很大关系。因此，要减轻负担，提高教学质量，必须努力改善知识教学的方法。教学方法包括的内容很多，针对目前中学教学中一般存在的问题，我这里着重讲以下三点：

1. 克服教学上的无效劳动。教学上的最高原则，应是用最少的时间教会学生较多的知识。因此，苏联的著名教育家赞可夫提出，教学上要克服浪费，力求做到高要求、高速度。可是，我们今天的中学教学中，无效劳动是相当严重的。如课文教学中教师讲得太多，对课文嚼得太烂，一篇课文讲三四节课，使学生不爱听，甚至厌烦。此外，频繁的考试，使学生忙于应考，精神经常处于紧张状态；课文后的练习有的太难又无积极意义，学生费时多而做不出来，即使费力做出来，但对知识的增加和巩固并无裨益，实在不如少做练习，让学生从容地多读读课文，效果反倒好些。不论什么课程教师过多的讲解、烦琐的考试、不切实际的练习，都是教学上的浪费，是无效或效果很小的劳动。不克服这些无效劳动，教学质量就不易提高。

2. 抓好基础知识，学得少而精。我国古人讲教育有两句话是："少则得，多则惑。"这就是说，学的少了有收获，多了会糊涂。为什么会是这样的呢？这里的少不单是个数量问题，而且是个质量问题。要提高教学效果，教材一定要精选，选出精华来教。一般说，中学的各科教材，讲的都是基础知识，是精选出来的，但细加研究，有的可以说是精华，有的并不是。什么是精华呢？就是那些最基本的概念，长期适用的概念，它在不同的角度上与其他许多概念有联系。理解了它，便于进一步学习其他知识，便于进一步应用。这种概念只要很恰当的教给学生，使他们真正理解了，它会长期保存在学生的记忆里。因此，教师要抓住基础知识讲清讲透，让学生学精学通。如何才能使学生真正理解、学精学通呢？这就要根据一定年龄学生观察问题、思考问题的方式去教，用他们能理解的语言去教。一般地说，要用最简明的话深入浅出地讲清楚关键问题，对复杂事物之间的联系，要能交代得条理分明。李政道博士有一次在中国科技大学讲话时说：老师一定要用最简单的方法回答学生提出的问题，越简单越好。他又说：物理学的观念问题很重要，我们一定要用最简单的方法来表达那些深奥的知识，帮助他们解决观念问题。这就是说，精选出来的教材还要用最简明的教法去教，才能收到更好的效果。他虽然讲的是大学的教学问题，但这个精神完全适用于中小学的教学工作。

3. 培养学生的自学方法和自学能力。近几十年来科学技术飞速发展，新的知识层出不穷。教学如果只是单纯传授知识，无论如何也学得有限，于是教育上强调要培养学生的自学能力，有了自学能力，出校后随时可以吸收新知识。叶圣陶先生也说过：讲是为了不讲，教是为了不教。学生总是要离开老师的，做老师的平时要注意指导，使学生学会自学的方法，自学的习惯，培养成自学的能力。这话深入浅出，讲得十分中肯。怎样使学生学会自学的方法呢？自学的方法只有在自学的活动中才能培养出来，因此要开展自学活动。在自学活动中，首先要引起学生的学习兴趣、学习积极性与主动性，使学生自己肯用脑子。教师怎样引起学生的学习兴趣呢？学生本来都有好奇心，关键是教师要善于启发，要把教材处理得恰到好处，不要很容易也不要太难。这样学生学起来就会感到兴趣。大文学家、大教育家列夫·托尔斯泰有段名言："为了使儿童对人们教给他的东西能够理解和感兴趣，你们要避免两种极端：不要对儿童讲那些他不能知道和不能理解的东西，也不要讲那些他们知道的并不次于教师甚至胜于教师的东西。"这话看似平常，而我们的教师犯这两种毛病的却不少，我们应该深思托尔斯泰的教导，随时注意克服这两种缺点，认真培养学生的自学方法和自学能力，使他们当学习的主人，而不做知识的奴隶。

（原载于《甘肃教育》1983 年第 7 期）

办好师范是振兴教育的关键

新中国成立后，我国的人民教育事业有了很大的发展、取得了显著成绩。十年内乱中，林彪、"四人帮"颠倒是非，混淆黑白，镇压师生，摧残教育，使教育战线成为"重灾区"，整整耽误了一代人，给国家和人民造成了不可弥补的损失。粉碎"四人帮"后，特别是十一届三中全会以来，党中央领导全国人民拨乱反正，教育战线也得到了新生，呈现出一片欣欣向荣的景象。

但是，由于教育战线积累下的问题很多，培养人的周期又比较长，所以我们的教育工作还不能很好地适应两个文明建设的要求。现在党中央对教育工作十分重视，把它列为今后二十年经济发展的战略重点之一，为我们振兴教育创造了极为有利的条件。当前我们教育工作的中心任务是：大力普及初等教育，加强中等职业教育和高等教育，发展包括干部教育、职工教育，农民教育、扫除文盲在内的城乡各级各类教育事业，培养各种专门人才，提高全民族的科学文化水平。要胜利完成这个光荣而艰巨的任务，首先各级党委和教育行政部门要加强对教育工作的领导，党委和政府的一、二把手，要像抓经济建设重点项目那样抓教育工作，在人力、财力、物力等方面，对教育战线多予照顾，切实解决一些必须解决也可以解决的问题。其次，必须重视师范效育，把办好各级师范学校作为振兴教育的突破口。因为师范教育是教育事业的"工作母机"，没有一大批忠诚党的教育事业而又业务精良的教师，什么普及教育、提高教育质量、为四化建设培养合格人才，都将是一句空话。大批又红又专的教师从何而来，这主要有赖于各级师范学校的精心培养。因此，办好师范教育是一项基本建设，不仅是当务之急，而且是发展教育事业的战略措施，我们一定要高度重视。

各级师范学校担负着培养人民教师的光荣任务，一定要努力做好自己的工作，不要辜负祖国和人民的重托。那么，如何办好我们的师范学校呢？我认为首要的问题是要明确师范学校的培养目标，学校的各项工作都应围绕实现培养目标去进行。师范学校应该培养什么样的人做教师呢？我很赞成胡耀邦同志向全国师范教育会议代表们提出的对教师的三条要求。这三条要求，既是每个教师应该努力做到的，也是我们师范学校培养人才的规格和目标。下面谈谈我对这三条的理解。

一、要努力学习和掌握比较渊博的知识

教师的任务是教书育人。师不高、弟子拙，知识太少，很难做好教师，以其昏昏使人昭昭是不可能的。要有知识就必须努力学习，既向书本学习，又在实践中学习，处处留心，日积月累，就会有很大收获。但是知识浩如烟海，只求多、不求精不行。现在是人们称为"知识爆炸"的时代，科学发展日新月异，新知识层出不穷，知识陈旧化的速度大大加快，只追求多学知识，终是学不完的。这就要求学习知识时必须慎加精选，并把它们组织成严密的科学体系，作为最必须掌握的基础知识。现在学校里上的各门课程所教的内容，大概都属于基础知识。这种基础知识，在一定程度上与其他具体知识都有关联，学好了，其适应牲大，进一步学其他具体知识也比较容易。美国著名心理学家布鲁纳，他在

《教育过程》一书中，强调学科的结构要严密，教材要把基本原理、基本概念讲清楚。他认为讲清楚这些，让学生掌握了这些最基本的东西有许多好处：第一，可以使学生更容易理解学科的内容；第二，可以使学生更好地记忆问题的细节，因为详细的材料是靠简单化了的表达方式保存在记忆里的，这种简化的表达方式具有叫作"再生"的特性；第三，领会了基本原理与基本概念，能够通向"训练迁移"的大道，这也就是我们通常说的能够引申理解，能够随机应用，能够举一反三，触类旁通。布鲁纳的这些说法是很有道理的。我们各级师范学校首先必须教好学好教学计划所规定的各门课程，不断提高教学质量，在传授知识的同时，注意培养学生的能力。有了能力，就可以学更多的知识。当然，学好各门课程不能认为有了渊博的知识，但是这都是学习和掌握更多知识的基础，应该高度重视。

二、要认真研究掌握教育科学，懂得教育规律

教育是一门科学，有其客观规律，作为一个合格的教师，应该研究教育科学，逐步掌握教育规律，这样才能把自己的工作做好，取得事半功倍的效果。在实际工作中，我们常常遇到这样的情况：两个知识水平和工作态度差不多的教师，其教学效果却有很大差异。究其原因，往往是由于对教育与教学的规律研究掌握的程度不同。我国历史上许多教育家积累和总结了大量教育方法和教学方法，如孔子讲过的因材施教，启发式教学，学与思结合，学与问结合，言行一致，学用一致，多闻多见，毋意毋必毋固毋我，学而时习之，温故而知新等等，都符合人类认识过程、实践过程的客观规律，可称为古今中外共同适用的教育与教学原则和方法，现在还可以借鉴、学习。资本主义社会对教育学、心理学、教育行政、教育史等学科讲得更系统，内容更丰富了，原则、方法讲得更具体了，也值得学习、参考。现在各级师范学校都开设教育学、

心理学、教育实习，各科教材教法等课程，这是很必要的，它体现了师范教育的特点。不过，据说有些学生对这类课程不大感兴趣，认为学好学不好关系不大。这种认识是很不对的，应该用大量具体生动的事实教育他们提高认识，同时改进教育课程的教学，强调理论联系实际、以激发学生学习教育课程的兴趣；还可以明确规定，凡教育课程或教育实习不及格的不准毕业。

三、要有高尚的道德品质和崇高的精神境界，能为人师表

教师的政治观点、思想意识和道德品质，直接影响着我们学校的教育方向、性质。"身教胜于言教"，教师的一举一动对学生都有极大的影响。教师是教人成才的，"名师出高徒"，不仅是业务上的要求，而且也包括思想品德方面的要求；如果教师自己的道德品质和精神境界不高，就很难教育出德才兼备、又红又专的学生。"榜样的力量是无穷的"。学生经常接触教师，接受教师的教导，教师能够以身作则，就会对学生起到潜移默化的作用。要教育好学生，"教育者必须受教育"。因此，对师范生特别要加强思想政治教育，在政治立场和道德品质方面应有更高的要求，不仅自己不搞精神污染，而且能够保护学生不受精神污染。那么，作为一个合格的教师，应该具有哪些思想品德呢？这方面的内容十分丰富，我想最基本最起码的应是：坚持四项基本原则，热爱党，热爱祖国，热爱人民，热爱社会主义，坚决拥护党的路线、方针、政策；忠诚党的教育事业，"学而不厌，诲人不倦"，把自己一生的精力贡献给培养无产阶级接班人的工作；坚持原则，团结同志，遵守纪律，助人为乐；艰苦朴素，认真负责，谦虚谨慎，忠诚老实，等等。有了这些最基本的思想品德，就可以为人师表。这些思想品德的形成，要靠我们各级师范学校在日常生活中、教育工作中，通过许多实践活动去培养，要靠我们做长期的大量的艰苦细致的工作。据说，现在有不少青

年不愿意报考师范学校；勉强上了师范学校的，也不愿去当中小学教师，这是一种很不正常的现象。这里有思想认识问题，也有实际问题。我们应该通过教育提高青年们的思想认识，明确教育工作的地位和作用，使青年们热爱教师工作；同时还希望进一步改善教师的政治待遇和生活待遇，在全社会形成尊重教师的风气，提高教师的社会地位，使青年人感到做教师光荣。

（原载于《天水师专学报》1984 年第 1 期）

普通教育是人才成长的根基

　　教育作为国民经济的能源基地之一，就是要培养和造就出一代新人，以适应现代化建设的紧迫需要。从我国教育的现实出发，必须贯彻教育要"三个面向"的指导方针，积极稳步地进行教育改革。

　　以普通教育来说，改革首先要重在端正办学思想，提高教育质量。这一点虽然经常强调，经常议论，可是，在教育实践中并没有完全落实，效果也不太明显。据我多年来的观察和思考，中小学教育的实际问题不少，其中，令人不安的主要还是大家对办好中小学教育（包括幼儿教育）的重要性，认识不那么明确，因而，在教学内容、教学方法上处于新旧交替的状态，教学改革还是修修补补，没有探索出一条新的路子来。即使有一些教师，试图进行教学改革，但由于受片面追求升学率的影响，自觉不自觉地沿着高考指挥棒的方向滑步了。升学率的高低，应该说是衡量教学质量的一个重要标志。不是提高升学率不对，而是片面追求升学率不对。错就错在"片面"上，由"片面"再到升学率"唯一"，就走得更远了。直到现在，片面追求升学率的倾向，仍然像一层迷雾笼罩着中小学教育，影响了青少年的健康成长。中小学教育改革，理所当然地要从片面追求升学率的束缚下解放出来，让青少年一代生动活泼地学习和生活。

普通教育是基础的基础，是人才成长的根本。我们中国教育有一个好的传统，即一贯重视启蒙教育、基础教育。近年来，邓小平同志也反复强调中小学基础教育，要求教育要从小抓起。这既是发扬我国教育的优良传统，又是面向未来培养人才的远见卓识。现在的中小学生，正是本世纪末和下世纪初，将要承担现代化建设的骨干力量啊！应该说今天的中小学教育肩负着神圣的职责和特殊的历史使命。

面对新的技术革命的挑战，适应现代化建设的要求，抓好中小学基础教育，应是当务之急。如何抓好？我认为：

一是要普遍地提高中小学教育水平。所谓"普遍提高"，就是所有中小学都要把办学方向摆正，面向全体学生，用现代教育的思想、内容、方法和手段，解决现代科学技术发展给传统教育带来的理论与实践问题。诸如基础知识与科技研究新成果，学习知识与发展智力、培养能力，教师主导作用与学生自学活动，课堂教学与社会实践等多种关系都要求得到正确处理，以便全面提高教学质量。而不是现在那种"提高"，把大学部分教材下放到中学，把中学部分教材下放到小学，人为地层层"拔高"，增加知识难度，加重学生的负担。从学生方面说，真正的提高，就是从实际出发，通过教学使学生在原有知识的基础上提高，使不同程度的学生都学有所得。

二是要普遍地提高中小学教师水平。我省中小学教师队伍，从整个阵容来说，还是量少质差，业务水平达不到规定要求。这是一个令人焦急的现实问题，也是中小学教育质量不高的根本原因。现在不少教师只能照本宣科，按固定程式"死教"，学生不许越雷池半步，只好死背硬记，僵化思维活动。这样教学后果已经呈现出来，中学生进入大学"高分低能"，走向社会"无一所长"。如此下去，怎么得了！中小学师资问题，已经到了该痛下决心，采取非常措施，限期解决的时候了。我希望师范院校的毕业生都能够走上教学第一线，把那些第一流的高才生放到基层去打"翻身仗"。对现有教师要千方百计创造条件，有计划地组织他们在职或离职进修提高。不适合做教师工作的要尽快调整出去，腾出编制来充实新教师。要用改革精神，切实提高中小学教师的社会地位和工资待遇，积极稳定教师队伍。

三是要加快中等教育结构改革的步伐。一方面是调整好普通中学和职业中学的合理比例，大力开办农职业中学和各类技术专业学校，培养适应四化建设的初、中级人才，扩大学生劳动就业门路，解决当前突出存在的青年待业问题。另一方面是改革中小学数学的内部结构，加强学校职业指导工作。要认真研究现在的课程、教材和教法，积极开辟第二课堂，引导学生把课内与课外、校内与校外结合起来，参加社会实践活动，动手动脑，增长才干。教师在教学过程中，要特别着眼于学生未来职业的选择，注意学生兴趣爱好的培养，诱发他们的天资聪慧，为将来从事理想的事业打好基础。从这点说，我认为不光是高等学府、科技战线才能发现人才，中小学老师也有发现人才的职责，甚至还可以说，人才的嫩芽破土而出，首先受到雨露滋润的，正是中小学老师呢！所以，中小学各科老师，为了多出、快出、出好人才，同样要有爱才之心，识才之眼，育才之方，教书育人，成为新时代的园丁，做好人才成长的奠基工程。

（原载于《甘肃教育》1985 年第 1 期）

第二辑

教材研究

怎样编写在职干部文化课本

"我们希望在给在职干部编印课本时，不要把成人当孩子，也不要把在职干部当在校学生。要注意到他们的心理、经验和目前所从事的业务，以及他们可能用到学习上的时间。"（《解放日报》1942年4月17日社论）

我也抱着同样的看法，并且提议把这问题再强调一下，展开一个讨论。

今天虽然把在职干部教育摆在教育工作的第一位，加强干部教育的呼声在延安很高，但是根据我们过去的经验，如果没有教材，或有教材而不适用，恐怕仍无补于实际。因此，怎样编写干部教育的教材，的确是一个值得研究而必须及早解决的问题。

干部教育的教材，就程度高低来分，大致可分三类：最低的是识字课本，进一步是各科知识的文化课本，最后是各种专门问题的读物。这里，仅将个人对于文化课本编写方面的意见写出来，以供编写这类教材的同志们参考。

就延安出版的书籍来说，《中国史话》是一本相当成功的通俗读物。但是《中国史话》的通俗还是有限的，未具备初中文化程度的干部，还有很多地方很难读懂。今天边区在职干部的文化课本，必须更通俗一些，才能收到应有的效果。

这种文化课本应该如何编呢？我的意见如下：内容方面取材的深浅应该和高小课本相仿佛，再繁重了便吃不消。取材的内容则和高小课本有所不同，因为高小课本的内容注重各科知识的本身体系，力求完整周到，而干部的文化课本，则由于干部的业务、学习时间及生活经验的关系，而不得不有所侧重。这也就是说干部是成人，而不是儿童，是在职的工作人员，而不是在校的学生。因此，干部文化课本的编写，不得不根据干部的生活特点与工作的需要。有些高小课本上必须讲到的，如自然方面的染色、建筑术、机器的构造，社会方面的中外通史，各国自然地理等，在干部文化课本上，就不必一一讲到；国语中的儿童文艺，当然更没有讲的必要了。另外，高小课本上讲得简单的或者不讲的，如自然方面的气象与农耕牧畜，社会方面的国际大事以及工作的态度与作风等，在干部文化课本上，则应该讲得较详细些。

在内容方面，不只注意材料的选取，而且要注意材料的处理，这也就是说不只要知道"写什么"，而且要知道"怎样写"。

马列主义宣传教育有一条原则，是必须通过群众自身斗争的经验。在教学方法上也有一条原则，就是由已知到未知。我认为不但小学教师和宣传员应该如此，干部文化教材的编写者也必须这样做。如果每讲一个问题，不顾学员对这类问题原有的认识，只是找来同类的著作照抄或选抄，这样抄成的东西，即使不是党八股，我想也是洋八股，决不会适用于当地的学员——我们县区级的干部。例如，一讲到地球是圆的，就将一般科学书照抄几条，什么立在海岸上望船呀，什么看北极星的高低呀，等等。这样的讲法，很难使陕北的干部了解地圆的道理。即使是记住了，那也只是把它和"天圆地方"的旧观念并列起来；两种矛盾的世界观，在他脑子里平分秋色。原因是这种讲法没有把读者脑子里原有的成见打破。

我们不应忘记，干部不是儿童而是成人，他对许多问题已经有了先入的成见。我们要给他新的知识，不通过这些成见（不管这些成见是否正确），不和他打交涉，不经历一个认识的斗争过程，只拿自以为正确的办法去讲，他是不会接受的。

也有这样来证明地圆的："古人说天圆地方，这是说地是四方形的。这话对不对呢？完全不对。如果地是方的，那四边是怎样的呢？是四堵大墙吗？是四个高崖吗？走过世界的人，谁也没有见过这样的大墙和高崖。假如真的有那样的墙或崖，问题也没有解决。因为我们还要问：墙或崖的外边又是什么东西呢？一直追下去，这是永远不能解答的问题，可见古人这个说法是讲不通的。"

"地不是方的，那么究竟是什么样的呢？据科学家说是圆的；但不是圆盘，而是一个圆球。这个说法对不对呢？完全对的。因为有许多方法能够证明地是圆的。现在我们讲一个最容易明白的证明法：从中国往东走，可以到日本；再往东渡过大洋，就到美国；再往东到英国，再一直往东又可以回到中国。许多留过洋的人，他们就这样走过。我们想想，如果世界不是一个圆球，为什么一直向一个方向走能够回到原地呢？………"

这个讲法虽不是很精密的，但我觉得对我们的干部比较适用。因为这和他们的旧经验发生了联系。这个讲法，即使不能一下子就使学员确信"地圆论"，至少也会引起他对"地方说"的怀疑。

同样的理由，讲云雨发生的道理不妨用这样的例子来讲："我们用锅煮水，锅口边有蒸汽冒出来。蒸汽在锅盖上遇到冷空气，就变成了水。云和雨的发生和这是一样的道理。"

"俗话说，瓮穿裙，大雨淋。这话对不对呢？对的。因为将要下雨的时候，空气里边水蒸气很多。瓮是瓷做的，温度低，水蒸气遇上便会凝结成水珠。水珠越结越多，越结越大，不能在光滑的瓮壁上停着不动，一定会向低处流下来，于是水珠流过的一道一道的痕迹，就像人穿的裙子一般。"

因为篇幅关系，不再举例了。总之，无论讲什么必须根据学员的原有经验或成见，对基本上正确的经验要加以分析说明，加以补充扩充、订正，使之进一步具体化、系统化、理论化。对错误的成见要提出疑问，加以分析否定，这样才可提高学员的文化水平。

关于语言方面，首先要注意选用适当的语汇，专用术语应尽量少用。如一讲到四季的冷暖，就拉出地轴、赤道、回归线、经纬度等一连串术语；一讲到风雨的形成，就拉出气压、气流、膨胀、蒸发、凝结等连串术语，这绝不是通俗读物的正确写法，而用它做在职干部的教材也是很不相宜的。文言词语更要尽量少用。如《中国史话》上用的"鞠躬尽瘁""道貌岸然"等词句，都不是我们区乡干部所能了解的。当地的土话，精确、鲜明、生动的，当然可以采用，但是生僻而不妥当的，也以不用为宜。如陕北方言中的"而个"，最好换用"现在"或"如今"。

语言方面第二点应注意的是句子的结构。通俗的句子，第一必须单纯，万不可一句话中包括几十个字，连用几个"的"字，又夹杂着呼应连词等。第二必须明快。《中国史话》上写到仓颉创造文字的故事，说："有人把他（仓颉）的像画了出来，一个生着四只眼睛的老头陀，大概没有那两只比别人多出来的眼睛，是不能造出文字来的吧？这自然是个疑问了。"这样曲折的句子，程度低的同志读了摸不着头脑，曾经有两位高小以上程度的同志就问过我。

语言方面第三点应注意的是用字。不论讲哪一样知识，用字必须慎选，较生僻的字必须避开，最好只用两千左右最常见的字编写东西。不然，生字连篇，读的人一定会望而生畏。陕北老百姓把文章中的生字叫作"拦路虎",生动地表现出程度低的人读书时对生字的恐惧心情。"拦路虎"这一含义深长的名称,是值得编写干部文化教材的同志们十分注意的。

(原载于《解放日报》1942 年 10 月 20 日)

课本中的数字使用问题

数字的使用，不单是关系科学性的问题，同时也是有关政治性的问题。马克思在《资本论》中用了很多统计数字，其目的都是为无产阶级对资产阶级斗争服务的。马克思主义的统计学是认识社会的武器，是对敌斗争的武器，是建设社会主义的武器。革命导师列宁曾经说过："社会主义首先就是计算。"在《苏联社会主义经济问题》中，斯大林同志指示在修改政治经济学教科书初稿的时候，应该组织一个人数不多的委员会，可是这个委员会内必须有一位有经验的统计学家，负责检查数字的使用并增添新的统计材料。

关于这个问题，毛主席在《党委会的工作方法》一文中讲得更具体。他说："对情况和问题一定要注意到它们的数量方面，要有基本的数量的分析。任何质量都表现为一定的数量，没有数量也就没有质量。我们有许多同志至今不懂得注意事物的数量方面，不懂得注意基本的统计、主要的百分比，不懂得注意决定事物质量的数量界限，一切都是胸中无'数'，结果就不能不犯错误。"[①] 可见对数量精确的表示离不开数

[①] 当年作者撰写这篇文章时，毛主席的文章还未公开发表。这段引文是本文收入《论语文教学及其他》(甘肃人民出版社 1978 年版) 时作者补充进去的。

字，明确地划分数量与质量的界限也离不开数字。

教科书中的每一个字都应该经过认真的衡量。这里所谓"每一个字"，不单指文字，也应包括数字。有人把数字称为"数字语"，是很有道理的。数字也是一种表达意思的语言，而且是很精确的、很科学的语言。

我社①出版的课本对数字的使用不够注意。最近我把各种地理课本粗略地翻查一次，发现能正确使用数字的固然不少，但使用数字不确当的地方也很多。所谓不确当，包括数字的不正确、不明确和使用数字缺乏计划三个方面。现在为了说明问题，选取一部分使用不确当的例子归类分析说明如下。

一、数字的正确性

数字不但能够明确地表示出事物在量方面的具体情况，而且能够明确地表示出事物的突出特点。这也就是说，事物的量的状况与质的差异要用数字才能够表示明确，可以说用数字说明是最科学的说明。但是如果使用数字不正确，与事实不符，那就会把最科学的说明变成最不科学的说明。就我社所出版的地理课本中存在的问题来看，弄错数字有各种原因，有的是抄写或折算时的粗心大意，有的是引用的数字不可靠而未加考究，有的是不明确倍、分、增、减等词的意义和用法，有的是疏忽了计量单位的不同，有的是未注意零整必须统一，有的是未注意同一数字必须各处一致。分别举例如下。

1. 1953 年春季用的初中中国地理讲到我国的铁路时说："平均每一百平方公里面积有铁路三公里。"按实际只应有零点三公里，搞错了增加到十倍。这种错误本来很容易避免，但是或者由于抄写的粗心，或者

---

① 指人民教育出版社。以下几篇文章提到处均同。

由于折算的马虎，就那么弄错了。这是不能容许的。

2. 现行初中中国地理下册 131 面中写道："1949 年青海牲畜数比 1937 年减少百分之五十二，1952 年比 1937 年增加百分之八十五强。"这就是说青海省的牲畜数如以 1937 年为一百，那么 1949 年是百分之四十八，1952 年是百分之一百八十五强。新中国成立后三年发展到将近四倍，这不要说一省的牲畜发展不可能这样快，就是最突出的一群羊的发展也不可能这样快。全西北区新中国成立后三年中牲畜只增加了五分之一，青海一省怎么会这样特殊？这数字虽来自有关业务机关，但这并不能作为我们引用的充分根据，只能说明该机关是盲目统计数字，我们是盲目引用数字，都是在玩弄数字，而不是严肃地使用数字。

3. 高中外国经济地理上册 36 面中写道："苏联石油产量 1913 年有九百万吨，到 1950 年达三千七百八十二万吨，约增加四倍。"按实际只应说"增加三倍"，或说"增加到四倍"，不应说"增加四倍"。因为"增加"等于"增加了"，是指超过数，不包括原数在内；"增加到"等于"增加为"，是指达到数，包括原数在内。

4. 过去我社出版的一种地理课本上说：中央亚细亚海拔六千公尺。按实际中央亚细亚的高山也只有两千多公尺。弄错的原因是把英尺误认为公尺了。

5. 高中中国经济地理上册第 7 面中写道："我国现在设市的城市共一百五十九个，……人口在五百万以上的一市，二百万以上的二市，……五万以上的六十市。"按全部加起来只有一百五十二市，比开首所提的市数少了七个。

6. 同一地理事项的数字各书讲法不一致处甚多。如北京市人口，高中地理上是三百三十万，初中地理上是二百四十万，高小地理上是二百五十万。重庆市人口、四川省人口、新疆石油储量、自贡市盐产量、东北防护林面积、东北农业生产合作社社数等，各种讲法都有出入。

二、数字的明确性

使用数字不但应该注意它的正确性，还应该注意它的明确性。应该利用具有最大表现力的最小数字，这就是说应该使数字的形式十分简单，说明的问题却十分清楚。要做到这点，首先要弄清使用数字的目的。如目的在使人了解事物本身的数量情况，应该用绝对数；如在使人了解事物的变化或相互关系，应该用比例数。用绝对数时，如只求知道大体，应该用概数（近似数）；如力求精确，应该用全数（精确数）。用比例数时，应求简明易识，几个数字汇列时必须用百分比，或者用适当的同母比或同子比，以便比较。无论绝对数或比例数，排列时又必须按着次序，或从大到小，或从小到大，以便了解或记忆。地理课本对这方面也注意不够，举例如下。

1. 高小地理对新疆自治区面积只注明了绝对数一百七十一万平方公里。其实对高小学生讲新疆自治区的面积，更重要的应该是让学生知道新疆自治区占全国面积的比重。因此，指明新疆自治区的面积占全国六分之一比讲出绝对数能给学生更明确的印象。

2. 高小地理讲美国面积是"七百八十三万九千平方公里"，对高小学生来说，这数字太繁了。只讲"七百八十多万平方公里"很够了，多增两位数字，加重学生的负担，是不必要的。

3. 初中自然地理上册37面中说："三角洲的面积逐渐向海扩大，如黄河三角洲每年约伸展半公里，长江三角洲每四十年伸展一公里。"这样表达很不明确，不便比较，不便记忆。应该把时间或里程统一成一种说法，改成"每伸展一公里，黄河三角洲只需两年，长江三角洲需四十年"，或者改成"每四十年，黄河三角洲伸展二十公里，长江三角洲只伸长一公里"。

4. 高中外国经济地理下册84面讲英国殖民地给英国工业供给的原

料数写道："如果不包括苏联在内，黄金产量占世界的三分之二，镍占十分之九，锰占三分之二，锡、铜、锌、铝等占百分之三十到四十，橡胶和羊毛占二分之一。"这样讲法有两个缺点：第一，既不统一百分比，又不统一同母和同子比，而是乱七八糟用各种分数形式表示，使人看了眼花头昏，无法比较；第二，先后次序随便写下，未依数量大小排列。这种地方，在统一形式、排定大小次序后最好用表格的方式写出来，更便于理解。

为了使数字的意义明确，还应注意两点：第一，计量单位必须统一，不可有时用公吨，有时用桶；有时用公顷，有时用亩。第二，给数字划界限时必须明确，不可界限不清，如高中中国经济地理下册135面说："全区（西北）工业生产总值到1952年已超过新中国成立前最高水平的一两倍以上。"究竟是一倍以上还是两倍以上？如果是"一倍以上"，"两"字就用错了，如果是"两倍以上"，"一"字就用不着。这叫作划界不清。以上、以下，从多少到多少的用法，也往往含混不清。如一百以上、一百以下的说法，一百是包括在一百以内呢？还是包括在一百以外呢？不明确。应该说一百以下是包括一百在内的，对一百以外的应说成一百零一以上。又如从六岁到十岁、从十岁到十五岁的说法，也不明确。应改为从六岁到十岁，包括六岁与十岁在内；从十一岁到十五岁，包括十一岁与十五岁。这就不重复、含混，十分明确了。

三、使用数字的计划性

使用数字除应注意数字的正确性和明确性外，还必须有计划，要作通盘筹划。要想使用数字有计划性，必须做到使用数字的目的性明确。从目的上确定对事物的重、轻、主、次之后，才好解决对数字的取舍、详略，就是哪里该用，哪里不该用，哪里详细，哪里简单，这就是计划性了。对数字的使用，绝不可随材料的有无和多少而决定。我们的地理课本在这方面也有许多欠考虑的地方。例如：

1. 高中中国经济地理讲湘鄂赣区的棉产，用了九个数字来说明，实在不必要。因为该区只有湖北一省是主要棉产区，而湖北在全国棉产省区中目前也只排到第五位。该书总论中叙述林业部分用了三十来个数字，也是不必要的，因为林业在我国农业中不是重点。

2. 同书总论中"新中国成立后工业的改造，恢复和发展"一段，四处用到数字，共用了十四个，但对最重要的一个问题，即新中国成立以来工业恢复发展的总情况，却没有用数字来表示，而只用了如下一句抽象的话轻轻带过："各种工业的生产量已经恢复，并且大部分超过了历史上最高的水平。"这叫作轻重倒置。该书总论中讲到铁路运输，对全国几条主要的铁路都讲明了长度，但对最长的中长铁路却偏偏没有讲明。

3. 同书对英美两国共讲了34面，引用数字也不少，但对两个很重要的问题，即英美在经济上的矛盾和两国各与其殖民地在经济上的矛盾，却几乎没有用数字来说明；用到数字时，说明的意图也表现得很不清楚。

综上所说，我们在课本中使用数字时，首先应该考虑取舍、详略问题。这就是说哪里该用，哪里不该用，哪里详细，哪里简单，必须认真研究一番。其次，对所用数字要切实考究，使它正确无误；与数字有关的文字都必须一再审查，务求妥善。最后，对数字的表现形式还应细加推敲。力避烦琐，力避杂乱，尽量做到简明易识，一目了然。

叶圣陶跋

辛先生这篇文章大有意义，咱们应该仔细地读。

书本里列入一些数字，一要正确可靠，二要体例一致，三要想清楚为什么要这些数字。这几点其实是编辑工作方面的一般要求，不是什么太高的要求。唯有做到了这几点，数字对读者才有用处，否则就是徒乱人意，甚至是让人上当。

读了这篇文章，该会领会到一层意思：咱们往后不能看见数字就抄，像我们苏州人说的"拉在篮里就是菜"了。别处的数字只是咱们的原料，咱们对这一堆原料必须先做一番审查、整理、选择的工夫，把它化为当前合用的材料，然后写在咱们的书里。编课本应该如此，写旁的书也应该如此，因为出版物绝不能徒乱人意，尤其不能让人上当。

（原载于《编辑工作》总第 2 期，人民教育出版社 1954 年 4 月编印）

谈课本编辑工作的群众路线问题

　　课本里的教材是学校教育的主要内容，是体现国家教育政策的重要材料，是新生一代赖以成长为祖国社会主义建设者和保卫者的精神食粮。课本内一句话不正确，就会在学生的知识上造成一个缺陷；一个词不明确，就会在学生的理解方面投下一块暗影。至于思想政治和科学知识上的错误，那危害之大更是不消说的了。

　　课本既具有这样的严肃性，编辑课本当然是十分艰巨的工作。除编者应该苦心钻研、社领导应给以指导帮助外，还应该采用各种方式，广泛吸收社外多方面的意见。我们常说编写课本要走群众路线，也正是这个意思。

　　我社从成立的时候起，对吸收社外意见这一工作就注意到了；但是由于布置不具体、编辑任务繁重，有些同志对这一点又重视不够，几年来实际做得很差。就 1953 年以前说，地理和历史两个编辑室在新编书稿征求意见、召开专家和教师座谈会、联系有关业务部门等方面还做了不少工作，收到一定的效果；但其他编辑室的活动就很少。1954 年情况不同了，各编辑室在这方面的活动逐渐多起来，这是一个进步。但无论从广度或深度说，这项工作至今还存在不少缺点。现在我提出一些关于改进这项工作的意见，供大家参考。

一、做好书稿征求意见和召开座谈会工作

过去我社吸收社外意见时，采用送阅书稿（包括教学大纲、课本、教学参考书、有关原则问题）和召开座谈会的方式最多，收效也最大。这方面的工作要做得更好，首先应该充分准备，把我们希望解决的问题提明确，根据问题的特点来决定向哪些人请教，用什么方式请教。请教专家呢，还是请教教师，或者请教有关业务部门？用书稿上批注意见寄回的方式，还是送阅书稿后定期召开座谈会？座谈会采用大型的，还是小型的？专家和教师分别座谈，还是一起座谈？这些问题都应根据不同的要求来确定。必须准备充分、目的明确、对象适当、方式相宜，才可收到更大的效果。

过去我们在这方面是有缺点的，除往往准备不够充分、目的不够明确之外，有些同志对专家和教师的看法还有偏向：有的认为专家只谈空洞原则，大而无当，难于执行；有的认为教师水平较低，只能提些枝枝节节的意见，用处不大；于是有的只开专家会议，有的只开教师会议，这都是不对的。我们应该充分利用两方面的所长，在科学知识方面多听取专家的意见，在教学要求方面多注意教师的意见。还有一个缺点是我们征求意见的地区一般只限于北京，我们很少像体育组那样向全国各地征求过意见，这就使我们没有听到不同地区和水平较低的农村及小城市教师的意见。今后在这方面应尽可能改进。

征求意见时还应特别注意先进经验。不单对别人在座谈会上谈出来的和在书稿上批注出的属于先进经验的意见应该重视，而且在主持座谈会和发通知提出问题时，就应该向这方面引导，使对方能够本着改革教学的要求，在学习先进经验的前提下考虑问题，在理论结合实际的原则下考虑问题。比如小学的阅读教材应该丰富起来，那么教学长课文的经

验就是宝贵的，征求意见时就应充分注意这方面的成功经验。这样，不但可使我们得到有创造性的意见，而且可启发对方，使他们注意研究新的理论和经验。

还有一点，我们对座谈会上听到的和书稿上批注出来的意见必须严肃地处理。这些意见有的关系重大，有的无关紧要，相互间又有不尽相同甚至恰恰相反的地方。我们必须经过认真研究，确定哪些问题可以听由责任编辑自行取舍，哪些应由编辑室讨论决定，哪些还应请示责任副总编辑决定。这样，宝贵的意见才不至于由于责任编辑的疏忽而被轻易抛弃。近来召开座谈会次数很多，但有些编辑室对座谈会上提出的意见并没有严肃地处理，这是不符合我们召开座谈会的目的的，应即改正。

二、处理好读者来信

1954 年读者给我社来信 6 800 多件，对课本提出许许多多的意见和问题。处理这许多来信固然是一个不轻的负担，但认真严肃地处理这些来信，对编辑工作的改进也有很大的帮助。事实上我们每年登勘误表和小修改课本时，根据的材料多半就是从读者来信中得到的。

可是我社有的编辑室对来信的处理是不够好的，或者处理不及时，把许多信拖到三四个月甚至半年以后答复；或者处理不认真，让助理编辑随便解答问题，往往解答得不够正确；或者不研究处理方法，经常忙乱，还是应付不了。这样，使读者很不满意，有好的意见再不肯寄来了。去年数学编辑室对来信的处理是比较好的，他们每星期用一个下午集中处理一次，从不拖拉；让编辑同志解答与自己所编课本有关的问题，既可使编者了解情况，又可减少解答上的错误；发现了同样的问题时，在刊物上来一次综合的公开的解答，以减少继续来信；甚至预计有什么问题将会发生，就写文章发表出去，以指导教师。这些办法都是各编辑室应该学习的。

读者来信中提出重要意见或问题时，应把来信在《编辑工作》上刊出，让大家研究参考。这一点我们已经这样做了，今后当然还应继续做下去。

对读者来信中大量普遍的意见必须重视，因为这种意见即使是错误的，也因它已经和广大群众结合起来，是一个物质力量，对我们的工作会有很大影响。例如小学识字教学方面主张"四会"（每识一个字，同时要求会读、会写、会讲、会用）的意见是错误的、不科学的；但因为它得到了广大教师的支持，曾对语文教学的改进起了很大阻碍作用。对这类错误意见必须大力地耐心地进行解释工作，才能减少我们工作上的阻力。至于大量普遍的意见中包含的正确部分，那是更应该充分吸收采纳的。当然，重视大量普遍的意见并不等于盲从。科学上的问题不能用少数服从多数的表决办法，因为真理有时在少数方面。尾巴主义也是要反对的。

处理读者来信还有一点很重要，那就是我们应该从来信中注意发现热心提意见而又水平较高的读者，发现后应注意通过侧面了解，确知各方面条件相宜时就约他为我社通讯员，送他书本和新编书稿，请他更多地给我们帮助。我们过去这样做得很少，今后应向这方面努力。

三、认真组织参观教学和新课本的试教工作

教师对课本提的意见只能限于他认识到的，至于他还没有认识到的问题，当然不会提出来。因此，编者亲自参观教学有时还会发现新的问题。如北师附小一位教师教初小语文六册内《雷之歌》一课，教师对这一课的内容深浅并没有感到有问题，可是我社小学语文编辑室同志从参观教学中看到学生的反映，考虑了诗的内容，就认识到这一课深了一些，放到四、五年级去教比较适宜。可见参观教学和听取教师的意见有不同的作用。

　　而且教学的改革不单体现在教材方面，同时也体现在教学方法方面。参观教学不止能发现教材本身的优点和缺点，同时也可发现教师教学方法上的优点和缺点。我们的群众路线不应只限于被动地接受教师的意见，而且应该主动地在实际教学中了解情况，发现问题，对教师提供意见，以便全面改革教学工作。就这一点说，参观教学比召开座谈会、书稿征求意见、看读者来信等方式有更重要的意义。

　　参观教学还有一种作用，就是在参观教学中看到教师怎样千方百计地说明教材，学生怎样聚精会神地学习教材，立刻会感到课本的严肃性。在参观教学中看到课本上因一个小小的缺点或错误而造成教学上的困难，立刻会感到编辑课本的责任之重大。这对于锻炼我们对工作的责任感是大有益处的。

　　过去我们参观教学不多，对这一工作的经验也很少，往往去时匆匆而去，参观后只得到些零零碎碎的印象，收效不大。今后参观教学时，必须有明确的目的，为了解决什么问题必须心中有数。针对目的选择适当的学校、班级、教师及课文，做好必要的准备，再去参观。这样效果一定会好的。

　　新课本的试教工作比参观教学更进了一步，因为试教的新课本当然是改进较大的教材；布置试教时在教学方法上也一定有更明确的要求。这样试教的结果如果成功，那在教学改革上就会有很大的意义。今年秋季我社有几种新课本要实行试教，对这一新的工作我们必须拿出一定的力量。在试教前周密布置，试教过程中多多研究，多给指导，以保证这一工作的顺利进行。

四、初步试做群众访问工作

　　访问工作我们过去也做了不少，如生物组、本国史组向专家的访问，地理编辑室向有关部门访问。但这只是向专家或专业机关的登门请教，不是向广大工农群众的访问。向工农的访问我们还没有正式做过。我在这里只提出应该这样做的理由，至于如何去做，大家可以研究。

我们的课本是在学校里使用的，是让教师去教的；因此教师也就是我们的直接的群众，我们应多向教师征求对课本的意见。但教师最注意的是儿童年龄特征和可接受性的教学原则，他们的意见一般是偏重在教学的要求方面，偏重在分量轻重、内容深浅、教材安排顺序等方面。他们对社会生活的需要，对广大工农群众的要求，有时也反映一些，但不一定全面，也不一定具体。

我们的国家的政策是社会生活需要的集中表现，它反映了群众要求的重要方面。因此有关业务部门和专家从理论和政策出发，对课本提出意见时，也就会牵涉群众的要求；但缺点也是不够全面，不够具体。

为了补救这一缺点，为了更彻底地走群众路线，我们应向社会上更基层的群众，即广大的工农群众征求意见。根据今天我们课本编辑工作的发展，根据我们今天的编辑人力，要系统地大规模地做调查，以广泛征求工农群众对课本的意见，当然是不可能的；但有目的、有计划、结合工作中的具体问题、量力而行地初步试做这种调查访问工作，则是可能做到而且应该去做的。

一方面，我们对一些关键性的问题应向基层群众做一些调查访问。最近有人在农村做了一些调查，听到农村干部、学生家长和参加了生产工作的学生，对教材提出这样的要求：小学教材内加强劳动教育不应只限于鼓动学生参加生产的热情，而且应该结合科学知识教给学生一定的农业生产的知识和技能，教给学生农业生产合作社工作上需要的简单统计、会计方面的知识和技能。目前及今后相当时期内高小和初中毕业生很大一部分不能升学，而要参加社会生产。我们的课本，特别是语文、算术和自然科学各科，究竟怎样本着综合技术教育的精神，结合我国社会主义建设和社会主义改造的实际情况以充实教材的内容，这不单是一个理论问题，也是一个实际问题；不单应和专家教师一起商讨，也必须和基层群众一起研究。

另一方面，课本固然是根据学生年龄特征用社会主义思想和先进的科学知识武装学生的；但这些思想和知识还必须结合社会生活的实际情况，才能让学生学习时更顺利，理解得更明白。我们不能要求编课本的同志像文学作家一样，深入工农群众，长期体验生活；但如果一个同志本来不熟悉广大工农群众的生活，而又永不和他们接触，要想编好课本，那是绝不可能的。我们不是常常因为缺乏社会生活知识而采用了报刊上某些个别的夸张失实的材料，或者虽不夸张却不够典型的材料吗？不是常常对于有关工农业生产的一些名词术语不会注解或注解错了吗？当然我们不是要求一下就了解工农群众的全部生活；而是要通过编辑工作中某些具体问题，有目的地去找群众商量，以逐渐增加我们对工农群众生活的了解，逐渐使我们的课本内容切合社会生活的需要。

以上所讲群众路线的各种方式都应该认真去采用，但所谓认真采用并不是不顾工作的实际情况而一味地在这方面多费时间，也不是对各种方式平均使用力量。应该是按照需要和主观力量适当地使用人力；方式应求灵活，应着重实际效果。不可过于讲究形式。

上边主要是从工作方面讲的，思想方面讲得很少。但是工作上群众路线的贯彻决定于思想上群众观点的建立。必须在编辑同志的思想上建立起群众观点，建立起为人民群众服务和向人民群众学习的观点，群众路线的执行才能彻底，才不会是形式主义的，而会收到实际的效果；不会是照例去做，而会随工作情况的改进而改进。编辑同志对工作的态度也不会是敷衍塞责，而会抱有高度的责任感；不会是为了表现个人的创作欲而自由写作，而会为了人民利益和国家教育政策来编写教材；不会过分相信自己的能力关门自写，而会相信群众的智慧，在好多问题上虚心听取别人的意见；不会把革命理论和国家政策的学习当作一种负担，而会把这些学习看作改进编辑工作的有力保证。这是一个关键性的问题，必须逐渐求得解决。

（原载于《编辑工作》总第 7 期，人民教育出版社 1955 年 5 月编印）

课本内的图画问题

课本内的图画（包括故事画、景色画、科学画和地图）和课文应该是有机地组织在一起的。图画是利用特有的形象化的长处来补充课文的语言之不足的，它是课文不可缺少的一部分，它和课文真有"相得益彰"的关系。

两三年来，我社所出课本内的图画日渐增加，这对教学是很有好处的，因此教师都表示满意。图画的质量也逐年都有改进，《编辑工作》第九期对绘图工作提供了好多宝贵意见之后，改进想来更大一些。但是由于客观方面任务的繁重，主观方面努力的不足，我们课本内的图画的缺点至今还是不少。现在把我从很少的课本中看出的问题归类提出，并顺便谈谈我对改进绘图工作的一些意见。

一、图画选材的计划性

一册课本哪些课该配图画，哪些课不必配，应该做通盘筹划。该配图画的课文，应配几幅、该画什么，也还要进一步研究，不能采取"捡在篮里便算菜"的态度，遇上什么就画什么，或者想画什么就画什么。全书也好，一课也好，图画选材都应遵守这样的原则：抓住教材的重点，补充课文的不足。这就是说应该在教材的重要地方，而且这些重要地方还必须是文字不易说清楚的，才加图画。图画必须起这样的作用：要让学生对课文内一些重要而简单、抽象的词语能有详明而具体的了解。

可是我们的课本在这方面还是有缺点的。举一例子：高小地理第二册《北京》两课内有五幅图画，却没有天安门的图，这首先就是一个大缺点。其次，五幅画中北京市区、天坛祈年殿等可说是必要的；但"故宫的一角"取景太和殿的北面及中和殿的侧面，这就不是必要的了。如果要用故宫的一幅，应该取太和殿的正面。至于"前门箭楼"一幅就更没有必要，如果定要再用一幅，倒不如取北海的白塔。这虽只是一个例子，也可看出我们对图画选材不够认真，缺乏通盘筹划。

二、图画形象的正确性

确定图画的选材后，首先应要求画得正确。图画形象的正确性主要应体现在符合实际方面。我们课本内的图画与实际大不符合的固然不一定有，但在细节上画得不够精确的却绝不是没有，而且还不少。比如一幅画中物象的远近大小不符合透视原理，对动植物形态的某些方面画得不像，对工农劳动的姿势画得不合实际，对人物应有的喜怒哀乐没画出来等，这样的缺点是各种课本内都可找到的。这类缺点看起来并不算严重，但既画得不够精确，不能把物象的细节及人物的神态描画出来，那自然也就不能让人对事物有明确的印象，对感情有深刻的体会，这就失掉了图画配合课文、补充课文语言之不足的作用了。因此，对于这种缺点也应认真加以注意，并设法一一克服。

图画的正确性还应体现在图画跟课文的一致性方面。最严重的不一致是图跟文的内容有矛盾。如新编高小历史二册的课文中说"荷兰人狼狈地退出台湾"，配的一幅图画则是"荷兰人在台湾投降郑成功"。究竟当时荷兰人是退走，还是投降，或者主要是退走，还是投降，使人弄不清楚，这种错误造成了教学上的困难。

图文不一致的另一种表现形式是图跟文所用的名称不统一。如同书《清朝前期的疆域》一图跟课文的写法有许多不符合，课文中说"征服了天山南路的维吾尔族"。图上天山之南却不写"维吾尔"，而写"回部"；课文中说清朝的疆域"南接印度和印度支那"，图上则把印度支那改写成"缅甸、暹罗、安南"。名称不一也给教学上增加了困难。

图文不一致的再一种表现形式是地图与课文的内容详略不同。如上述课文中说，清朝的疆域东到"太平洋"，而图中却没有写出"太平洋"，倒写出"朝鲜"和"琉球"。更突出的例子是同书"郑和航海路线图"，课文中对南洋国家只提到一个地名（占城），而图上则写出了十个，而且都是学生所不知道的。该图在明代疆域以外东、西、北三方面又写出十几个与课文无关的地名，而且大半也是学生所不知道的。地图上所绘的地名，有时也可以比课文所讲多一些，但我认为绝不可太多，而且多绘地名时必须有充分的理由，绝不可随意增加。图文内容的详略不同，也增加了教学上的困难。

图画的正确性还应体现在处理画材的逻辑性方面。我们课本内处理画材不合逻辑的现象是有的，如初小语文第二册71面把行进中的火车、汽车、轮船画在一张画面上，并排紧接在一起，不合逻辑，不符事实，教学上不能培养学生有条理的思维，而是形成学生的糊涂观念。这样处理画材是很不恰当的。

又如初小语文一、二、三各册中都有这样的画，把几种大小悬殊的动物用几乎同一大小的图形画在一幅画面上。学生看到这样的画，对其所熟知的动物（如鸡和狗）会提出问题问教师，为什么把它们画得一样大，对其不熟知的动物（如狐和熊）会误认为它们的形体大小是一样的。一方面引起学生的怀疑，增加当前教学上的麻烦；另一方面形成学生错误的观念，留下将来纠正的困难。这一类画在艺术上虽不是完整的统一体，画出时不必遵守严格的大小比例，但也必须适当照顾其实际情况，不然，在教学上会产生不良的恶果。

三、图画形象的明确性

图画的形象不只应做到正确，而且应做到显明，使人能够一目了然。这一方面我们课本中的缺点是比较多的。如高小地理课本内的好多景色图（如青藏高原上的景色、久经垦殖的黄土高原和渭河平原、太湖风光、洞庭湖、重庆市等）都是由大幅画缩小画成的。画面太小，印刷技术又差，成书后很难看得清楚，徒然增加教学上的困难，并不能达到补充文字不足的目的。高小历史课本上"荷兰人在台湾投降郑成功"一图也有同样的缺点，内容太繁，画面太小，模糊一片，连哪些是荷兰人都不容易看清楚。从这里我们应得出如下几点教训。

第一，课本内采用内容复杂的大幅照片时，应该放弃求全思想，尽可能只选取其突出部分摹写，以保证印在书上清楚美观，便于教学。第二，如果必须摹写大幅照片的全局，也绝不可机械地照描，或只做人物的改头换面，应该是根据课文教学的要求，考虑到课本版本的限制，取材可以减删，画法应下一番加工再创造的功夫。第三，给课本绘图的同志必须学得一种经验，就是要能够预料到一张较大的图画缩小到书本上一定尺寸时的结果。如果没有这一经验，画得虽好，印在书上就可能看不清楚。为了避免这种现象，绘图同志应在精减物象、节省闲笔方面下一番功夫。图画和语言、数字一样，也应讲求最简明有力的表现形式。

初小语文一、二册上也有一些图画是形象很不显明的，这里就不多说了。

有一种情况也可说是明确性不够的表现，这就是画面上没有做到重点突出，让学生一看图画就对课文有更明确的理解。如高小历史二册内"岳家军在郾城大败金军"一图，没有能够把拐子马被歼灭的情况画出来，教师学生都觉得是一个遗憾。这是前些日子我在某地时听到的。

又有一种情况也是明确性不够的表现，这就是历史上的疆域图的画法不能让学生对历代疆域的实际得到一个显明的印象。如宋朝的疆域远比清朝的为小，但在书本上（高小历史二册）所占的画面反比清朝为大。为了给学生一个正确而显明的印象，1939年我在延安编写高小历史课本时，疆域图曾采用日本出版的一种地图的画法，即把每一朝代的疆域都画上两条国界线，一条是当时的，一条是现在中国的。用今天中国的疆域做了一个尺度，和每一朝代疆域做比较，当然就很容易看出各代疆域的大小程度了。请历史编辑室研究一下，我们的高小历史课本上的疆域图是否也可采用这样的画法。

还有一种情况，本来是由于学生缺乏知识，不能理解图意，但表面上看来也是图画的明确性不够。如高小历史二册内"玄奘"一图，玄奘背上背的是书箱还是行李，看不出来。像这样的图，画法是有根据的，当然不必修改；但为了便于教学，应加图注来说明。

要把课本内的图画搞好，一方面要绘图同志平日勤学苦练，提高绘图水平，工作临头又能细心研究，体会课文的要求；同时编写课本的同志也必须把图画看作课本内容不可缺少的一部分，从全书出发，通盘考虑配图的计划，并与绘图同志共同研究每幅图的要求与画法，对绘图同志的画稿又必须详加审阅，提出修改意见。编辑同志与绘图同志真正做到密切合作，这是提高课本内图画质量的关键。

我还想到改进绘图工作的一种临时措施，就是特意召集两三次讨论课本图画的座谈会，征求教师和专家的意见，然后由绘图科和有关编辑室整理研究，再参考《编辑工作》第九期上许多同志的意见，特别是叶社长①的指示，提出今后改进工作的切实办法，交由编辑部部务会议讨论、通过，付诸实施。可否如此做，也请同志们考虑。

（原载于《编辑工作》总第18期，人民教育出版社1950年8月编印）

---

① 指叶圣陶先生，当时叶圣陶担任教育部副部长，兼人民教育出版社社长。

从《反对党八股》想到课本编写方面的一些问题

　　最近又学习了一次毛主席的《反对党八股》。毛主席对党八股特征的分析，对我们课本编写工作有深刻的指导意义。我现在只从第三、第四两条出发，谈谈我对我们课本编写方面的一些感想。

　　第三条指出党八股的一个特征是"无的放矢，不看对象"，要我们写文章时注意读者的要求和水平。每一册课本的对象是固定的，每个编辑同志都清楚地知道他所编的书是让哪一类学校的哪一年级学生读的，这里好像不存在"无的放矢，不看对象"的问题。其实不然，因为我们对一定学校一定年级的学生只有一般的了解，这也就是说我们对实际教学情况缺乏具体的深切的了解。

　　由于对实际教学情况缺乏具体的深切的了解，编写课本时可能发生这样的缺点：不能把教材内容的具体部分和抽象部分的比重配合适当。例如编写历史课本，假如事实过多而缺乏必要的总结，就成了现象罗列，不能提高学生对历史事件的理解；反过来，如果事实少而总结不具备充分的根据，又成了抽象教条，不能给予学生具体的历史知识。编写地理课本，如果对地理现象与这些现象之间的关系的说明没有适当的比重，也会产生现象罗列或抽象教条的结果。编写数学课本，对实际练习和原则、定理等理论的比重也必须配合适当。总之，理论和实际练习的比重在写教科书时要特别注意，这是编写教科书的重要原则。各种课本应如何体现这一原则，我们应该很好地研究。当然，要恰当地配合这个比重，不单对学生应有深切的了解，而且对于科学的特点也应有深切的了解，同时对语言的表达方法也必须有一定的研究。

一谈到看对象问题，学生年龄特征问题，有人就主张教材应写得简单一些、简短一些。其实，这是形式主义的看法，很不正确。简单、简短，不一定就容易理解，有时反而更难理解。我社过去出版的高小历史课本就是一个例子。这课本的特点是"言简意赅"，可惜头绪纷繁，短短的一课书三个课时还讲不明白。我社新编的高小历史课本，篇幅大大增加了，每个课时要教完一课，形式上像是比旧课本复杂，比旧课本加重了，实则头绪简单，抽象道理很少，问题讲得更集中、更明白了。这也就是说事实与总结的比重配合得较适当，适合于思维发展规律，适合于儿童年龄特征。只要教学的方法相应地做必要的改变，教起来并不会有多少困难。列夫·托尔斯泰曾说过，"在教师看来，好像最简单最一般的东西是容易的，可是对于学生说来，却只有复杂生动的东西才是容易的"。他又说，"光秃秃的知识的结果，比什么都坏。主要的是……科学就应当用科学的方法来传达，也就是说要传达出研究某一个问题时的全部思维过程。"这真不愧是精通语言艺术而又真正理解儿童学习心理的伟大作家的指教，值得我们细细地体会。

"由已知到未知"的教学原则是大家口头上常常说的，但一般的理解多注意了"已知"的"积极"方面，而忽略了其"消极"方面。人们都知道已有的正确知识是进一步接受新的有关知识的桥梁，却不大注意已有的错误知识是进一步接受新的有关知识的障壁。有了桥梁固宜利用，有了障壁也必须铲除。"不破不立，不止不行"，如果不破除原有的错误知识，新的正确的知识就不可能接受。因此，教师在教学时必须从学生已有的知识出发，我们编写教材时也不得不注意这个问题。当叙述历史人物或事件的时候，当讲述社会生活的某些问题的时候，当说明自然科学上某些道理的时候，都必须把学生已有的错误知识分析批判一番，指出其错误所在；然后在此批判的基础上再介绍新的正确的知识。否则，至少会有一部分学生因"先入为主"，对新的正确的知识不能接受；或者对正误两种知识采取兼容并蓄的态度，使二者各不相犯。培养出这样的学生，是教学工作的失败。我们编写各科课本及其教学参考书时，特别是编写工农及干部等成人的课本及其教学参考书时，应该十分注意这个问题。

在这个问题上，我们对于一切流传甚广、深入人心、支配一部分教师和学生的思想的格言、谚语、传说、理论，必须收集研究，在有关教材上对其正确者加以发挥，以丰富学生原有的理解，对其错误者加以批判，以破除学生的错误认识。

对我们来说，研究学生对象应该是经常的工作，也是长期的工作。但是过去由于工作基础的薄弱，任务的繁重，我们对这一工作做得很少。今后不但应充分利用各种机会随时去了解学生，还应随着工作的逐步发展、逐步深入，争取对学生进行系统的研究。

所谓随时了解是指临时参观一些课堂教学，找个别学生谈谈学习情况，看看个别学生的学习作业等。这种工作我们过去都做过一些，但做得不够。例如我们对家里、院里的学生多半不曾有意识地进行过了解。如果我们多和他们谈谈，看看他们的作业，对他们学习的情况及学习中的愿望就可了解好多。当然，这种了解如不慎重，也可能把个别的水平高的或低的学生当作一般学生，得出片面的看法。因此，我们对所了解的对象，必须知道其水平在同学行列中的位置。

更好的办法是对学生做系统的研究，这就是要在一定范围内把全面的一般了解与重点的深入研究结合起来。比如，我们要研究学生的写作程度和写作方面存在的问题，就应该选择中等学校水平内的一个中等班级，把全班学生半年内的作文通看一遍，找出共同的优点和缺点，再找出较高的、中等的和较低的三种类型的学生各二三人的作文，做深入的研究，以得出结论。必要时还可找他们谈话，以证实或修改这个结论。参观教学应该有目的，有准备地进行，并且应该跟看学生作业、找学生谈话配合起来进行。这样才可收到更大的效果。

毛主席指出党八股的第四个特征是"语言无味，像个瘪三"，要我们平时认真学习语言，使用语言时采取严肃的态度。

谚语说："话是开心的钥匙""一句话能把人说得笑起来"，足证语言的巨大作用，群众也早已体验到了。课本是学生学习科学基本知识的主要材料，当然应该写得明确具体，生动有趣，以充分发挥语言的巨大作用。

有人认为除中学文学和小学语文的一部分课文是文艺作品，能用形象语言，能写得生动有趣之外，其他各科课本的文体有的是记叙文，有的是说明文，都不是文艺作品，不能多用美丽的词句，不可能写得生动有趣。我不同意这种看法。俄国伟大的思想家赫尔岑对这点讲得很好，他说："为什么大自然中的一切都这样欢乐、鲜明、有生气，但是在书本上，同样也是这些东西却如此枯燥难懂，如此晦涩而死气沉沉呢？难道这是人类语言的本质？我以为不然。依我的意思，这应该归罪于不清楚的理解和笨拙的叙述。"他又说："没有枯燥的科学，只有枯燥的叙述。"我们应遵循这样的启示，严格对我们自己的要求。

至于认为要写得生动有趣，就要多用美丽的词句，那也是不正确的。文章的生动有趣主要不在词句的美丽，词句简洁、条理分明、描写朴素切实、说明一针见血，才是生动有趣的主要条件。普希金是伟大的作家，据说他是很不愿多用形容词语的，在他的童话里表现得更是如此。美丽的词句用在恰当的地方，固然可以增加生动的光彩；但如果勉强拉用，反而会造成文章的累赘。

选用反映事物最恰当的词儿，选用表达意思最有力的句子，删掉不必要的词句，这是一切文章在语言方面的基本要求。删掉不必要的难词难句，用浅显通用的词儿代替某些名词术语，用简单明白的句子代替某些复杂长句，这是对一切通俗读物在语言方面的基本要求。这两种要求都是对课本在语言方面的要求，我们应该充分注意。

文章要让人了解，要使人感到生动有力，语言的条理化是一个重要条件。层次分明，有条不紊，是好文章的特征；语无伦次，乱说一顿，是文章的大病。层次条理主要体现在段落的划分与安排上。不可把段落的划分与安排看作小事，它是体现内容各部分的重轻主次及其相互关系的，应该做到不可增、不可减、不可分开或合并、不可移前或挪后。同一段落内的句子间的连贯性也很重要，必须安排适当。

解释问题、说明道理要抓住关键所在，深入浅出、简单明白地说清楚，使人一看确能心有所得。毛主席的文章是很好的典范，例子很多，就如《反对党八股》一文中他用"彻头彻尾彻里彻外"来解释大众化的"化"字的意义，用"眼高手低"和"志大才疏"来形容连"少许"还不能实行却高谈"化"的人的特点，这是何等深入浅出、简单明白的解释啊！他认为重要的文章写完以后应该看十多遍，认真地加以删改。为什么要这样呢？他说："文章是客观事物的反映，而事物是曲折复杂的，必须反复研究，才能反映恰当；在这里粗心大意，就是不懂得做文章的起码知识。"这又是何等简单而深刻的说明啊！

用比喻应力求恰当。斯大林同志曾用行车转弯时有的人掉落车下这一事实来比喻党在严重转变关头有的人脱离革命队伍这一情况；他又曾用叶尼塞河上遇到大风浪时灰心丧气、叫苦连天的渔夫来比喻在革命运动中遇到困难就张皇失措的布哈林集团。这都是很准确地抓住了比喻和所比事物的共同特征，使人通过比喻能对所比事物有更明确的了解。

举例要举典型的例子，简洁生动地写出其突出部分，使人如闻如见，才能给人深刻的印象。斯大林在说明布哈林集团中的人不懂得阶级斗争的秘奥，妄图说服富农自动交出余粮时，曾举了这样的例子：在卡查赫斯坦的一个乡民大会上，鼓动员费了两点钟的工夫去劝说粮食所有人把粮食交给国家的时候，有一个富农口里衔着烟斗，站起来回答说："喂，小伙子，你跳个舞来看看，我就给你两个普特的粮食。"这是多么简洁生动的举例啊！

毛主席指示我们要向群众、向外国、向古人学习语言，而且还说"要用很大的气力去学"，"因为语言这东西，不是随便可以学好的，非下苦功不可"。古今中外多少伟大的作家有许许多多刻苦学习语言的故事，我们或多或少都知道一些。但我们必须知道毛主席的话还不是对作家说的，而是对一般宣传工作者，甚至是对每个同志说的。他说："现在我们有许多做宣传工作的同志，也不学语言。他们的宣传，乏味得很；他们的文章，就没有多少人喜欢看；他们的演说，也没有多少人喜欢听。"他又说："一个人只要他对别人讲话，他就是在做宣传工作。只要他不是哑巴，他就总有几句话要讲的。所以我们的同志都非学习语言不可。"课本是一种重要的宣传品，编写课本的人要下苦功学习语言，这是应该更加强调的。

学习语言，不只在平时应根据个人的情况想一些切实办法，有步骤地去努力；而且应把编写课本的过程也当作一个学习语言的机会，甚至当作更好的学习机会来利用。编写过程中的学习，一种是如毛主席所指示，写完之后看它十多遍，认真地加以删改。再一种是集体讨论，共同推敲，像我们一年来对中学文学、汉语、历史、小学语文等科新编书稿所进行过的讨论那样。参加过这种讨论的同志，都认为这种讨论不只对语言的学习很有益处，而且使自己对科学知识的理解也更具体更明确了。过去不曾采用或没有充分利用过这一办法的编辑室，也应根据工作的情况有计划地逐渐试行起来，即使只选择讨论一二种书稿也好。

在讨论中学习，我们社里有一个有利条件，就是有些同志语文水平较高，可以具体帮助其他同志，特别是我们叶社长，这方面更有修养。讨论时如能约请他参加指教，大家得益一定更多。或者把某些内容暂不修改的书稿请叶社长亲手修改一次，大家把修改过的地方认真研究一番，这也是一种学习的办法。

（原载于《编辑工作》总第 19 期，人民教育出版社 1956 年 11 月编印）

课本编辑工作方面的经验教训[①]

这里只谈谈最近两年我们编辑工作方面的几点主要经验，供朝鲜同志们参考。

一、教科书的内容和中国实际相结合

我们在 1951 年开始提出教科书的编写方针是学习苏联的先进经验，同时结合中国的实际。从那时起我们把苏联十年制学校的各科教学大纲、教科书、教学法都陆续翻译成汉文，让编辑干部认真研究，体会其优越性。几年来学习苏联的成绩是很大的，如我们许多教科书的思想性、科学性、逻辑性比较强，这主要是吸收了苏联先进经验的结果。如果单凭我们自己摸索，需要很长的时期才能达到这样的水平。但是因为我们领导方面过去偏重强调学习苏联，比较放松结合中国实际，编辑干部又对中国实际了解不多，因而学习苏联的成绩虽然很大，但也产生了不少教条主义的毛病，不能和中国的实际相结合。如我们前些日子检查教条主义时所发现的：植物学上介绍苏联"草田轮作制"的理论和实

---

① 本文是作者对朝鲜教育考察团报告的一部分。

际，这对中国是没有用处的。动物学上动物形态构造的插图是从苏联课本上搬过来的，和中国的动物形态构造有很多不一样。自然地理内讲到一种深水的鱼，中国的教师连它的名字都不知道。外国经济地理对欧洲讲得比亚洲详细，这是适合于苏联而不适合于中国的。从这些例子可以看出我们教科书的内容和中国社会、中国自然的实际的结合是有缺点的，这些缺点当然影响教学的质量。另外苏联教科书的分量一般比较重，我们的教科书分量也跟着失之于重；苏联的高中世界史和高中物理学分量特别重，我们也特别重；苏联的达尔文主义基础太偏于抽象道理的说教，我们也跟着作抽象的说教。这在教学上当然增加了困难。因学习苏联而增加了教学上的困难，这也就是结合中国教学实际不够的表现。

中国语文和中国历史虽然不能直接搬运苏联的教科书，但我们对苏联的先进经验也是认真研究过一番的，就一年来新编出的中小学中国历史、中学文学说，比旧教科书确实有很大进步。但结合中国实际不够的地方也是有的，如中学文学分量过重，高中古典文学一开始就讲《诗经》《楚辞》等，给教学上增加了很大困难，各方面意见不少。高中历史分量也较重，并引用文言材料，给教学上也增加了一些困难。这就是说我们文史教科书的编法和今天中国的教学实际情况，也有不相适应的地方。

教科书内教条主义的产生，直接原因如前边所说是我们领导方面强调结合中国实际不够，编辑同志了解中国实际不多。如果我们对中国社会的实际、中国历史的实际、中国自然的实际，特别是中国教学的实际了解得多一些，并强调和这些实际尽量结合，好多错误是可以避免的。固然，中国社会实际、中国历史实际和中国自然实际主要应利用科学界研究的成果，不一定要我们亲自去探索；但我们必须亲自做一定的参观、调查，对中国教学的实际有相当的了解，才好下笔写教科书。虽然我们也开过不少教师座谈会，也参观过教学，征求过教师对教科书的意见，但是这些活动过去几乎只是在北京举行，而北京的教师和学生的水平较高，不能代表全国的要求。至于有计划地了解各地教学情况，我们目前才刚开始。为什么我们过去没有强调编辑干部去了解中国教学实际呢？为什么对实际教学情况不了解就能够下笔写书呢？这不能简单地归因于工作太忙，没有时间去做调查工作。而应该着重从思想方法、工作方法方面找出它的根源。我们有许多同志正是由于研究了苏联教科书，研究了专业科学知识，研究了教学理论，对教科书的编法找到了一定的科学根据，形成一定的主见，就满怀信心地开始下笔写书的。这种做法有一半是对的，那就是做了必要的理论研究工作；但有一半是不对的，就是没有去研究教学实际就下笔写教科书。"闭门造车"，出门不一定合辙，是很自然的。要知道科学知识、教学理论、先进经验如果不和中国的教学实际相结合，不从中国教学实际出发，即使再好也是没有用处的。认为不研究科学理论不能写下去，不研究教学实际却能写下去，这是重视理论而忽视实际的思想，是相信自己而看轻群众的思想。这是思想方法、工作方法上教条主义、官僚主义、脱离实际、脱离群众的表现。这应该是教科书内教条主义产生的根本原因。从这种思想方法和工作方法所产生的教条主义当然不会只表现在学习苏联经验方面，也可以表现在别的方面。

我们的编辑同志和审稿同志对科学理论和教学实际可以说都缺乏研究。但两方面比较起来，对教学实际的研究更加缺乏。这也可以说是一般知识分子在思想方法、工作方法上比较普遍的共同弱点。因此要保证教科书的内容、写法、分量跟教学实际相结合，首先需要在思想方法、工作方法上做到科学理论的研究和教学实际的研究相结合。中国共产党第八次代表大会又一次向我们敲起警钟，要我们学习实事求是和群众路线的观点和作风，反对主观主义和官僚主义，警戒脱离实际和脱离群众。我社同志正在学习这次大会的文件，我们也正在准备分批到各地进行实际教学的研究，我们相信今后在这方面会有一个比较显著的改进。当然对教学实际的研究也不能只靠我们自己，同时也要充分利用教育行政部门的调查资料。

二、重大的改革和充分的准备相结合

中国语文和中国历史教科书的学习苏联是间接的，困难是比较多的。不单要认真学习苏联文学、俄语、历史等科的教科书，体会它的优点；还要费更大的力量研究中国语言、文字、文学、历史各方面的许多问题，求得适当的解决。我们为了改进这方面的教科书，曾增加了这些教科书的编辑干部，并让他们做了比较充分的研究工作。这样做是必要的、正确的，因而也就获得不小的成果。如确定中学汉语和文学分科教学，小学一、二年级语文教学以识字为重点，提高中小学语文的选文质量，丰富中小学的阅读教材，汉语教材重视从语言实践中掌握语言规律，用多种多样的练习使语言知识巩固在说话和写作上，历史的写法力求以较有中心的叙述代替头绪纷纭的罗列，以具体事实代替多余的抽象理论……这些成果将会使汉字教学、语言教学、文学教学、历史教学进一步走上科学的道路，大大提高教学质量。

但是这些成果也还有人不够了解，特别在语文方面，用老一套的做法反对这种改革。为什么会有这种现象呢？为什么在一个轰轰烈烈的改革一切的国度内还会有这种保守的现象呢？这好像是一件怪事，其实也不奇怪，因为我们企图在教学上做一次重大的改革，却草率从事，没有做充分的准备工作。对于有关改革的重要问题，不只没有在整个社会上发动讨论，就连教育界也没有广泛征求教师、专家和教育行政干部的意见。我们的意见和做法基本上是正确的，但也不能说没有错误的地方。而且就是正确的部分在目前实际教学方面能做到什么程度，也还需要研究。为了顺利地进行改革，社会上必须展开充分的讨论，一方面使大家了解我们的意图，争取舆论对我们正确部分的同情；另一方面吸取别人正确的意见，改正我们的缺点和错误，并使不适合于目前实际教学的部分也得到必要的改正。这样才能使改革的意图建立在可靠的基础上面。因为准备工作很不充分，正确的意见未得到别人的了解与支持，错误和缺点也不能及早克服，以致引起教学上一定的困难，遭受到不少责难。这是我们工作上很大的缺点。

教科书的改革是一件科学的工作，也是一件群众性的工作。要有科学理论上的根据，又要千千万万教师去贯彻。如果只重视前者而忽略后者，使广大教师不能接受，改革的意图就会陷于"光荣的孤立"，改革就会遭到不应有的损失。这一点教训是我们不应该忘记的。

教科书的试教工作本来是准备工作的一个方面，小学一年级语文和中学一年级文学的新教科书都曾在少数学校试教过，我们借此听取了不少意见，改正了不少错误。可是后来轻易改变了计划，决定小学二年级语文、初中二年级文学、高中一年级文学的新教科书都不再试教，就在全国学校推行。如果这三种教科书也继续试教，初中文学分量过重、高中古典文学教师不会教、初小语文生字较多等意见，很可能反映出来。那我们就可适当地减轻一些初中文学的分量，把高中古典文学减少一些篇幅，并附上现代汉语的译文，把初小二年级语文的生字减少一些，或者调换一些课文，更好地体现以识字为教学重点的意图。因为我们没有试教，这就减少了我们听取意见的机会，增加了教师教学上的困难，拖延了供应教科书的时间，引起多方面的责难，使我们处于十分被动的地位。这种轻易改变计划，削弱准备工作的错误做法，也给了我们深切的教训。

教材的改革要求教学方法也相应地改革，小学低年级的识字教学、高年级的历史教学、中小学的长课文教学都是显明的例子，如果用旧的教法，就无法教新的教材。可是因为我们的准备工作不充分，没有在社会上展开讨论，没有把试教工作继续下去，没有把教学方法改革的必要性展开讨论，没有把试教中发现的好教法广为介绍，让各地教师研究学习，没有使广大教师在改革教学法方面获得思想上的准备。这就给我们的改革工作增加了阻力。这也是我们不应忘记的。

三、教科书的稳定问题

过去几年我们的各种教科书不断在修改，也有不少是反复重编的。教科书不稳定，影响所及，增加了编辑同志的忙乱，增加了出版和发行工作的困难，增加了教学上的麻烦，浪费了国家的纸张（因旧书不能利用）。教科书经常修改或重编的现象，客观上是由于有些教科书质量不高，错误缺点甚多；主观上是由于编辑干部不了解教科书不稳定的害处，领导人又对修改和重编工作控制不严。我们有不少教科书的修改或重编不是根据教学经验的总结，不是经过社的领导人的研究考虑，而是由编辑室决定，甚至由直接编书的同志决定。这样轻率地处理事情当然是很不好的。两年来我们力求克服这种现象，但至今仍没有彻底克服。

还有一些重要的情况，这就是没有教学大纲，或者有教学大纲而也不稳定，教学计划也在不断地改动，这更使教科书无法稳定下来。最近教育部和我社都深感教学计划、教学大纲、教科书的经常改动，很不利于教学的进行，决定明年一年内从理论和实际两方面来认真研究，最后比较彻底地修改教学计划和教学大纲，然后根据大纲改编教科书以求做到教科书的稳定。认真地执行这一决定，可以比较彻底地克服教科书不稳定的现象。

（原载于《编辑工作》总第 20 期，人民教育出版社 1956 年 12 月编印）

回顾在延安十一年的教材编写生活

从初来延安到今天，整整十一年了。现在，革命形势大发展，眼看就要向大西北进军了。面对革命大胜利的形势，自然是欢欣鼓舞的；但很快就要离开生活、工作了十一年的革命圣地——延安，又不禁有依依难舍之情。

一、接受了新任务

十一年前的 1938 年春天，我来到革命圣地——延安。三个月的陕北公学生活，开会、唱歌、爬山、行军、听报告、出墙报……很快地飞过去了。七月一日，中国共产党成立十七周年纪念日那天，我到了边区政府教育厅。

在伟大的抗日战争中，在党中央、毛主席身边工作，热情自然是很高的。教过七年中学，曾担任过五六种课程的教学；现在的任务是编写小学课本，劲头也是很足的。当时领导上要我同时编写高小历史和地理教材，我稍加考虑，即承担了。先写出编写计划和提纲，经过讨论，接着就双管齐下，写几课历史，再写几课地理，积极地工作起来。写出一部分，马上审查、修改，立即油印发出，供学校使用。

当时编写的同志共四人，同住在一孔土窑洞里，除集体讨论外，白天各写各的，很少说话；晚上一直写到十一点钟，才熄灯上床。次日一早起来，就又开始工作了，一天工作十一二小时，并且天天如此。只感到愉快，不知道疲倦，全副精神都陶醉在工作中。那种情景，今天想起来，还历历如在眼前。

二、贯彻抗日教育政策

当时编写教材的方针是什么？就是党中央、毛主席在抗日救国十大纲领中提出的"抗日的教育政策：改变教育的旧制度、旧课程，实行以抗日救国为目标的新制度、新课程"（《为动员一切力量争取抗战胜利而斗争》）。如何贯彻这一方针呢？我们的口号是教材要抗日化。化法有两个方面，一方面是内容上增加抗日的比重，如历史课本第一册从"九一八"事变讲起，"一·二八"抗战、察北抗战、"八一"宣言、"西安事变"……一直讲下去。地理也把敌人对东北、华北资源的控制、各省的军事要地等内容，讲得较详。别的同志编的小学国语，更是如此，关于猫儿狗儿的物话，也都装上抗日的内容。

另一方面是在教材的组织编排上适应战时的环境。如历史课本的编排是先今后古，中外混合的。第一册讲"九一八"以来的国内外大事，第二册讲中国近百年史及第一次世界大战与俄国革命，第三、第四册讲中外古代史。地理编排是中外混合。以战区分区，螺旋式地安排教材内容。第一册就把全国大体讲到，但重点是华北与东北；外国则讲与抗日关系密切的日本。第二册又是全国大体讲一遍，中心在西北与华中。这样编排的理由：抗战时期，学生不一定能在学校住到底，注重教学当前最重要的知识，才好与战时生活相适应。

但是过了一年之后，抗日战争进入相持阶段，陕甘宁边区更加巩固，有了相对安定的环境。于是群众的要求高了，对课本的批评也渐渐听到了："猫儿也抗日，狗儿也抗日，一般的宣传材料太多，基础知识的教育成分太少，过分注重当时当地，教材的编排太没有系统了。还是要考虑长远需要，讲点科学知识，注意儿童特点。"

三、科学化与儿童化

各方面对课本的意见不断反映来，编写的同志起初还不大注意，渐渐地听得多了，才不得不加以考虑。接着研究、讨论，认为别人的意见虽不免夹杂了一些传统的不正确的观点，但在纠偏的意义上还是对的，应该吸取，以求改进工作。于是1940年又开始了改编工作。改编的方法是在贯彻抗日的教育政策，坚持抗日化的前提下，要着重一般文化知识，注意科学化与儿童化、长期性与全国性。

这套课本在1941年编写完大半了，宣传动员性质的课文大大减少，科学知识是相当丰富的。不仅历史、地理和自然，就是高初级国语，也包含了社会、自然两方面的许多知识。历史课本可以说是这方面的一个典型。前三册中国史、第四册世界史，都是从古到今讲下来。对政治、经济、文化等几方面都讲到了，课文又力求中心显明，社会发展的前因后果都力图交代清楚；每一历史事件又叙述得简明扼要，具体生动，一字一句也再三推敲，力求妥切。儿童化方面，初级国语可说是一个典型。要求每一课达到既科学化又儿童化，内容是常识，表达用诗歌或故事形式。许多课文，编的同志费心真不少，有一些课文在技巧上当时认为简直是天衣无缝，实在是一件完美的艺术品，我审阅时十分满意。

这套课本在1942年出版后，确也如编者所料，曾博得不少小学教师和关心教育的同志们的赞扬，认为是在新教育方针指导下编出的一套完美的小学教材。

四、初步认识了洋教条

这套所谓科学化与儿童化的新课本有没有缺点呢？在整风运动中我

们才对这个问题有了一个正确的认识。1943 年整风学习中，逐渐听到一些对新课本的批评了，有的说"新课本基本上还是洋教条"，有的说"课本里有浓厚的资产阶级与小资产阶级的思想情绪"，还有讲其他话的。编写的同志们自己也反复学习毛主席的《改造我们的学习》《整顿党的作风》《反对党八股》和《在延安文艺座谈会上的讲话》等光辉文献，对照文件进行思想检讨与业务检查；意见是在不断听，会议上常常在争论，脑子里常常在想问题。时间久了，头脑开了些窍，心里逐渐明亮起来，于是慢慢在完美中也看出了缺点，从无缝的天衣上也找出了破绽。

拿我自己编的历史课本来说吧，对历史事件的论断是否有错误，那是学术上的问题，且不管它。单就分量与内容说，那样重，那样深，小孩如何接受得了？即使取材妥当，组织严密，一字一句有讲究，但教师教不了，学生学不下，优点还不是只在书本上？革命工作是为人民服务的，让学生学习的课本，结果学生学不下去，解决了什么问题呢？这些问题，说明我们在编写教材时是从一些科学上的抽象概念出发，而不是从实际的群众需要出发；在主观愿望上是为人民服务，但在客观上却没有给人民解决问题。正如毛主席批评的："做宣传工作的人，对于自己的宣传对象没有调查，没有研究，没有分析，乱讲一顿。"（《反对党八股》）这不是主观主义、教条主义是什么呢？

再拿初级国语来谈吧，试举两课如下：

麻雀偷米

一个雀儿来偷米

偷了一斗一升一合米

的儿的儿向南飞

飞去又飞回

十个雀儿来偷米

偷了一石一斗一升米

的儿的儿向南飞

飞去又飞回

这一课我们先前认为写得很好，因为它不但很生动地表现了一个自然现象，而且还包含了石、斗、升、合的常识及其十进位的算法。同时词句流畅易读，生字反复出现，很适合儿童学习。但整风后的看法不同了：小孩子看着麻雀偷米还高兴地欣赏，那一定是不知生产艰辛的地主家的子弟；农民家的子弟是没有这种心情的，他们对偷米的麻雀只会憎恨，不会欣赏。因此，这一课的思想感情是不对头的，不符合工农群众的要求，阶级立场是有问题的。

另一课是：

马在路上跑

跑跑跑，马会跑，

马在路上跑，跑得快来跑得好。

飞飞飞，鸟会飞，

鸟在空中飞，飞得快来飞得好。

爬爬爬，蛇会爬，

蛇在草上爬，爬得快来爬得好。

游游游，鱼会游，

鱼在水里游，游得快来游得好。

这一课原先也认为是很好的，因为它有计划有系统地说明了几种动物的活动方式和活动场所，而且生字、句调多重复，描写也很生动，适合儿童学习。这时的看法呢？当然也不同了。马跑和鸟飞两节没有问题，但鱼游与蛇爬就有问题了。鱼游，在陕北很少见，儿童没有亲切之感，这问题还小。蛇爬，陕北儿童都有经验，知道它是会伤人的，他们对蛇的情感是恐惧与憎恶，绝不会有"爬得快来爬得好"的感觉。原来这课文是拿国民党统治区大城市公园中的生活作背景写的，在那里蛇的活动有固定的区域，不会危害到看的人；而看的人呢，当然大多是些老爷、少爷、太太、小姐，至少也是中上层社会的洋学生，这些人才会感到蛇是"爬得快来爬得好"的。于是这一课的思想和阶级感情就又成问题了。

此外，对卫生，对礼貌，对生产，在新国语中虽然讲了许多，但很多是不切实际的，是抄来的洋教条。科学化不是建立在广大工农群众需要的基础上，不是从边区农村生产与家庭生活的需要出发，而是建立在主观愿望的基础上，是从抽象概念出发的；儿童化不是从广大农村的农民儿童的生活出发，而是从城市上层社会的儿童生活出发的。结果就脱离工农大众，不能满足群众的要求。这些都是教条主义的，是洋教条，而且有些还包含了剥削阶级与小资产阶级思想的毒素。这些也说明，我们编写的同志在"灵魂深处还是一个小资产阶级知识分子的王国"（《在延安文艺座谈会上的讲话》）。

五、结合实际的经验教训

1944 年《解放日报》上发表了两篇关于教育的社论：《论根据地的普通教育》和《论普通教育中的课程与学制》。看了之后，在整风学习中获得的对新旧教育的看法更明确起来。就教材来说，一方面从科学化与儿童化的外衣之下，看清了整风以前课本的教条主义实质与在阶级观点上的错误；同时对教材编写的结合实际问题有了初步的了解。认识到编写教材不应从主观愿望出发，而应从边区客观实际出发，要结合实际。

边区实际首先体现在政府的政策方面，因为革命政府的政策，不是随意决定的，而是根据政治形势，经过调查研究，集中了群众的目前利益与长远利益规定出来的。如支援抗战与发展生产是当时政府的两大政策，同时也正是群众利益的主要方面。

贯彻了政策观点，教育服从政治，教育为政治服务才不是空谈，才有了实际意义。但我们过去是不懂这一点的，我们常常是把空洞的政治概念代替了党的政策。因此有的同志在抗日战争时期写出这样的课文："春种一粒谷，秋收千粒籽，农民没土地，仍旧饿肚子。"好像是要求平分土地了，这显然是违反当时党中央毛主席制定的减租减息政策的，因而受到了批评。后来把第三句改成"地主不减租"，才符合了政策的要求。

其次，边区实际表现在群众生活方面。群众生活是多方面的，比政府政策的内容更丰富。如切合实际的卫生习惯、反迷信的科学知识、待人的礼貌、做事的能力，这些虽与政策的关系不多，有的甚至没有关系，但都是群众生活中不可缺少的，教材对这些方面也必须有所反映。而且教材贯彻党的政策，一部分也还要通过群众的生活，才能具体表现出来，不能脱离生活抽象地去讲政策。

在此新的认识下，1944 年我编出了供农村冬学用的《日用杂字》《识字课本》《农村应用文》等书。编写这三本书，费时并不多，每本不过一个月左右。编写的过程是先做调查，如访问农村，了解农民生活及群众的要求，收集农村流行的各种杂字书与应用文；然后再根据党的路线、政策对收集的材料加以研究和整理，决定如何取、舍、增、改；再后就写出初稿，请人提意见；最后斟酌修改完成。这个过程，说来也很简单，但与过去的编法是有很大不同的；主要注意力不是放在写作上，而是放在研究我们的服务对象及其需要上。

《日用杂字》和《识字课本》初印出来就受到群众的热烈欢迎，以后年年再版，仍经常供不应求。《农村应用文》印数不及《日用杂字》等，但流行的地区却更广，各解放区略加增减翻印的版本，在延安见到的就有五六种。

为什么《日用杂字》和《识字课本》能受到群众的欢迎呢？因为它的编法适应了成年人和青年人的特点，不同于儿童识字教材的写法，采用篇幅简短而内容丰富、生字较多而不强求重复的形式，能够满足群众费时少而识字多的要求。《农村应用文》之所以受到欢迎，是因为写得简明、通俗，便于识了一千字左右的农村干部模仿应用，能满足他们的实际需要，起了"雪里送炭"的作用。

过去高小《历史课本》的失败与这次《日用杂字》等三本书的成功，给了我很深刻的经验教训。这就是，编教材时，注意力主要应放在调查研究、了解实际、掌握读者对象及其要求方面，不应放在研究书本、追求写作方法方面。

以上是结合实际的成功经验，1944 年编写工作中也有失败的教训。当编写高初小国语时，认为教材要为政治服务，结合实际，就应紧跟实际，宣传新人新事、真人真事。于是课本从报纸上编选了许多各方面的模范人物与事件。当课本出版后，在教学过程中，真人真事有些起了变化，弄得很被动，不好处理，这是一次深刻的经验教训：课本与报纸不同，报纸每天出版，今天宣传这个，明天形势变了，不再宣传就是了，课本的编写与印刷过程很长，至少要半年，到学校又要使用半年。一年内形势与人事方面往往变化很大，一变化课本就不好办了。因此，课本不能像报纸，要考虑得稍远一点，要保持一定的稳定性。密切结合形势的要求，应让学校自行处理。

六、结合实际的科学化与儿童化

整风前编的全部小学教材，在新的观点下看来，都有严重的缺点，需要重新编写。这种工作在 1945 年夏天调来几位同志后，才正式开始。用了一年半时间，全套课本便大体完成了。

这次课本编写前，一方面下乡，对边区小学与农村儿童做了初步调查；另一方面对过去所编课本，也做了一番研究、检讨，做了较深刻的批判。在编写过程中，再次进行认真的研究与讨论，有时还到学校或机关去调查访问。因此，这次编出的各种课本，都较过去所编的提高了一步。洋教条清除了，简单化的政策宣传、抄袭报纸新闻的现象也克服了。

例如，高初级国语，不但在形式上根据边区儿童的程度，注意了分量的轻重、生字生词的配备；而且更重要的是在内容上从边区的政治形势和革命需要，从儿童的农村生活、家庭生活出发，并与之密切结合。如在国语教材中，注意了对学生进行革命观点、劳动观点与群众观点的教育。初小国语教材中有近百分之三十的课文是对学生进行劳动教育的。这一方面是反映和配合了当时的大生产运动，同时也教育学生从小憎恶剥削阶级，热爱劳动，热爱劳动人民。再如初小国语的课文，不是像过去提倡每天洗澡，每顿饭后刷牙；而是针对边区儿童的几种最需要的卫生习惯，提出不吃青毛杏，不吃烂香瓜，不喝脏水，好饭不吃得过分饱等。再如高小国语讲破除迷信，不是简单地从正面讲科学知识，而是针对农村流行的具体迷信加以分析批判，如对梦的解释，对毛鬼神、探家子的说明，对红孩儿女妖精的揭露等，结合批判讲科学知识，让儿童在破除头脑里的迷信的基础上，接受新的科学知识。

又如高初小算术教材，完全从实际出发，进行了很大的改革。习题方面不再出现利息、年龄、钟表等许多不实用的计算，而是把实际生活中最实用的算题按深浅分列在各册中。算术基本内容各部分的比重，也随需要的程度而做了调整，如分数百分比用得多，教材内的比重就大一些，与过去的课本相反；如面积中不规则地形的算法用处较大，就特别多讲一些。农村对儿童的算术主要要求能理解题，会运算，至于算得快慢，认为关系不大放到第二位，因而文字题的比重就加大些，试题相应减少。又如把边区儿童的玩耍方法中有助于儿童学算的，也有选择地编在教材里，虽属小事，也还是创举。

还有高小自然教材，打破历来以城市生活为背景的取材，而代之以农村生活，于是风雨雷电等自然现象的说明、实用的生理卫生知识、边区正在提倡的农业与畜牧的改良方法，都成了主要内容；而单纯讲道理的电学、机械等科学知识与边区不实用的水产物等，就被挤到次要地位了。高小史地，大大减少了分量，并采用简明的写法，比早先的课本容易学习得多了。每课的立场与观点，当然更是再三斟酌了的。

七、计划外的工作

1947 年春，蒋胡敌军进犯陕北，我背着行李在安塞、子洲一带视察民办小学。看到许多地方买不到课本，以致有教旧《三字经》的。我当时就地根据需要，用三字句形式，帮助编写了几段课文。后来传抄教学者不少。于是我在 1948 年回到延安后，把零星编下的整理修改一番，又补充了一些内容，把儿童最必要的思想品德与生活知识都包进去，共分十部分，编成一本内容、体系都较完整的小册子，初次在延安出版，名为《新三字经》。

这本小书很快得到广泛流传，新中国成立后，还先后有五六个出版社出版过，改名为《儿童三字经》印发全国，一直流传到"文化大革命"前夕。这给了我一个明确的认识：一本通俗读物，如果要较长期地流传，应着重讲最基本的较固定的知识，不可过分强调紧跟形势，过多讲临时性的东西（任务是宣传时事的例外）。同时一定要做到篇幅简短，语言简明扼要，通俗易懂。

1948 年春，边区军民把蒋胡敌军赶出边区以后，西北形势大变，将要全部解放了。为了准备迎接革命的新形势，各项工作都紧张起来，教材编写工作也不例外。我当时有一个想法，就是边区小学教材编下了，农民识字教材也编下了，儿童读物也有了几种。但干部中的文盲、半文盲为数还很大，还没有解决教材问题。1942 年毛主席在《文化课本》的序言中说："一个革命干部，必须能看能写，又有丰富的社会常识与自然常识，以为从事工作的基础与学习理论的基础。"毛主席当时是就机关干部讲的，边区广大农村的文盲半文盲干部，同样有学识字与学文化的需要。边区的劳动人民养活自己已达十年之久，自己是从事文化教育工作的，对农村广大干部这一问题不能解决，总觉得于心不安。于是就在照顾其他工作之外，抽空、挤时间，在八个月之内，编出一本《干部识字课本》、两本《干部文化课本》。编写前曾在地干班学员中了解情况和要求，在编写过程中又同民政厅地方干部随时交换意见。编写时十分注意干部特点，力求满足他们的要求。既注意他们理解水平高、文化水平低的特点，把课文编得内容丰富，篇幅简短，以满足其便于学习的要求；又注意他们工作上、思想上的特点，对课文多方取材，全面照顾，把文化学习与思想、政治、工作方法等教育内容都综合编进去，以满足他们多方面的要求。书稿编出后，民政厅有两位同志看了，认为很适用；教育厅领导同志就让很快出版发行了。

八、未能实现的愿望

1949 年春，眼看要离开边区，向西安进军了。一天和两位地方干部随便谈到编书问题，他们说，干部学了识字课本和文化课本，识了两千来字，也有了一些常识，可以看《群众报》，文化逐渐提高了。但还有一些很实际的知识，应该集中地向他们指导一下，对他们工作上、生活上都有很大好处。一是应编一本通俗易懂的专讲工作方法的书，把毛主席历来对工作作风、工作方法的指示，集中在一起，分类通俗解释一番，便于干部自学，便于他们随时翻查，这是一本。再一本是关于家庭教育的书，边区在经济上、文化上还是较落后的，无论干部或群众，在对儿童教育方面，封建迷信残余、不卫生的习惯，乃至打骂现象等，还是很普遍的。如能编一本关于家庭教育的书，向他们说明应把革命队伍中的民主精神也贯彻在家庭生活中，改变对待儿女的态度，再能就儿童的思想品德、良好习惯的养成，观察事物、增进知识方面，以及健康教育应注意之点，都切合实际地给他们讲讲，对边区新生一代的成长，应有不少好处。我听之后，觉得很对，自己也很愿意亲自编这样两本书。可是要编成这样两本书，估计约得半年时间。我对教育厅领导同志谈了这件事后，回答是大西北就要解放了，形势逼人，新的更迫切的任务在等待我们，恐怕顾不上搞这些了。事与愿违，我也只得搁下这个念头，忙着当前的工作，准备在新的革命形势下迎接新的任务。

（原载于《甘肃师大学报（哲学社会科学版）》1977 年第 4 期）

编写陕甘宁边区小学及农村文化教材的几点体会^①

从 1937 年到 1949 年，我们在延安先后三次完整地编出了初小、高小的全套课本，而且针对不同对象，还编出了《干部识字课本》《干部文化课本》以及《农民冬学课本》《农民识字课本》等教材。这些教材根据革命群众的需要和边区的特点，对原来国民党地区使用的旧教材进

---

① 本文作于 1979 年 6 月。这篇长文分十个部分，共总结了十点经验：（1）教材必须注意政治；（2）必须重视劳动教育；（3）德智体全面兼顾；（4）结合边区实际；（5）区别不同对象；（6）坚持群众路线；（7）精简集中；（8）综合连贯；（9）深入浅出；（10）启发心智。其中，"启发心智"部分以《启发心智——〈陕甘宁边区编写教材的经验〉的一部分》为题发表在《甘肃师大学报（哲学社会科学版）》1979 年第 2 期，又以《启发心智——陕甘宁边区编写教材的经验》为题发表在《课程·教材·教法》1981 年第 3 期上；"精简集中""综合连贯"和"深入浅出"三部分以《谈编写教材的原则》为题发表在《陕西师大学报（哲学社会科学版）》1979 年第 4 期上；"精简集中"和"综合连贯"两部分以《精简集中和综合连贯——陕甘宁边区编写教材的经验》为题发表在《课程·教材·教法》1981年第 1 期上；"深入浅出"部分以《深入浅出——陕甘宁边区编写教材的经验》为题发表在《课程·教材·教法》1981 年第 2 期上；"结合边区实际"和"区别不同对象"中的部分内容经改写，以《编写教材必须注意联系实际——延安时期编写教材的经验》为题发表在《课程·教材·教法》1982 年第 1 期上。

行了根本性的改革，它在解放区的教育和宣传工作中发挥了积极作用。我们现在的历史条件和面临的任务，当然和过去已经大大不同了。但是，教育工作，包括教材编写在内，有其固有的、人们必须遵循的客观规律。对这些规律的认识和掌握，并不那么容易。我们在延安编写各类教材的过程中，许多同志花费了大量的心血，经过反复的实践和摸索，积累了许多经验，也接受了不少教训。这些东西，对于从事教育工作，特别是从事教材编写工作的同志，都是有参考价值的。

现在我根据自己的回忆，把过去的一些体会整理出来，供大家讨论和参考。

一、教材必须注意政治

我们办教育的目的，是要培养无产阶级革命事业的接班人。我们要想按照革命的需要来教育儿童和青年，教材首先必须注意政治。早在土地革命时期，毛泽东同志就提出"以共产主义精神来教育广大的劳苦民众"，"使文化教育为革命战争与阶级斗争服务"。抗日战争时期，毛泽东同志更具体地指出，抗日的教育政策就是要"改变教育的旧制度、旧课程，实行以抗日救国为目标的新制度、新课程"。由于党中央的直接领导，陕甘宁边区的教材编写工作，从 1937 年开始，就有明确的政治方向。教材必须突出抗日，必须为抗日救国这个总的目标服务，这一点在国民党统治区是根本办不到的。以这样明确的革命的政治方向编教材，在中国历史上也是从来没有过的。

为了贯彻党的抗日教育政策，我们当时的口号是教材"抗日化"。怎么"化"呢？首先是在内容上增加关于抗日方面的比重。例如，历史课本第一册全是讲抗日的：从"九一八"事变讲起，然后依次是"一·二八"抗战、察北抗战、"八一宣言""西安事变"……一直讲下去。地理则是把敌人对东北、华北资源的掠夺，各省的军事要地等内容，讲得比较详细。国语课本，更是"三句不离抗日"，一切飞禽走兽、猫儿狗儿，都被用来编成抗日故事。讲钢铁、棉花、汽车、轮船时，也都与抗日联系在一起。至于人，张口闭口都是"打日本"。

第二是在教材的编排组织上，尽量适应战时的环境。历史课本先今后古，中外混合。第一册讲"九一八"以来的国内外大事；第二册讲中国近百年史及第一次世界大战与俄国革命；第三、四册讲中外古代史。地理也是中外混合，以战区分区，螺旋式地安排教材内容。第一册就把全国大体讲到，但重点是华北与东北；外国则讲与抗日关系密切的日本。第二册又是全国大体讲一遍，重点讲西北与华中，外国则讲苏联。

这种编法，在烽火连天的战争年代，对于宣传抗战，的确曾经起了很大的鼓动作用。但是，作为教材来说，它本身又有严重的缺陷。这就是，内容比较单调，表现手法也很生硬，把为政治服务简单化了。特别是1938年的初小国语课本，群众反映说："猫儿也抗日，狗儿也抗日，一般的宣传材料太多，基础知识太少。"这种批评是十分中肯的。还有一个问题：我们许多参加编写工作的同志，从上海或其他城市来到延安的时间不久，虽然热情很高，但对马列主义的学习还不够，对党的政策的认识比较肤浅。所以，有些课本抗日虽然讲得很多，但谁是抗日的主力和基本队伍，从整个内容来看，还有些模糊不清。

随着我们深入学习和反复实践，上面那些偏差，逐步得到纠正。例如，继1938年以后，1942年和1944年，在整风前后两次新编的教材，前面所说的问题逐渐解决，特别是1946年编的一套教材，质量大大提高了。以初小国语课本为例，既注意为政治服务，又体现了语文课本的特点。这套课本，抗日还是讲的，不过比重减少了，写法上故事性也强了。例如，第六册有《张连长之墓》一课，说张连长抗日殉国，部队转移时，三班长在他的墓前立了一块牌子，写着"抗日英雄张连长之墓"九个大字，鬼子扫荡时看见牌子，一脚踢翻，结果牌子牵引的地雷爆炸，几个日本侵略军立刻做了张连长的祭品。又如《架枪训话》一课，描写的是我们冀中九分区的一连子弟兵，伪装敌宪兵，利用架枪训话，缴了伪军一个中队的枪，并占领了敌人碉堡的故事。因为这时抗日战争已经胜利结束，所以课文不是着重通过宣传敌人的残暴来鼓舞抗日热情，而是着重宣传我军的英勇机智，培养儿童对解放军的崇敬与热爱。另外，课本对于军民团结、官兵团结的内容也很重视。有一篇题目是《枣子的故事》的课文，讲人民军队不拿群众一针一线。有一个新战士摘了老乡的一颗枣子，班上就开会批评他，老乡知道这件事后很受教育。这是宣传我军的纪律和人民军队的本质的。至于对当时正在进行的解放战争的写法，就大不同了，如《蒋匪军到了李家庄》一课，描写了蒋匪军在李家庄如何作恶多端，最后说："只有大家齐心干，消灭蒋匪才安康。"这种写法，是为了鼓动群众积极起来支援前线，消灭蒋家王朝，争取全国解放的。1946 年陕甘宁边区战时教育方案中指出，要"揭露蒋军奸淫掳掠、无恶不作的残暴行为；揭露蒋管区贪污腐化、横征暴敛、民不聊生的惨状；指出战争的性质，提高胜利的信心"。课本的内容与这个精神是完全一致的。

在注意政治的过程中，政策观念和政策界限是一个很重要的问题。开始在这方面，我们并没有多少认识，常常是以自己的感情或空洞的政治概念来代替党的政策。例如，1938 年的国语课本里有这样的课文："中国要生存，汉奸要杀尽。"大家对汉奸的愤恨，是完全可以理解的。但是，对汉奸不区别对待而统统杀掉，显然不符合党的政策。又如，1942 年的国语课本里有这样的课文：

　　春种一粒谷，秋收千粒籽，
　　农民没土地，仍旧饿肚子。

这个课文当时人们看了，觉得我们要进行土改了。可是，抗战时期党的政策则是减租减息。这种违反政策的讲法，当然应当受到批评。后来我们把后两句改成"地主不减租，农民饿肚子"，这就符合政策的要求了。

教材要注意政治，内容是多方面的。首先要注意宣传党在这个历史阶段的基本路线和中心任务，同时也要注意对学生进行社会主义和共产主义的教育。毛泽东同志指出，新民主主义的文化是"民族的科学的大众的文化"，但是"当作国民文化的方针来说，居于指导地位的是共产主义思想"。在这种思想指导下，我们当时一面在教材中宣传革命战争，宣传共产党和八路军，宣传抗日战争时期的政策；同时也适当地安排了宣传社会主义和共产主义的内容。例如，政治课讲一些社会发展史的常识，历史课讲巴黎公社、十月革命的故事，语文课则较多地编选歌颂革命导师和革命领袖的歌谣和故事，像《列宁在理发馆》《蜜蜂引路》《毛主席在戏院里》《三湾改编》《朱德的扁担》《志丹陵歌》《好领袖》《好军队》等，都是比较好的课文。

历史课是一门政治思想性很强的学科。1942 年，我们在编写高小历史课本时，除讲解一般历史知识外，特别注意对学生进行阶级观点和群众观点的教育。例如，在中国古代史当中，一方面充分揭露反动统治阶级的罪恶行径，另一方面则大力歌颂农民反抗地主阶级的英勇斗争。

在《蒙古帝国》一课中有这样三段：

> 蒙古贵族进入中国以后，抢夺了许多土地作为牧场。……当时大官、地主和寺院也集中了大片土地。农民的土地失掉了，生活非常困苦。
>
> 元朝的政府，又常常征调大批民众去修道路、开运河、建造宫殿。它恐怕汉族反抗，不准民间藏有兵器。每十家设一个

甲长，监视一切。政府大官，也不让汉人担任。为了麻醉人心，更竭力提倡喇嘛教。于是寺院布满全国，喇嘛横行各地，他们抢夺民众房产，污辱良家妇女，发掘坟墓里的财物，什么坏事都去做。

民众既受地主大官的剥削，又受蒙古贵族在政治上、宗教上的压迫，弄得饥荒遍地，哭声震天。各地农民纷纷暴动起来。

这里充分揭露了元朝统治阶级对汉族人民进行残酷阶级压迫与民族压迫的罪恶。又如《赵匡胤》一课中有如下两段：

赵匡胤本来是五代末期的一位大将，有一次正当出征的时候，他布置好亲信的人，忽然把黄龙袍披在他的身上，就这样做了皇帝。称为宋太祖，开始了宋朝。

宋太祖统一全国以后，恐怕帮他打天下的那些大将，也来一次"黄袍加身"，夺取他的帝位，于是趁一次饮酒机会，就把这些大将的兵权解除了。

这里把统治阶级如何搞阴谋诡计、争夺权位的丑恶嘴脸暴露得十分清楚。

关于中国古代的农民战争，从陈胜、吴广开始，凡是大规模的起义，都在适当的课文中讲到了。

在中国近代史课文中，一方面揭露了帝国主义对我国的侵略罪行和军阀、官僚的卖国勾当，另一方面歌颂了革命人民和进步党派反帝反封建的斗争。像《鸦片战争》《英法联军》《中日战争》《八国联军》等课文反映了一个侧面，而《太平天国》《戊戌变法》《义和团》《辛亥革命》等课文则反映了另一个侧面。

为了提高教材的政治思想性，我们还在国语课本里注意宣传党的革命传统和革命作风。前面提到的《枣子的故事》，讲的是军民团结和人民军队的本质。《欢迎》一课，也讲的是人民军队爱人民，人民欢迎解放军。《杨步浩送麦》一课，写延安劳动英雄杨步浩给毛主席和朱总司令送麦子的故事，讲的是人民爱领袖，领袖爱人民。还有《农民见工人》一课，讲的是工农联盟，全文如下：

农民见工人，拉手笑吟吟，
你已得解放，我也翻了身。

你住在城市，我住在乡村，
住虽不一处，根是一条根。

要论力量大，农民人数多，
要论力量强，工人老大哥。

你造工业品，我种田和地，
办起合作社，两头来联系。

工人和农民，咱是同盟军，
建设新社会，靠咱一条心。

此外，关于讲互相学习、互相帮助、团结友爱、批评和自我批评等革命作风的，在小学国语和《干部识字课本》《干部文化课本》中都有一定数量的课文。

二、必须重视劳动教育

各种教材不但要注意政治，培养学生有明确的政治方向；同时又要重视劳动教育，使学生从小就树立起劳动观点。几千年来统治阶级总是说："劳心者治人，劳力者治于人。"毛泽东同志在延安时说："革命的或不革命的或反革命的知识分子的最后分界，看其是否愿意并且实行和工农民众相结合。"边区教育的一个显著特点就是，不但组织学生实际地参加各种劳动，而且把劳动观点、劳动教育具体贯彻到教材中去。根据1946年出版的初小六本国语课本的统计，共243课，其中从各方面进行劳动教育的就有70课，占总课数的百分之三十。

马克思主义的一个基本观点，就是劳动创造了人类，同时创造了人类世界。这个大道理对于小学娃娃，当然一下子是讲不清楚的，但是，根据儿童的特点，通过他们亲眼看见的东西，却可以说明劳动的伟大作用。例如，初小国语第一册中有这样一课：

左手和右手，两个好朋友；
不论吃和穿，动手样样有。

还有一课说：

我的手，会扫地，
爸爸的手会种地，
姐姐的手会洗衣，
妈妈的手会缝衣。

这两课都是在手上作文章，语言形象，又以儿歌的形式出现，活泼有趣，便于记忆，使孩子们容易懂得：人的双手能够劳动，创造财富。

为了通过国语教材进行劳动教育，编者曾下了很多功夫，采取了多种形式，确有不少的创造。尤其是下面几种做法，很有参考价值。

一是大处着眼，小处着手，鼓励儿童从自己日常生活的事做起：从小养成劳动习惯。如《好娃娃》一课说：

> 好娃娃，早早起，
> 自己打水把脸洗；
> 好娃娃，早早睡，
> 自己铺毡又铺被。

这是培养儿童独立生活能力的。另一课写的是姐弟回家后的一段话：

> 你去洒水，我来扫地，
> 打扫干净，妈妈欢喜。

这是从自我服务，扩大到简易的卫生劳动。

二是就地取材，描写儿童劳动的场面，培养儿童热爱劳动的思想。例如，第二册的《小英雄》一课说：

> 李有娃，年纪小，去摘棉花不弯腰。
> 眼儿明，手儿快，过来过去真轻巧。
> 少说话，多做事，半天摘了一大包。
> 和大人，比一比，有娃不比大人少。
> 你叫他，小英雄，有娃听了低头笑。

又如，第三册的《打斑蝥》一课说：

嘻嘻嘻，哈哈哈，

排好队，就出发。

有的拿上烂鞋底，

有的带上刺条把。

边走路，边看花，

边唱歌，边说话。

斑蝥吃咱好洋芋，

就在地里打死它。

人多手多打得快，

帮了你家帮我家。

诸如此类的课文很多，都生动地反映了孩子们紧张而快乐的劳动。教学这些课文，当孩子们联想到自己劳动获得的成果，并受到大人表扬时，那种快乐的劲头是很强烈的。在这里，孩子们不是把劳动看作"受罪"，而觉得是一种光荣和需要。

三是由近及远，教育儿童热爱劳动人民，热爱劳动英雄。例如，《爸爸上山种糜谷》和《就说爸爸种棉花》等课文，写的是热爱自己最亲近的劳动者。而《气死牛》一课则扩大了范围，写的是边区著名劳动英雄郝树才，讲大家为什么叫他"气死牛"。因为他开荒的劳动成果比一头牛还大，会把牛气死。这类课文都是给儿童们灌输热爱和尊重劳动人民的思想感情的。

四是用形象比喻，批判好逸恶劳的剥削者和旧习气。有一课说：

猪儿没有手，狗儿没有手，

有手不动手，好比猪和狗。

在课文旁边还画了一个吃得肥头肥脑、戴着瓜皮小帽的家伙，伸着他那不劳动的手。农村的儿童一看，就知道那是地主少爷，绝不能学他的样子。还有一课是批评打"二流子"的：

二流子，不动弹，

不劳动，不生产。

人穿好，他穿烂，

人家吃，他在看。

这种批评的目的，重在教育，在具体对待上与前者有所不同。

五是由浅入深，对儿童进行生产知识教育。一开始让低年级的儿童先认识农村常见的家畜、家禽、益鸟。例如，第一册中就有牛羊马驴、公鸡母鸡和小燕子等动物。进一步则认识常见的农作物（如麦子、棉花、糜子、谷子、豆子）与农具（如铁锹、犁头）。随着儿童年龄的增长和知识的积累，第三、四册就讲到一年四季、各季的特点及其与农作物的关系。等到高年级的时候，已经包含有科学技术教育的内容。如《上粪有讲究》和《棉花打杈》等课文，就是直接教学生掌握有关技术知识的。

此外，边区的高小自然课本和算术课本，在劳动教育方面，主要是重视同生产劳动有关的科学常识和计算方法。

1946年高小自然课本在"编者的话"中明确提出："本书的目的主要在指导儿童学得实用的自然、生产与卫生知识。"在生产知识方面，课本的取材，尽量从当时陕北的农村实际出发，使学生不但能学到有关自然的知识，而且能把这种知识应用到生产劳动中去。具体的事例在下边讲结合边区实际一部分时再引证。

算术课本从头至尾，都广泛地结合了工农业生产和家庭生活日用知识。在作业的布置上，教材强调动手实验，动手制作，动手测量，动手计算。这样不仅可以加深对知识的理解，也有利于掌握一定的劳动技能。

三、德智体全面兼顾

政治教育和劳动教育，都属于德育的范畴。我们无产阶级办教育、编教材，当然首先要把德育摆在第一位。但是，德育无论多么重要，它仅仅是一个方面。我们培养的人，不但要求政治上头脑清醒，业务上也得有真正的本领，还得有个好身体。不然，怎么能挑起革命的担子呢？所以，教材本身就应当把德育、智育和体育有机地结合起来，做到全面兼顾。

对于这个问题，我们的理解和认识也有一个过程。一开始，由于民族危机严重，我们首先或主要考虑的是政治思想，对属于知识性的内容，相对地注意不够，有的甚至被挤掉了。同时，对德育的理解也比较狭隘，主要局限在政治方面，至于道德品质的教育、良好习惯的培养，没有给予适当的位置。在智育方面，考虑眼前的需要多，对于知识本身的系统性则注意不够。这些偏向，大约到了1940年，才有了一个比较大的改变。特别是在整风运动的推动下，我们搞编辑工作的同志的认识才比较全面了。

先看德育。德育当然时刻要注意政治方向，这是毫无疑问的。但是，绝不能因此而忽视道德品质的教育。有人曾经说，前者是"大德"，后者是"小德"；只要注意了"大德"，"小德"无关紧要。林彪、"四人帮"还胡说对少年儿童进行道德教育，是培养"修正主义的小绵羊"。这些看法都是极其错误的。孩子和大人不一样，给他们单讲抽象的政治道理，一是难于理解，二是他们不感兴趣，三是挫伤他们的学习积极性。对儿童进行政治教育，必须具体化，要同道德品质教育结合起来，根据儿童能接受的原则来进行。对小学生说，就是要求他们对敌人要恨，对人民要爱，勤奋学习，团结互助，勤劳俭朴，勇敢机智，热爱劳动，遵守纪律等。至于林彪、"四人帮"的"绵羊论"，那完全是别有用心的。多年来，他们以此毒害了很多少年儿童，把学校搞得乱七八糟，这是一个沉痛的教训。陕甘宁边区小学教材自整风以后，非常重视道德品质方面的教育，并且做了很大努力来适应儿童的特点。如国语课本中有一课是：

好姐姐，好妹妹，

不打架，不吵嘴。

又有一课是，

姐姐会做鞋，

弟弟不会做鞋，

姐姐帮弟弟做鞋。

弟弟会念书，

姐姐不会念书，

弟弟教姐姐念书。

这两课是讲家里兄弟姐妹之间团结友爱、互相帮助的。还有讲学校同学之间的团结互助的：

大同学，像哥哥，

念书识字比我多，

　　请你多多帮助我。

　　小同学，像弟弟，

　　放学回家我等你，

　　路上跌倒我拉你。

有些课文是讲生活要有规律，培养良好习惯的。如：

　　哥哥好，弟弟好，

　　天天起得早，

　　早起上学校。

还有一些课文是讲尊重劳动、爱护书本、爱护公物的。如：

　　庄稼汉，爱苗子，

　　老母鸡，爱儿子，

　　念书娃娃爱书本，

　　不要揉破书本子。

　　礼貌教育也是培养儿童优良品德不可缺少的一环，其中有的课文是这样写的：

　　客来找爸爸，

　　爸爸不在家。

　　我请客人炕上坐，

　　点火拿烟又倒茶。

　　我说客人等一等，

我的爸爸就回家。

这些课文都结合儿童的生活，生动具体，学了就可以做到。从小在这方面培养，就可以使孩子们健康地成长。

再看智育。1944 年，边区政府关于改善教育工作的文件中明确指出："……（边区）教育内容，以文化教育为主。"当时编的各科教材，在注意政治思想内容的同时，大大加强了文化知识方面的内容。初小三年级设常识课，高小设历史、地理、自然课，都是专讲科学知识，自不待说；就是国语课本，除根据语文课的特点，注意识字、阅读、写作的训练外，也包含了许多社会常识和自然科学知识。以初小国语第二册为例，全册 40 来课，绝大部分能教给儿童必需的知识。其具体内容包括：家庭、学校生活知识占 7 课，人体及卫生知识占 7 课，家畜和鸟兽知识占 6 课，生产劳动知识占 5 课，度量衡和四季、四方知识占 3 课，以上共 28 课，占了全书三分之二。这些课文的写法一般与常识课本不同，力求儿童化、文艺化。试举两课为例。一课叫《大黄牛》，课文是：

> 两只弯弯角，
> 一个大尖头，
> 谁要喂好我，
> 吃穿不用愁，
> 你猜我是谁，
> 我是大黄牛。

再一课叫《春夏秋冬》，课文是：

> 春季里，暖风来，

麦苗青青桃花开。

夏季里，热又热，

家家忙着收小麦。

秋季里，西风凉，

谷子糜子遍地黄。

冬季里，冷风吹，

河水结冰雪花飞。

　　重视科学文化知识，当然要提倡科学技术，提倡发明创造，要反对迷信保守，反对因循守旧；要歌颂科学家钻研科学技术的精神，斥责盲从附和的习惯。这对于鼓舞学生努力学习科学文化知识是很有作用的。在 1946 年边区高小国语课本中，这方面的课文很多。如《两个铁球同时着了地》《在火车刚发明的时候》《赖特兄弟》《发明轮船的故事》《苏联园艺家米丘林》《电子巨子爱迪生》等。现举《在火车刚发明的时候》一课如下：

　　边区的同学们，有些还没见过火车。火车真是一种了不起的交通工具！一点钟能走一百多里，一列车能载一百多万斤。就是说六七千毛驴子驮的东西，一列火车就能拉走了。

　　火车是一百多年前英国人斯提芬荪发明的。

　　斯提芬荪是一个伙夫的儿子。幼年时就跟着父亲给蒸汽机添炭。那时他就对蒸汽机发生了兴趣，常想：要把蒸汽机安到车上，用它推动车子，多么好呢！

　　在 1829 年，他做了一把大茶壶式的东西，底下安着轮子——一个最初的火车出现了。

但当它初次试行的时候，惹起了许多人的讥笑："哼！一把大茶壶，会拖了车子走路吗？"

一个老妈妈说："还没起身，先呜呜地叫几声，我们的母鸡，会吓得不能生蛋呢！"

一个牧师断定："这是违背上帝意志的东西，坐了火车，会把人的脑筋弄坏的。"

最后一个马夫说："我要骑上一匹快马，绝对能赶上它！"

终于来了一次九英里的竞赛，结果，还是火车赛赢了。

到现在，铁路铺设全世界，火车天天隆隆地开行着。几千万人，几千万斤货物，被运载着。讥笑的声音，早已变为快乐的颂赞了。

德育、智育要兼顾，体育也要给一个恰当的位置。小学体育，主要是在学校生活中的实际体育活动。但在教材中，体育及健康卫生也不能被忽视。边区高小原开设卫生课，有高小卫生课本两册，后来课程精简，卫生课合并到自然课内，但仍保留了 29 篇课文，其中一半是讲生理卫生，一半是讲环境卫生。同时，在国语课本中也穿插安排了这方面的内容。例如，初小国语中有这样一些课文：

七月西瓜八月梨，
吃瓜吃果要注意，
瓜果本是好东西，
吃得多了伤身体。

二狗放学跑回家，
路旁有个烂香瓜，

拾起吃了多半个，

肚子疼了叫妈妈。

此外，还有讲种牛痘、剪指甲，以及讲不要嚼铅笔等内容的课文，其目的也是培养良好的卫生习惯，保证身体健康的。

四、结合边区实际

1938 年我到延安后，经常听到毛主席关于实事求是、一切从实际出发、理论联系实际的教导。我们在教材编写工作中，也努力贯彻这个精神，力求编出的教材适合群众的实际需要。但是，真正做到这一点，却经历了一个认识和摸索的过程。开始编写教材，我们只提出教材要抗日化的口号，强调宣传党的路线、方针、政策，使教育服从政治，为政治服务。但是，对边区的生产实际、生活实际，对儿童特点和科学知识却有所忽视，群众对此很有意见。根据群众的意见和要求，1940 年我们对教材进行了一次改编。改编的方法是在贯彻抗日的教育政策，坚持抗日化的前提下，着重一般文化知识方面的内容，注意教材的科学化与儿童化，长期性与全国性。这套课本在 1941 年改编完毕大半，1942 年出版。它的特点是：宣传动员性质的课文大大减少，文化科学知识方面的内容相当丰富。不仅历史、地理和自然，就是高、初小国语，也包含了社会、自然两方面的许多知识。在儿童化方面，初小国语可说是一个典型，不仅知识丰富，而且采用了儿童喜爱的诗歌、故事等形式，深受小学教师和关心教育的同志们的赞扬。可是，到了 1943 年整风学习中，有人批评新课本"基本上还是洋教条""有浓厚的资产阶级与小资产阶级情绪"。我们负责编写教材的同志反复学习了毛主席的整风文献，对照文件进行思想检讨与业务检查，逐步认识到这套教材中确实有受不良影响而出现的洋教条。

　　例如，我编的历史课本，分量重，内容深，在文化落后的陕甘宁边区教师教不了，学生学不下。这说明我在编教材时是从一些科学上的抽象概念出发，而不是从实际的群众需要出发；在主观愿望上是为人民服务，但在客观上却没有给人民解决问题。这正是主观主义、教条主义的具体表现。

　　又如，初小国语课本，对卫生、对礼貌、对生产虽然讲了许多，但很多是不实际的，是抄来的洋教条。例如，要求儿童天天洗澡、刷牙，饭前便后洗手；放学回家给父母行礼问好；等等。在生产上，对边区大量种植的谷子、洋芋讲得不深不透，南方作物如水稻等却占了相当篇幅。这充分说明，我们提出的科学化不是建立在广大工农群众需要的基础上，不是从边区农村生产与家庭生活的实际需要出发，而是建立在主观愿望的基础上，是从抽象概念出发的，儿童化不是从广大农村的农民儿童的生活出发，而是从城市上层社会的儿童生活出发，因而出现了儿童欣赏"麻雀偷米"和"蛇在地上爬，爬得快来爬得好"等非无产阶级思想感情的课文。这正如毛主席早就指出的，"乡村小学校的教材，完全说些城里的东西，不合农村的需要"，其结果必然脱离工农大众，不能满足群众的要求。这些都是教条主义的，是洋教条，而且有些还包含了剥削阶级与小资产阶级思想的毒素。这些也说明，我们编写教材的同志"灵魂深处还是一个小资产阶级知识分子的王国"。

　　1944 年，《解放日报》发表了《根据地普通教育的改革问题》和《论普通教育中的课程与学制》两篇社论，根据整风精神，全面论述了改革普通教育的问题，特别是在前一篇中有这样一段："现在的所谓新教育，其强点在有国际背景，其弱点也在这里。我们现在且不论其是否合乎外国和外国人民的需要，但是，第一，它是资本主义高度发展国家的产物，不合于中国的需要；第二，它是资产阶级统治者的产物，不合于中国民主根据地的需要；第三，它是和平时期的产物，不合于抗日战争的需要；第四，它是大城市的产物，不合于农村的需要（更不必说像陕甘宁、晋西北这样地广人稀的农村），这些却是无可争辩的。"我们认真研究了这段话之后，在整风学习中获得的对新旧教育的看法更加明确起来。就教材来说：一方面从科学化与儿童化的外衣之下，看清了整风以前课本的教条主义实质与某些在阶级观点上的错误；另一方面对教材编写的结合实际问题，有了初步的了解。认识到编写教材不应从主观愿望出发，而应从边区客观实际出发，要结合边区实际。

边区实际首先体现在政府的政策方面，它集中反映了群众的目前利益与长远利益。因此，在教材中宣传党的政策就是联系实际，而且是最重要的实际。贯彻了政策观点，教育服从政治，教育为政治服务才不是空谈，才有实际意义。

其次，边区实际还表现在群众生活方面。群众生活是多方面的，比政府政策的内容更丰富。如切合实际的卫生习惯，反迷信的科学知识，待人的礼貌，做事的能力等。这些虽与政策的关系不多，有的甚至没有关系，但都是群众生活中不可缺少的，教材对这些方面也必须有所反映。而且教材贯彻党的政策，一部分也还要通过群众的生活，才能具体表现出来，不能脱离生活抽象地去讲政策。

基于上述新的认识，1945年重新编写小学教材。用了一年多的时间，全套课本大体完成。这次编出的各种课本，都较过去所编的提高了一步。清除了1942年出版的课本的洋教条，也克服了1944年临时编印的国语教材中的简单化的政策宣传和抄袭报纸新闻的现象，使教材保持一定的稳定性。

例如，高、初小国语，不但根据边区儿童的程度，注意了分量的轻重，生字生词的难易，而且更重要的是在内容上从边区的政治形势和革命需要，以及儿童的农村生活和家庭生活出发，并使二者密切结合。在教材中，注意对学生进行革命观点、劳动观点与群众观点的教育。据统计，初小国语教材中，有百分之三十的课文是对学生进行劳动教育的。这一方面是反映和配合了当时的大生产运动，另一方面是为了教育学生从小憎恨剥削阶级，热爱劳动，热爱劳动人民。有关卫生常识的课文，不再像过去那样提倡每天洗澡，每顿饭后刷牙，洗脸洗手都用自己的毛巾，喝水吃饭都用自己的碗筷，而是针对边区儿童的几种最需要的卫生习惯，提出不吃生毛杏，不吃烂香瓜，不喝脏水，好饭不吃得过分饱等。这样改编绝不是说边区儿童不应讲卫生，而是说卫生的标准和要求不应离开社会条件与儿童的实际情况而主观地提出。过去那样要求，显然是反映了城市有产者儿童的生活、要求与兴趣，在当时边区的一般儿童是不可能做到的。既然做不到，学了又有什么用处呢？有关讲某些科学知识的课文，不再像过去简单地从概念出发讲抽象的道理，而是针对边区农村流行的具体迷信事例加以分析批判，如高小国语对梦的解释，对"毛鬼神""探家子"的说明，对"红孩儿女妖精"的揭露等，都结合批判讲科学知识，让儿童在破除头脑里的迷信的基础上，接受新的科学知识。

又如高、初小算术教材，打破了传统的写法，坚持从边区的实际需要出发。对算术基本法则的各部分取材分量及着重点，都根据其实用价值的大小、人们需要的缓急，决定取舍详略。如在四则基本算法中，加法和乘法比减法和除法应用机会多，于是增加了前者的分量。在减法里，"求剩余"比"求比较"用得多；在除法里，"求等份"比"求倍数"用得多，而且容易懂，所以都着重讲前者。整数、小数、百分数在我国社会日常生活中应用的机会很多，但使用分数的机会却较少。因此，在教材分量上，增加了前三者，减少了后者。关于求面积问题，在注意各种规则形的面积的计算的同时，把求不规则形面积也列为重要部分，以适应计算地亩，特别是山地的需要。在习题的选择上，根据小学生学习算术是为了掌握初步的算术知识以解决日常生活中浅易的计算问题的要求，增加了应用题的比重，相应地适当减少了式子题。在编应用题时，不仅注意选择有积极意义的，而且注意题中数字所反映的事物特点与事物关系的现实性，不出不合情理的问题。在习题内容上，不再出现利息、年龄、钟表等不切实用的计算，而是把增产节约、改良农作物、发展工商业、组织变工互助，以及学校生活、儿童生活中有实用价值和教育意义的计算材料，按深浅分列在各册中。此外，把民间流行的最简便的算法，如补整算法、概算法等，也编入教材，并与普通算法结合起来，起了互相补充的作用。

还有高小自然教材，基本上克服了教条主义的缺点，初步达到了学用一致的要求。在选材上，打破了历来以城市生活为背景的传统，而代之以农村生活。如伪国立编译馆主编的高小自然课本，对城市中便于教学的理化等方面的知识编的课文较多，电学即占了7课。实际上对农村儿童讲电铃等的构造与作用，即使在南方农村也没有必要，何况在陕北农村？再说又如何能使儿童理解呢？该课本对农村适用的动植物与其他农业知识则所讲很少，如牛、羊、猪等家畜只笼统地合讲一课，什么问题都没有解决。生理卫生知识只有14课，占全书课文的七分之一，且多是生理知识，农村实用的卫生知识几乎没有。这种脱离农村实际的现象，不只是这一部课本的缺点，而且是过去许多自然课本的共同缺点。

我们编的高小自然课本，则完全不是这样的。在选材方面，电学不是7课，而只是3课，以减少学生死记书本的苦恼。卫生方面不只有14课一般的生理卫生知识，而且另有15课食、衣、住、用等生活中实用的卫生知识。动植物及农业生产知识共计26课，占了全书四分之一以上；牛、羊、猪各占1课，并增加骆驼1课，使学生不但对陕北农村习见的家畜能有进一步的认识，而且能把某些学到的知识利用于农牧业生产之中。蔬菜在编译馆本中只有1课，讲得不分不明；我们的课本里有3课，一方面说明了蔬菜的营养价值及吃时应注意的事项，另一方面对政府正在提倡和推广的洋芋新品种与西红柿的栽培法做了介绍。我们对自然科学教育的要求，本来应该包括对自然现象的理解与对自然规律的利用（改造自然）两个方面。因此，自然课教材就不单要说明生活中重要的自然现象，而且要指出利用自然的方法，即不单要说明生活，而且要指导生活。我们这套自然课本是根据这样的原则编写的，是密切结合了边区实际的。高小史地，根据需要和可接受的原则，大大减少了分量，并做到了文字上简明扼要，比早先的课本容易学习得多了。

当时我们编写的教材之所以能够比较好地结合了边区的实际，这与重视结合实际的思想方法与工作方法有关，同时与为人民服务的思想的提高也是有关系的。我们在边区受党的教育时间长了，为人民服务的思想感情比较强烈。只要发现了群众的需要，总要千方百计地满足群众的要求。当时，小学教材编写工作本来已是很繁重的任务了，但是我们在编写小学教材以外，还随时主动做了许多切合实际需要的其他编写工作。比如我自己吧，1944年看到农村很需要写应用文，而旧时应用文的写法，内容既陈旧，甚至包含了迷信与反动的成分，语言又半文不白，群众和乡村干部都无法学。勉强学写的，闹了很多笑话。于是，我就挤时间做了些调查研究，编写了一本《农村应用文》，改造了旧的内容和写法，增补新的范围，供农村使用。这本书在晋西北与晋冀鲁豫等地区，后来也翻印了。1945年，我看到农村民办小学教学旧《百家姓》的很多，可是旧《百家姓》有400多个姓氏字，其中不常用的姓几乎占了一半，而且有100来个字不是常用字，群众学了用处不大，白浪费时间。于是，我挤时间把边区的姓氏字调查统计了一番，选了184个常见姓氏字，也是日常用字，用四言韵语编了一个《新百家姓》，并说明了编写原因与过程，写了一篇文章发表在边区《教育通讯》上，作为民办小学补充教材，当时传抄学习的不少。1946年，我看到边区群众识字热情很高，但所识的字有些很不实用。于是，我在边区《群众报》

用字的基础上，参考初小国语、《农民识字课本》等用字情况，选出成、青年文盲半文盲急需字 1 440 个，初小与民小儿童急需字 1 800 个，写了一篇《群众急需字研究》，并说明选字过程与理由，发表在边区《教育通讯》上，供识字与编书的同志参考。又如立春、雨水等二十四节气对农业生产关系很大，但边区农民只有少数人对此有些理解，多数农民不大理解。于是，我把二十四节气的名称意义、先后顺序、与农活的关系等，通俗解释一番，写成一篇文章，也发表在边区《教育通讯》上。这只是一部分例子，说明我们当时搞编写教材工作的同志，在党的教育下，为人民服务的思想感情是比较强烈的。在此基础上，结合边区实际就比较容易办到。

新编的这套小学课本于 1946 年出版后，在陕甘宁边区普遍使用，其他根据地也有翻印的。大西北解放后，有不少新区学校也采用这套课本。经过这一段工作实践，使我深刻认识到：教材编写工作必须坚持与实际结合的原则。这不仅是一个工作方法问题，而且是一个思想方法和世界观问题。要做到这一点，一方面必须不断清除唯心主义和形而上学的影响，反对主观主义和教条主义，牢固地树立全心全意为人民服务的思想，另一方面要迈开双脚深入实际，深入群众，调查研究，了解读者对象及其要求。只有这样，才能编出比较好的教材。由于客观事物是不断发展变化的，因此，对实际情况的了解也要经常进行，不断深化，不能一劳永逸。边区小学教材的反复修改，而一次比一次都有提高的事实，就充分说明了这一点。1946 年出版的这套课本虽然比较好，但绝不是尽善尽美。不过它摆脱了洋教条的影响，比较好地结合了边区实际，这一点是应该肯定的，这是编写无产阶级新教材很重要的一条经验。

五、区别不同对象

列宁指出：马克思主义的最本质的东西，马克思主义的活的灵魂，就在于具体地分析具体的情况。在教育工作中，应该根据不同对象，编写不同教材，采用不同的教学方法，绝不应千篇一律地使用一种自以为是的教材和教法，去解决不同教育对象的问题。但在中国封建社会里，却让儿童学成人的东西，什么《三字经》《千字文》以及《四书》等，都讲的是成人的事情，儿童很不容易接受。清朝末年，废科举，办学堂，中小学校的教材都采用了新编课本，特别是1921年实行新学制以后，课本的文言文改用白话，教材从内容到语言都比较适合儿童学习了。但从此以后，为成年人编写的识字教材倒又采用了儿童课本的写法，强调生字反复出现，课文极其简单，实际知识很少，内容空洞，学了无用，白浪费时间。当时有个"平民教育促进会"曾经编写了一本《平民千字课》，就是一个突出的典型。在这本教材中有《读书》一课，课文说："一个先生，十个学生，一个人教，十个人学，先生教书，学生读书，先生教学生，学生学先生。"还有一课是《写字》，课文说："读了书，就写字，写了字，又读书。十二个学生，三个读书，九个写字，四个写大字，五个写小字。"这样的课本把成人当小孩，怎么能受群众的欢迎呢？我们边区农民先前的冬学识字课本，除取材有所不同外，在编写方法、强求生字反复出现、内容空洞等方面，也与此类似。因此，1939年，边区教育特派员反映，成人不喜欢娃娃的话，在冬学里用这样的教材，一个冬天只能学两三百个生字，第二年劳动一年，到冬天再上冬学时，大部分都忘记了。当时群众普遍说，"年年上冬学，一辈子不识字"，认为这种教材还不如《三字经》、《百家姓》、《千字文》、杂字书好。根据群众意见，边区教育厅又编了《新千字文》，供冬学扫盲用。但由于编写的同志没有理解群众的意图，仍未摆脱旧传统的影响，没有抓住参加冬学的多为成年农民，他们虽不识字但经验丰富的特点，名为《新千字文》，实际上只是全书生字限用一千，课文写法仍然是旧的，每课生字力求反复出现，还是一些娃娃话。例如，第一课说:"一二三四,四三二一,三四五六,四五六七,七八九十,十九八七。"第二课说:"一石十斗,一斗十升,一升十合,千合一石。"这两课的内容单调无味,语句啰唆累赘,很不适合成年农民的要求。因此,许多同志提出,这样的课文不如编写成"一、二、三、四、五、六、七、八、九、十"及"石、斗、升、合",倒还清楚了当。有的同志甚至批评《新千字文》是"骗人货",它没有采用旧千字文的格式,却沿用了旧识字课本的编法。

通过上述实践,我们明确认识到编写供成人用的识字课本,必须与儿童课本有所区别,要充分注意他们的特点和要求,既认字又学知识,学是为了用。由于当时参加冬学的主要对象是农民,他们平时生产劳动很忙,只有冬季才有比较集中的时间学习。所以在一本识字课本中,应尽量把常用的字都编进去,一次冬学读熟读完。生字即使不能全部认下,以后也好查阅复习,逐渐消化。这和牛羊反刍的道理是一样的。在内容上,要注意联系农村的生产和家庭生活,使学员有亲切之感。在形式上,可以采用旧杂字书的编法,把许多生字排在一起,同类相聚,声韵和谐,词句简练,便于记忆,再加上内容切合实际,是会受到群众欢迎的。

我自己幼年上小学之前,是先上了两次冬学,学习旧杂字书脱了盲的。我觉得识字教材采用旧形式编写是可行的。于是在 1940 年,我自告奋勇编写了供冬学使用的《边区民众读本》,内分《抗日三字经》《实用四言常识》《新五言杂字》三部分,并附有《民众应用文》。1942 年再版时,经边区教育厅审定,改称《民众课本》第一册,流传很广,很受群众欢迎。现节选《抗日三字经》中讲毛主席《论持久战》的一段如下:

毛主席　真英明　讲政治　论战争
想得到　说得通　句句话　有证明

中国大　　出产丰　　多人口　　多士兵
日本小　　出产穷　　少人口　　少士兵
我抗战　　是进步　　全世界　　多帮助
敌侵略　　是野蛮　　求帮助　　难上难
看事实　　论道理　　打到底　　我胜利
讲缺点　　我也有　　敌文明　　我落后
飞机少　　大炮旧　　枪不足　　弹不够
我落后　　多困难　　要胜利　　持久战
持久战　　三阶段　　求进步　　克困难
一阶段　　敌进攻　　抢我地　　夺我城
我中国　　大觉醒　　兵和民　　齐斗争
二阶段　　相持中　　敌想进　　无力攻
我中国　　大振兴　　又建设　　又练兵
三阶段　　我反攻　　好消息　　天天听
收失地　　除奸凶　　驱日寇　　回东京

这一段课文采用旧《三字经》的形式，但装上了新的内容，用精练、通俗而有韵的词句，既宣传了党的政策，又没有儿童的腔调，很适合成年农民学习。

经过整风学习，使我认识到区别不同对象编写教材，也是反对主观主义和教条主义，坚持结合实际的一个重要方面。于是在已有经验的基础上，1944 年我又编出供农村冬学用的《日用杂字》《识字课本》《农村应用文》等书。在编写过程中，我把主要注意力不仅放在写作上，而且放在研究我们的服务对象及其需要上，使教材内容更加切合群众的需要。因此，《日用杂字》和《识字课本》一出来就受到群众的热烈欢迎，以后年年再版，却经常供不应求。《农村应用文》的印数虽不及

《日用杂字》等，但流行的地区却更广，各解放区略加增减翻印的版
本，在延安见到的就有五六种。

现举《识字课本》中的三篇课文如下：

第四十五课　识字好

识字好，识字妙，
识字能够看钱票，
记账立约写对联，
样样事情都会搞。
识字还能看书报，
天下大事也知道。

第十六课　山药蛋

山药蛋，好东西，
三斤能顶一斤米。
一亩能挖一千三，
折合小米三石几。
当饭吃，省小米，
当菜吃，也可以。

第三十四课　穿新衣

纺下线，织成布，
缝了新袄缝新裤。
穿新衣，戴新帽，
破鞋烂袜都换掉，

老人喜，娘们笑，

娃娃乐得地上跳。

　　这种编法，适应了成人的特点，不同于儿童识字教材的写法。它篇幅简短而内容丰富，生字较多而不强求重复，能够满足群众费时少而识字多的要求，也起了鼓舞他们学习和生产热情的作用，满足了他们学习和生产上的需要。《农村应用文》包括条据、契约、请帖、书信、报告、计划、总结、对联等，既根据日常工作和生活编写了范文，又提纲挈领地指明了写法，内容简明，语言通俗，便于识了一千字左右的农村干部模仿应用，能满足他们的实际需要，起了"雪中送炭"的作用。

　　区乡干部，这又是另一种学识字、学文化的对象。这种对象之所以必须注意，是根据地的特殊情况所决定的。在旧社会的国民党地区，知识分子失业的很多，公务人员都有一定的文化程度，没有文盲。只有在革命队伍内，许多农民干部政治上虽很进步，甚至做了共产党员，但文化上还是文盲和半文盲。毛主席在1942年给《文化课本》写的序言中讲道："一个革命干部，必须能看能写，又有丰富的社会常识和自然常识，以为从事工作的基础与学习理论的基础。"因此，对干部也需要编识字课本和文化课本。

　　可是，干部这一种对象，既不同于少年儿童，也不同于成年农民。他们与成年农民共同的是，生活经验与生产经验都较丰富，不同的是他们有工作和学习方面的特殊需要。另外，他们的理解能力也比一般农民高一些。因此，我在1948年编写《干部识字课本》和《干部文化课本》时，既注意了他们学习、工作和领导方法等方面的问题，力求满足他们的需要，同时也注意了他们的理解水平高、文化水平低的特点，把课本编得内容丰富，篇幅简短，以满足其便于学习的要求。对课文多方取材，全面照顾，把文化学习与思想、政治、工作方法等教育内容都综合编进去，以适应他们的特点。

先拿《干部识字课本》来说，全书共有 60 课，用生字 700 多，供文盲干部学习用。从内容看，除对识字的具体指导外，对学习态度、工作作风、思想方法、政治认识以及简单而急需的应用文，都配备了相当数量的课文。例如，《天下无难事》《学习要踏实》《专心学习》《乡村好干部》《工作要经常》《工作要细密》《劳动创造世界》《挖穷根》《不迷信》，以及《介绍信》《收据和便条》《自传》《家信》等课文，都是针对干部特点，为了满足他们生活、思想与工作上的需要而编写的。在具体写法上，为了解决文盲干部文化水平和政治水平不相称的矛盾（识字少、经验多），尽量把课文写得简短，而含义却很丰富；不用"娃娃话"，不编生字多、名词多的长篇课文。这既减少了他们学习时的困难，又提高了他们学习的兴趣。在文体方面，多采用歌谣、谚语、格言等，除便于朗读与记忆外，也是因为这种文体具有"言近旨远""文短意长"的优点，便于文盲干部学习。为了避免"娃娃话"，用字不强求重复，每课生字多少，也差别较大。对生字少的课文，要求教快一点；生字多的课文，可以教慢一点，用这种办法克服教学中的困难。

现列举几课如下：

第十五课　专心学习

学习要专心，
不专学不成。
身在学校心在家，
误了学习帮不了家。

第二十一课　劳动创造世界

田是农民种，

树是农民栽。

房是工人盖，

衣是工人裁。

工农辈辈流血汗，

劳动造出世界来。

第二十五课　乡村好干部

对革命忠诚，

办事情公道。

多和别人商量，

不主观决定。

多做说服工作，

不强迫命令。

第五十三课　不迷信

旧社会，捉弄人，

硬说世上有鬼神。

造下神像盖起庙，

编下故事来骗人。

新社会，大不同，

万事靠人不靠神。

想要富裕多生产，

想要健康讲卫生。

再拿两本《干部文化课本》来说，是供已识六七百字的半文盲干部学习的。全书112课，共用生字2 000左右，学完之后，可以看通俗的书报，可以写农村工作中急需的应用文。从内容上说，除关于文化知识的课文，如《写字的标准》《字的模样》《常用标点符号的用法》《地图的看法》《我国的省区》《边区的分区和县市》《世界的大都市》等外，关于思想、政治、业务方面的课文也占了很大比重，如《好作风和坏作风》《不要摆架子》《做群众的好勤务员》《老蒋卖国》《准备到新区工作》《反对官僚主义》《发扬自我批评》《革命要到底》《改进乡上开会的方法》《差不多先生》等。这样编的目的，是希望干部学员学了之后，不但在文化知识方面能够提高一步，而且在学习态度、工作作风、思想方法、政治认识等各方面都能够提高一步。从文体方面说，与中小学的课文大不相同：叙事文、说理文、应用文占的比重很大，描写文与诗歌占的比重很小，童话、故事几乎没有。所以这样编，是因为农村干部在读写方面实用观点很强，而事实上描写一类的文艺课文，在他们工作中确实用处很少。另外，根据农村半文盲干部多半没有上过正式学校，缺乏良好的学习方法的实际情况，我们有意配备了一些指导认字、写字、阅读、写作的课文，例如《认识字根》《认识偏旁》《错别字》《略读和精读》《怎样看报》《说话与作文》《用词要恰当》《文从写话起》《怎样写日记》《写信应注意的地方》《怎样写通讯》《怎样写报告》《写完要修改》等。这些课文，可以帮助他们纠正学习上一般易犯的毛病，又指出应该怎样学习，教他们掌握一些语文的规律。在有关写作方面的课文中，特别强调了说话和作文一致的原则。

六、坚持群众路线

群众路线是我们党的优良传统，也是延安时期编写教材的一条根本经验。编写教材当然不能轻视和低估专家的作用。但是，专家的经验，归根结底是从群众中来的，专家能不能编出好的教材，关键还要看他能不能坚持"从群众中来，到群众中去"。我们是为人民编教材的，我们编的教材首先应该适合人民的需要。这就要求编者经常走下去调查研究，看看人民究竟需要什么，了解学校的教学情况、教师的教学经验、学生学习的效果，以及师生对教材的意见，等等。只有把这些问题都搞清楚了，我们的编写工作才能真正做到"有的放矢"。

对这个问题，我们在延安整风以前，并没有明确的认识。当时，人手少，任务紧，除集体讨论外，主要是各人分头研究思考，整天关在窑洞里埋头编写，很少走下去同群众、同教师商量。整风以后，由于编辑人员思想认识的提高，情况就大大不同了，每编一种教材，一般都分三个步骤：第一步是走下去搞调查研究，了解实际情况，掌握读者对象及其要求，征求各方面对原来教材的意见。第二步是集中力量编写初稿，在编写过程中，认真研究与讨论，有时还要到学校或机关去调查访问。初稿编出后，向各方面征求意见。第三步是经过审查，最后斟酌修改定稿。第一、第二步，多走访农村，找农民、干部、教师、学生谈话，有时就在边区政府找有关部门的干部征求意见。当时边区教育厅设有教育特派员，他们经常到基层和学校检查工作，接触的人比较多，可以直接听到各地群众和学校师生对教材的反映，巡视、检查完毕后，要回厅汇报情况。另外，各分区和各县教育科也要定期向教育厅书面汇报学校情况。我们听取和查阅这两种汇报，也是贯彻群众路线的一个重要途径。

1945年以后，边区的高小算术和自然课本，是霍得元同志负责编写的。他调到边区教育厅编教材之前，曾在延安县农村当过多年小学教师，对农村的情况比较熟悉，又有丰富的教学经验。这是编写教材的有利条件，但他在编写过程中仍坚持走群众路线，经常向学生、学生家长和广大农民群众学习，除听取他们对教材的意见外，还深入了解群众生产和生活的需要，广泛收集现实材料。如高小算术中的丈量土地、"周三径一""方五斜七"等民间流行的算法、粗细粮折算法、农业累进税等问题,及高小自然中收集的许多农谚、先进的农作法及迷信和不卫生的生活习惯的具体材料,大多是学生和广大群众提供的。他根据了解到的材料及群众的要求,在编《洋芋的种植》课文时,把侧重点放到洋芋的保藏法上,把棉花、西红柿等课文的侧重点放到它们的栽培法和整枝打杈等管理方法上,使教材重点突出,切合实际,学了就能用。为了使教材科学化,他还参观了不少小工厂和农场。在边区修械所,听了各种武器性能的介绍,参观了新式武器的修理和简单武器的制造,所以在编军事常识、工业常识部分时,才能写得比较具体。由于参观了一些作坊,所以能在课本中介绍某些易学易行的制糖、制肥皂的方法。他在光华实验农场住了一段时间,把从农民那里学来的东西从理论上加以提高,如用农作物不宜重茬的道理,解释了"麦不二旺",用豆类根瘤菌制氮的道理,解释了"豆茬地多打粮"等农谚。由于在农场里学到了一些简单易行的诊断和防治家禽、家畜常见传染病的方法,所以才能在有关教材中,比较好地解决了群众的急需。他还通过参观农业展览,了解边区各地的农业生产情况,学习群众的丰富经验。为了在教材中能够正确宣传党的各项方针政策,他在编写之前除学习政府的有关文件外,还走访了许多单位,一方面收集资料,另一方面征求他们对编写教材的意见。写出初稿后,又把一些章节送请有关领导部门审查。例如高小算术中的征收公粮、减租、奖励互助合作、发展农村副业、组织信贷和供销社、种棉减免公粮等内容及有关材料,就是边区民政厅、财政厅、建设厅等领导部门提供的;高小自然中有关讲究卫生,防治疾病的教材,就是由边区卫生署主任曲正同志亲自审阅的;关于汽灯一节的课文,则是由边区建设厅邀请美国朋友阳早用英文写好,经过翻译、改编才完成的。

边区的高、初小国语课本,是马肖云和刘御同志分别负责编写的。

马肖云同志做过多年小学教师，又当过绥德分区的教育科长，有丰富的教育实践经验，也了解边区小学的情况。刘御同志长期从事编辑工作，业务熟悉，很能钻研问题。他们编教材时，又经常到学校去听教师讲课，找学生谈话，翻阅学生的作业，了解儿童的生活，同教师们一同商量研究。例如本文第二部分"必须重视劳动教育"中，引用过的《小英雄》和《打斑蝥》等课文，就是编者了解了学生李有娃在参加摘棉花劳动中的表现和一个班级参加打斑蝥劳动的情况后编成的。由于它真实地反映了儿童的实际生活，所以孩子们读起来很亲切、有兴趣。又如在本文第三部分"德智体全面兼顾"中，引用过的有关培养学生共产主义道德品质及良好生活习惯方面的课文，也是编者经过调查了解，掌握了学生的思想情况、日常表现及不卫生的习惯后写出来的。

我编的一些供农民和区乡干部学习的课本，都是根据群众的需要写成的。例如，《日用杂字》《识字课本》《农村应用文》等书的编写过程，都是先做调查，如访问农村，了解农民生活及群众的要求，收集农村流行的各种杂字书和应用文；然后根据党的路线、政策，对收集到的材料加以研究和整理，决定如何取、舍、增、改；再后就写出初稿，请人提意见，最后斟酌修改定稿。至于《新三字经》《干部文化课本》，更是直接在群众的帮助下编出来的。1947年蒋胡敌军进犯延安，我背着行李在安塞、子洲一带的民办小学做调查，发现许多地方买不到课本，教学很困难，有的教旧《三字经》。于是我就地根据需要，在教师们的帮助下，用三字句形式，编写了几段课文，边编、边抄、边用、边修改，直到1948年回到延安后，把下边零星编下的整理修改一番，又补充了一些内容，才编成《新三字经》。《干部文化课本》是在打败蒋胡敌军以后，我从晋西北返回延安途中，住在绥德师范编写的。当时学校里设有一个地方干部训练班，我对学员做了比较深入的了解，掌握了他们的特点与要求。在编写过程中，还经常和教师、学员一块商量研究，听取他们的意见，直到回延安后才加工完成的。再如本文第四部分"结合边区实际"中提到的大部分内容，是编者对陕北农民的生产与生活、对儿童的学校与家庭生活进行了调查研究，才提高了思想认识，逐步清除了洋教条，使教材内容更加切合边区的实际，从而提高了教材质量的。同样，如果我们不对儿童、青年农民和基层干部做深入的调查了解，就不可能区别不同对象，针对他们的特点和不同要求，编写出适合他们学习的教材。

我们强调在教材编写工作中走群众路线，并不是说群众的一切反映都要照办。群众的意见，有正确的，也有不正确的。对同一个问题，人们的看法也未必一致。这就要求编教材的同志，要开动脑筋，认真分析，善于集中群众的正确意见，注意处理好当前和长远、普及和提高的关系。这样，我们的教材内容才能不断得到充实、丰富，思想水平和科学水平也才能不断地提高。

七、精简集中

陕甘宁边区文化落后，又处于战争环境，为了尽快普及教育，因而当时小学学制比白区短：初小三年，高小二年，共五年。根据这种情况，在 1944 年教育改革过程中，对普通学校的课程设置，提出"精简集中"的原则。"精简"就是要"少而精"，课程门类不宜过多，使学生摆脱不必要的负担。"集中"就是突出重点，使学生集中力量学好必须掌握的课程；有些课程如不能使学生牢固地学到实际有用的知识，则暂时舍弃不学。这个原则虽然是针对课程设置而言的，但其精神也适用于各科教材的内容安排。

教科书与一般著作不同，不能想讲什么就讲什么，想讲多少就讲多少。编写教科书首先应该考虑各年级学生必须学习和掌握的知识，以及他们的接受能力。教材的分量大，儿童不一定就学得多，有时甚至适得其反。这正如给一个小口瓶子大量倒水，由于接受能力有限，结果能够装进的水反而更少。教材庞杂或过深过重，是儿童最大的苦恼。儿童喜欢某种知识，证明这种知识符合他们心智发展的水平和接受能力。儿童学不懂或者学起来毫无兴趣的东西，往往是教材讲得过深过早，或者是讲授不甚得法的缘故。当然教师也应该因势利导，采取各种方法促进儿童心智的发展，培养他们的学习兴趣，提高他们的接受能力。教学的实践证明，对少量知识的明确理解比对大量知识的模糊理解要好得多。一个学生如果对基础知识学得精通，他就可以自学很多东西，这就是人们通常说的"温故可以知新""举一可以反三""熟练才能生巧"。

教材要做到精简，就必须着重讲基础知识。讲基础知识首先应该注重生活实践中最常用的知识和技能；其次应该是为了下一步学习必须掌握的知识；最后，还要注意一些关键时刻必须具备的知识。例如，火灾、地震、防空虽在生活中并不常见，但这方面的初步知识却是儿童应该了解的。这些要求概括起来，就是各种教材必须抓住本门学科中最主要的东西。如果对最主要的东西抓不住或注意不够，又多又杂，那就会喧宾夺主了。

精简并不意味着越少越好。简是为了精，即抓住最主要的东西，使学生充分消化、吸收，真正掌握。精简也不是越浅越好。精，就必须有一定的深度和难度，这样才能为下一步学习打好基础。因此，精简必须集中，即必须突出重点。这个原则不但适用于一套或者一本课本的取材与安排，也应体现在一篇课文的取材与写法上。

例如，我们在1946年编写初小国语课本时，在思想教育方面，紧紧抓住培养劳动观点这个最主要的问题，在整套课本中，通过许多具体生动的课文，教育儿童深刻理解劳动创造了人类，劳动创造了世界的道理，帮助他们树立起劳动光荣，热爱劳动，热爱劳动人民，憎恨和蔑视不劳而食的剥削者的思想感情。这对学生将来继续升学或者就业都是十分重要的，也是我们的教科书和国民党的教科书乃至一切旧教科书的基本区别。关于劳动教育的课文，上文已经举过好多，这里就不再举例了。在语文知识方面，第一、第二册把重点放到识字上，课文简短而且几乎全是韵文，便于儿童背诵，有利于培养识字和阅读能力，阅读也是为了巩固识字。从第三册起，取材范围逐步扩大，故事性的东西较多，课文渐长，并在练习中提示用词造句的某些规律，注意写作的指导，目的是除了继续识字外，要逐渐扩大儿童的眼界和知识范围。由于我们抓住识字和读写能力训练这些语文基础教学组织教材，所以内容精简集中，学习效果较好。

又如高小自然课本，我们一方面根据学习科学知识不单要说明生活，而且要指导生活的原则；另一方面遵照 1940 年 8 月中央宣传部《关于提高陕甘宁边区国民教育给边区党委及边区政府的指示信》中指出的"高小教育以提高一般文化水平为主要内容，同时应当辅以生产教育及卫生教育"的精神，从当时陕北农村的实际出发取材，注重讲生产与卫生知识，所以这两方面占的比重较大。这个问题在前边结合边区实际部分中已讲到，不再重复。在每篇课文的写法上，针对旧自然课本不管学生对某种自然物与自然现象原有知识如何，都平铺直叙，面面俱到，许多问题都讲到，一个问题也讲不清楚，使学生对原先明白者感到乏味，原先不明白者听后仍不太明白的缺点，采取突出重点的写法，不讲则已，要讲就讲个明白清楚。重点的确定是根据学生原先了解的程度，对学生平日熟悉者着重提高其认识，多讲原理、构造与改造、利用，而减少形态与一般用途；对学生平日不熟悉者着重初步的认识，多讲形态与用途，而减少原理与制造方法等。这样写出的课文，学生不但容易理解，而且感兴趣，因为每课都是在他们原有的知识基础上提高一步，能使他们产生"日新月异"的愉快感。

现将《洋芋的种植》一段课文抄录如下：

洋芋又叫山药蛋，学名马铃薯。谷雨以后即可下种。种子应选好的，切芽时，块子也宜大些，并放在草木灰里拌一拌，再去下种。这样即可防止种子腐烂，而且也等于上了一次肥料。出苗后，一窝只能留一两苗，太多的应该锄去，不然枝叶很多，洋芋不容易长大。锄草应在开花之前，因为开花后根上已开始结洋芋，再锄就会锄伤小洋芋。等到枝叶变黄，洋芋即成熟了，但为了保藏得好，还应迟挖几天。

这段话不但讲得详尽具体，而且介绍了当时群众行之有效的经验，并说明了所以有效的原因，把感性知识与理性知识统一起来。这是能够学得透彻并能应用的知识，是可以说明生活且能指导生活的知识。这种与生活密切结合，又具体又概括，有理论有应用的知识，才是有血有肉的知识，才是真的知识、活的知识。这种活的知识不但可以增进生活智能，而且可以提高学习效果。由于我们抓住了当时生活实践中最常用的基本知识和基本技能，所以较好地贯彻了理论联系实际的原则，基本上克服了旧自然课本教条主义与形式主义的缺点，初步达到了学用一致的要求。

再如1948年我编的两本《干部文化课本》，共有112课。其中属于识字、阅读、写作等学习方法指导的占了18课，工作作风与工作方法的占了22课，应用文及其写作方法的占了24课，政治常识占了16课，破除迷信与旧思想的占了10课，合计90课，占全部课文的四分之三以上。这几个方面对农村干部是十分需要的，学了就能用。课本由于突出了重点，又注意结合了农村干部工作上、思想上的特点，所以他们学起来很感兴趣，效果也比较好。

上述实例，使我深深感到，精简必须集中，集中才能做到精简。教材只有精简集中，才能使教师教好，学生学好，学了容易巩固。

八、综合连贯

精简集中主要是关于内容的分量轻重问题，综合连贯是关于内容的组织结构问题。教材的分量要精简集中，但在具体安排上不能杂乱无章，应该综合为一体，力求前后连贯，成一系统。

教材的系统与科学体系，既有联系，又不尽相同。教材的系统，既要考虑科学本身的内在联系，又要特别注意学生由浅入深、循序渐进的认识过程的特点。一种教材如果组织得精密、合理，犹如有了登山的台阶，可以大大减少学习的困难，便于理解较复杂的问题。相反，若是层次安排不当，不适应儿童心智发展的规律，就会造成困难，降低学习效果。

在编写教材中怎样体现综合连贯的原则呢？根据我们在延安的实践，应该注意以下三条。

一是由易到难，即由简单到复杂。例如，《干部文化课本》在应用文的次序安排上，就很注意这个问题。先是比较简单易学的条据、启事、书信、日记等；书信、日记各有许多课，又按由易到难排列先后。接着是会议记录、新闻报道等，最后才是比较复杂的工作报告、契约合同等。对有关写作指导方面的课文，也是由易到难，先讲《文从写话起》，接着讲《学习座谈记话》《生活检讨记话》《写话草本和写话墙报》等，最后才讲《说话和作文》《写作提纲》《写完要修改》等课文。这样可以分散难点，有计划、有步骤地循序渐进。至于小学算术，那当然只能是先加减后乘除，先整数后分数、小数。

二是由浅入深，即由具体到抽象，由个别到一般，由现象到原理。这对帮助学生理解抽象的概念、原理是十分重要的。例如，我 1946 年写的小学冬季自然课补充教材《围着火盆谈天》，就较好地体现了这个原则。现节录其中的一段如下：

赵先生是自然课教员，他平日见到各种自然现象，喜欢和学生们随时研究。一天晚上，学生刘文清、王二小、李金贵、张银娃找赵先生，大家围在火盆周围。

话拉开了，谈的是当天上课的情形。王二小眼明手快，见火将要熄灭，一边听着别人谈，一边站起来找些木炭，放在火盆里，吹了几口，又扇了一阵，火慢慢着起来了。但着得不旺，李金贵拿火筷夹了几下，把中间弄空，火很快着旺了。

刘文清看到火燃的情形，忽然转了话头，向赵先生问道：赵先生，为什么用口吹，用扫帚扇，火就容易着起来呢？

赵先生还没回答，张银娃已经开口了：我知道，那是因为木炭虽然是燃料，但光木炭还不能燃着，一定要有氧气来帮助，它才能燃烧起来。空气里有氧气，一吹一扇，把许多空气扇到火上，氧气加多了，所以火就容易着起来。安风箱的灶，火力大，也是这个原因。

银娃一口气讲完，赵先生听得很惊奇，笑眯眯地说：讲得对，讲得对！

赵：银娃，我再问你，你说火的中心空了容易旺，这是为什么？

银娃：这我就不懂了。

刘文清望望赵先生的脸说：还是一个道理吧？中心空了，空气容易进去，氧气加多了，是不是？

赵：是的，是的！

这一段课文通过日常习见的自然现象，说明了氧气可以助燃的科学道理，其效果要比抽象地讲概念、原理好得多，学生不仅容易理解，而且可以牢记不忘。

三是由近及远，即由直接到间接，由已知到未知。生活中的直接经验是认识各种间接东西的基础，已知的东西则为未知的东西开辟了道路。讲新的知识时，要结合已有知识讲，把已有知识作为学新知识的桥梁。例如，在《干部文化课本》上册中，我编了《刮风和下雨》（一）（二）两课，说明风不是风神刮的，"是由空气流动造成的。空气当冷热不一的时候，就要流动起来。热的空气轻而上升，旁边的冷空气挤过来，这就是风"。为了进一步说明这个科学道理，我以学生的直接经验和已知的东西为例，接着又写了这样一段话："夏天中午，我们站在不住人的窑洞门口，觉得很凉快。这就是因为院里的空气晒热上升了，窑里的冷空气往出流动的缘故。"在回答为什么会下雨的问题时，是这样写的："雨不是龙王下的：是海洋里的水变成的。太阳把海洋里的水晒热变成汽，汽上升空中遇冷就变成云。云再遇冷，结成水点落下来，就是雨。"为了进一步说明这个科学道理，我仍以学生的直接经验和已知的东西为例，接着又写了这样一段话："我们烧水时，锅盖边冒出汽来，遇上冷就变成水点，和这是一样的道理。"

以上课文，不仅按照由近及远，即由直接到间接，由已知到未知的认识程序讲清了科学道理，而且破除了学生的迷信思想，为他们获得正确的知识扫除了障碍。这一点对成年人是很重要的，"不破不立"，不清除他们原有的错误认识，新的科学知识是不容易接受的。对由已知到未知这一原则，一般人只注意"正确的已知"是学习新知的基础，而不注意"错误的已知"是学习新知的障碍。教师和教材编者，必须重视这一点。

还有一个由近及远、由已知到未知的例子：我们在编写小学地理中《岔》一课时，首先指出，"在边区有许多村名叫作岔，如冯家岔、李家岔、王家岔等。它们都是两条河合流的地方，二水把三山分开，上下游有三条川，交通方便，沿川又有一些水浇平地。这种地方在山区总是居民比较多、比较富饶的。"然后以小喻大，指出："在中国地理上，汉口是汉水与长江合流处，重庆是嘉陵江与长江合流处，这些重要城市也都是因为交通便利、地方富饶所形成的。"

以上三个原则，在有些课文里是互相交织，不易划清界限的，有的兼有几条原则。现再综合讲如下三例。

一是识字。在我编的《干部识字课本》中，有关识字写字的有《识字》《认和写》《五到》《你念我写》《分开看》《音同字不同》《细看不一样》《简笔字》等许多课文。在《干部文化课本》中，对识字写字又有《写字的标准》《字的模样》《先识常见字》《从词句中识字》《改正错字》《纠正别字》《认识字根》《认识偏旁》等几课。这些虽都是属于识字写字的课文，但先后顺序，有的体现了由易到难的原则，有的体现了由浅到深的原则，有的体现了由粗到精的原则，有的则兼有几条原则。

二是初小国语课本中的练习。我们一般每隔五课就编一个练习，练习的目的因年级而异：一年级重点帮助识字，二年级重点帮助识字与造句，三年级重点帮助造句与作文，由易到难，由浅入深，循序渐进。其具体安排是：一年级除练习识字外，也练习阅读，阅读的目的仍在巩固识字。识字练习着重形相似字的比较和辨别，目的在于使学生认清与写会。二年级除练习识字与造句外，也有阅读，阅读的目的是便于识字与造句。识字练习有形相似字的辨别，也有音同意不同字的辨别，目的在训练对字的选择使用，以便于造句。造句练习先练填字造句，后练用词造句。填字与用词造句，也是逐步提高。此外，增加了常用副词、连词、介词的归类和例句，以熟悉句型，帮助造句。三年级则大量汇集各种常用虚词的例句，以便熟练用词造句，帮助作文。对作文和日记，也要求由短到长，由易到难，由浅入深。各年级的练习都配有按部首归类的生字，目的是除帮助识字写字外，同时准备学习查字典。

三是高小自然课本的排列顺序。旧的自然课本，对材料的组织排列，不是杂乱无章，就是难易倒置，不符合由易到难、由近及远的教学原则，不适于一般儿童的学习心理，因而教学效果不好。1946年，我们编写高小自然课本时，针对上述缺点，在材料编排上努力做到符合儿童认识的水平与知识难易的顺序。全书系统，大致前两册着重讲食、衣、住、行、用日常生活中有关自然的知识，后两册循序渐进地讲浅易的生物、生理、天体、气象与理化等自然科学道理；农业生产知识是由一册中具体的植物、动物的讲解渐及于第三册中气候、土壤、肥料、选种等概括抽象的说明，卫生知识是由第一、第二册生活中吃、喝、衣、住方面的卫生常识渐及于第三册中的生理卫生知识。这样就从错综复杂的许多自然知识材料中找出适合教学需要的一定关系，兼顾纵的系统与横的联系，排列成完整的体系。

许多教师的实践证明，一种教材如果综合连贯得好，不仅可以提高学习效率，而且可以从小培养儿童逻辑思维的能力，使其思路清晰，有利于进一步学习和掌握比较高深的知识。但是，事实上即使是一本很好的教材，也很难做到每一个地方都连贯得天衣无缝。遇到这种情况，教师应在教学中根据自己的经验进行补救。

九、深入浅出

我国的儿童教材，封建时代是采用"经典"式的内容和成年人的语言。四书、五经自不待说，就是作为启蒙读物的《三字经》，其内容和语言同儿童的生活，也相距很远很远。近代有些资产阶级教育家提倡在小学教材中，用儿童语言，写适合儿童的内容，这是一个很大的进步。但他们却把儿童与社会生活割裂开来，认为儿童的精神世界是一个独立的世界，主张用荒唐的神话、童话、故事教育儿童，以满足儿童本性的需要、自然的兴趣。他们认为这是儿童生长、发展的最好的教育，反对在童话、故事中放进积极的思想意义与社会生活的要求。这样强调顺应儿童本性的自然发展，势必把儿童引向个人主义的道路，这是资产阶级的教育思想。

以上两种做法，撇开其内容的正误、好坏不谈，只就儿童学习时感到的深浅难易而言，前者是深入而不浅出，儿童学习时会畏难而退；后者是浅出而不深入，儿童容易学习，但学了益处不多。

我们在延安的小学教材编写工作，既强调从儿童的生活经验出发，运用儿童喜爱和可以接受的内容与语言，又注意循序渐进地尽可能较早地同社会需要、科学知识相结合，使儿童教育成为由儿童生活顺利过渡到成人生活的一座简便桥梁。我们要求有一定程度的、有益而深入的内容，对表达的形式与语言，又力求浅出，做到简明易懂。

深，是就其思想内容和讲的道理而言；浅，是就其语言和讲述的方法而言。深入与浅出是辩证的统一，不能分割。一般人只注意浅出，这虽是必要的，但是，只求通俗易懂，没有讲出什么道理，那就无助于儿童知识的长进。然而，只讲道理，不管儿童懂不懂，那也不行，应该把两者有机地结合起来。当然，这种结合并不容易。王安石在论张籍诗中曾说；"苏州司业诗名老，乐府皆言妙入神。看是寻常最奇崛，成如容易却艰辛。"这首诗说明了深入浅出之不易和可贵。既要"看似寻常"，又要"奇妙入神"，那是花了"艰辛"的功夫，才把两者结合起来的。我们要给孩子们讲一分，自己首先应该懂十分。而且给孩子们的这一分，绝不是从我们的十分中简单地拿出一分。这一分应该像蜜蜂酿蜜一样，要进行加工、提炼，这样才能成为孩子们喜爱和乐于接受的东西。清澈的思想，产生明白的语言。教师和编者自己不明白的东西，绝不可能给别人讲清楚，以其昏昏，使人昭昭，是不行的。只有自己吃透的问题，才能讲得简明易懂。

有些同志认为，既要内容丰富，又要道理深刻，还要说得通俗易懂，那必然很难办到，如元好问的一首诗所说的那样："好句端如绿绮琴，静中窥见古人心。阳春不比黄花曲，未要千人作赏音。"他的意思是曲高和寡。我以为，深入而又浅出，即曲高而和者众，确实是难，但绝非办不到。所以，我曾把元好问的四句诗改成这样："深入浅出精求精，雅俗共赏最称神。阳春应学黄花曲，定要千人作赏音。"这诗的修改，是在离开延安以后，但诗中的思想却代表了当时我们在延安搞教材编写工作的几个同志对于深入浅出的喜好和决心。事实证明，我们当时的努力是有成效的，做出了一定的成绩。

在编写教材中，究竟怎样才能做到深入浅出呢？回顾起来，当时我们主要采用了以下几种方法。

一是联系实际，说明道理。深入群众，调查研究，了解情况，选择儿童熟悉的事物，讲解必要的自然和社会知识，说明其中的一两个道理。例如，前面引用过的初小国语中的一课："左手和右手，两个好朋友；不论吃和穿，动手样样有。"全文不过20个字，可是由于选材精当，儿童熟悉，生动地说明了劳动创造财富这样一个很重要的道理。

又如，1947年绥德分区土改时，我们编印的初小国语补充教材中有一课讲农民斗地主，课文如下：

娃娃好好睡，妈妈去开会。
开会干什么，斗争大恶霸。
讲讲理，出出气，要回咱的房子、地！
翻翻身，抬抬头，给你爸爸报报仇！

农民斗地主是阶级斗争。阶级斗争是很重要的道理，但也是很复杂的道理。这一课不是抽象地让儿童去学阶级斗争的口号，而是通过当时社会的实际斗争及儿童亲眼看到的事实，来讲清复杂的道理，这样孩子们自然容易理解。同时，这一课写得形象生动，不单让儿童懂得了农民对地主斗争的必要，而且能激发儿童坚决斗争地主的思想感情。

再如，前边引用过的《围着火盆谈天》，通篇取材于生活中常见的现象，说明一些自然知识，又由于采取谈天问答的形式，学生感到很有趣味。这种表达形式，如果事实和道理结合得恰当，不但便于理解，而且可以大大提高学生观察问题、分析问题的能力。试看下面一段课文：

赵先生才说完，刘文清忽然又提出一个问题：赵先生，昨天我遇见一件怪事，一个同学化下一斤猪油，从火上端起来倒在碗里，碗立刻响了一声，炸开一道缝……

刘文清还没说完，银娃插嘴道：这样的事，去年寒假我在家里也见过，那是我的姐姐闯下的祸，当时我妈生了一场气，最后告诉我们说，日后千万不要把滚油倒在冷碗里。我妈的话我记住了，但不懂得那是什么道理。

赵：这道理一般人多不知道，原来各种东西热了就要胀大，热油倒在冷碗里，碗立刻要胀大起来，变化太快了，碗就会被胀破。因此，你们再化下油时，应该凉一凉再往碗里或盆里倒，或者先把碗盆在火上热一热，然后再倒。

王二小：东西热了，就要胀大，那还了得？如果真是这样，一个小碗倒进几次热油，不是变成大碗了吗？

大家听了都笑了，赵先生也笑了。但他立即止住笑，高兴地说：问得好，问得好，不过理由并不充分。东西热了会胀大，这是一定的；但小碗绝不会胀成大碗，因为道理还有另一方面，就是东西冷了，又会缩小。

大家听得默不作声，都觉得懂了一个新奇的道理。待了一会儿，刘文清才又打破沉静的空气，他问：一个家具骤然从冷变热，会炸破；那从热变冷会不会炸破呢？

　　赵先生抬头想了想，说：啊，这种例子还不多见，你们谁能举出一个来？

　　银娃：我有，我有！一次，我在家帮我妈烧火，火烧了一阵了，忽然想起锅里还没有水。我赶快揭开锅盖，舀了一瓢冷水倒进去，锅里冒着大气，响了一声，炸了！这是不是因为锅太热，倒进冷水去，要立刻缩小，变不及，炸了呢？

　　赵：这个例子很好，道理也解释得全对。银娃真是一个聪明的娃娃！啊，热胀冷缩的道理还有没有疑问呢？

　　李金贵和银娃：没有了。

　　赵：不，还有一个问题必须知道。一般东西固然都是热胀冷缩的，但水结冰和冰化水时却恰恰相反，是冷胀热缩的。一碗水结成冰不只是一碗，冰面上会凸出来；一瓶水结成冰，瓶内容不下，会把瓶胀破。这是应该知道的。

　　二是用典型事例，说明一个难懂的问题。迷信阴阳看风水的现象，当时在边区很普遍。要破除这种迷信，直接讲道理是不容易讲清楚的，必须用典型事例，点出使人容易警醒的地方，才能把问题讲清楚。例如，我编写的边区《干部识字课本》中有《阴阳》一课，是改了古人的两首旧诗，只用了56个字，就把看风水的迷信驳斥得体无完肤。课文如下：

　　　　阴阳先生好说空，指南指北指西东，
　　　　山川果有好风水，何不葬他老祖宗。

　　　　祖先葬在风水地，子孙理应不受穷，
　　　　阴阳子孙不全富，足证阴阳是说空。

这两首诗抓住了风水迷信不足信的要害之处，言简意深，有力地证明了阴阳先生是胡说八道。

地主剥削农民、依靠农民生活，这个关系对儿童也是不容易讲清楚的。我们在土地改革过程中，听了农民斗争地主时，抓住要害，一针见血地质问地主的话，把它集中起来，写成一课《问地主》的诗。读了这篇课文，儿童就比较容易理解了。课文如下：

> 你有田，你有地，庄稼不会自长起。
> 没有农民来劳动，光有田地你吃个屁！
>
> 你不凭黄牛耕，你不凭黑牛种，
> 手摸心头问一问，你好吃好穿凭的甚？
>
> 你吃白面，穿绸缎，那是我们的血和汗，
> 如果是你的福气好，为什么现在都完蛋？
>
> 你家妇女不纺织，你家男人不受苦，
> 家里没有聚宝盆，院里不长摇钱树，
> 你家的财产哪里来，今天给我们讲清楚！

三是用形象比喻或生活中的实际事例，讲抽象道理。抽象道理孩子们很难领会，如用形象比喻，则很容易说明问题。如边区初小国语第四册有一课是用阿才教子的故事，讲明了"团结就是力量"这样一个比较难懂的道理。课文如下：

> 大约在一千年前，青海西部地方，还是一个少数民族的小

国家。

国王的名字叫作阿才，他生了十个儿子。

阿才老了，又有重病。他恐怕自己死后，外族来欺侮他的儿子们。有一天，他便把十个儿子叫到跟前，然后拿出十支箭来，捆成一把，叫他们把它折断。

你来折，我来折，都折不断。

阿才又从十支箭里抽出一支来，交给最小的儿子，对他说："你折折看。"

轻轻一折，这支箭被折断了。

于是老人说道："这十支箭，好比你们十兄弟。只要你们团结起来，就不怕外族欺侮了。"

此外，如《揠苗助长》《守株待兔》《鹬蚌相争》《狐假虎威》《自相矛盾》《瞎子摸象》《乌鸦与狐狸》等好多流传很广的寓言故事，都是边区国语课本里先后用过的，也都是用形象比喻来讲抽象道理的，因而也是深入浅出的好课文。

有些事物是用数字说明的，但数字比较抽象，不但儿童不容易理解，就是成年人也往往弄不清楚。这就要求编教材的人，设法把抽象数字具体化。例如，在1948年边区出版的《干部文化课本》下册中有《四大家族的财产》一课，全文如下：

蒋、宋、孔、陈四大家族的财产，究竟有多少呢？根据初步统计，至少有二百万万美元。以1948年8月蒋政府的规定，美金一元合中国银洋二元，那么，二百万万美元折成银洋，就是四百万万元。

四百万万银洋有多少呢？全中国人口四万万五千万，平均分开，每人可得八十八元八角八。如果把这样多的银洋堆在一处，派牲口来驮，每天要一百头好骡子，二百年才能驮完。

这样多的钱，如果买成小米，照1948年8月延安的物价，四十元一石，共可买得十万万石。全中国人（连吃奶的娃娃都算上）每人可分到两石二斗二升二，两年都吃不完。

如果买成土布，也以1948年8月延安的物价为标准，一元银洋一丈，共可买四百万万丈，全中国人每人可分八十八丈八尺八，够穿二十年。

如果去办设备较好的中学和小学，每所平均用银洋二千元，共可办起二千万所，全世界所有的青年和儿童，都可收容进去。

这一篇课文，首先把四大家族二百万万美元的财产折合成中国的银洋，并以全中国的人口总数平均分开；进而用这些钱买陕北人民熟知的小米、土布，或创办学校，能解决多大问题的事例，把一个抽象数字具体化了。我记得这篇课文编出后，曾在绥德师范地干班学员中征求过意见，他们说通过这些具体的东西，可以清楚地看到四大家族究竟搜刮了劳动人民的多少血汗，更加深了对这伙反动派的仇恨。

四是用粗略的讲法，说明一些复杂的问题。在现实生活中，确有一些道理高深，一下子不能讲清楚的问题。这类问题，有的只有等到一定的时期再教；有的则可先粗略地讲讲，让孩子们知道一个大概，以后再逐步地加深理解。例如，边区初小国语第三册中有一课《太阳》，全文如下：

太阳太阳照四方，它的好处实在多。
太阳不晒草不绿，太阳不晒花不香。

太阳不晒果不熟，太阳不晒苗不长。

被褥也要太阳晒，太阳晒了暖洋洋。

身体也要太阳晒，太阳晒了才健康。

　　为什么太阳不晒，果子成熟不了，为什么太阳不晒，禾苗不会成长，这道理很复杂，对初小二年级的学生是无法讲清楚的。但初步了解一下太阳的作用，对孩子来说，却是十分必要的。对深刻的道理，可以有各种程度的理解，能窥见真理的最初一瞥或一斑也是重要的，有意义的，这样能引起学生探求真理的欲望，并打下认识真理的基础。

　　阶级斗争、共产党、国民党是比较复杂的政治概念，小学生也是不大容易理解的。我们在边区初小三年级的常识课本中写了一课《共产党就是革命的领导者》，对这些抽象难懂的概念，作了粗浅的解释，使小学生能有一个初步的了解，这在现实生活中当然是很必要的。这一课全文如下：

　　为了生产一件衣服，农民要种棉花，工人要纺线织布，妈妈又要一针一线来缝它。在这里面，不知包含着多少人的辛苦和劳动。推广来说，我们住的房子，吃的米面，用的家具，以至社会上一切财富，哪一样不是劳动创造出来的。

　　按道理说，社会上最富足的人，应该是劳动者了。可是不然，在那旧社会里，最富足的，却是那些不劳动的地主、官僚、资本家。天天劳动的工农，反而过着牛马不如的生活。为什么会这样呢？因为地主、官僚、资本家，剥削了工人农民的劳动。

　　这是一个最大的不平。

　　因为有这个不平，社会上就有斗争。一方面，为了摆脱他们那被剥削的穷苦生活，所以就要反抗，就要革命。另一方面，为了维持他们那剥削人的富裕生活，所以就要压迫工农，就要反对革命。

在革命与反革命的斗争当中，两方面都有自己的领导者。在近代的中国，革命方面的领导者就是共产党。中国共产党的领袖，是毛泽东。反革命方面的领导者就是国民党的反动集团，蒋介石就是反革命的大头子。

这篇课文通过儿童熟知的事物和容易理解的道理，说明了一些比较复杂的政治概念，没有用成人常用的政治术语，所以儿童是能够接受的。近年来国外有许多教育家认为几何、物理的基本概念，完全可以为7—10岁的儿童所接受，只要这些基本概念不用数学、物理的专门术语，而通过儿童能自己触摸到的具体材料来学习。我们上面的看法和做法，同他们的观点是完全一致的。

这样的做法，在现实生活中也是常有的，如小孩子看电影，常问这是好人还是坏人？小孩子对电影中的典型人物当然不会作具体评价，但简单概括为好坏两大类，这样初步了解人物的品质，也是有好处的。

五是化繁杂为简易，变纷乱为清晰。有些事物的头绪很多，相互关系又错综复杂，不易为儿童所掌握。编写教材的人应该注意做整理和简化的工作，抓住主要线索，使其有条不紊。例如高小历史课本第一册中有《魏晋南北朝》一课，全文如下：

东汉的统治崩溃以后，许多野心家各霸一方，战争连年不休。曹操想统一全国，可是在赤壁一战，损失了几十万人马；结果，全国分成魏、蜀、吴三国。诸葛亮想帮助蜀国的君主，统一全国，可是费尽心力，也没有成功。后来，司马炎吞灭三国，建立晋朝，可是他的子孙为了争夺权位，又互相战争起来。

这样长期的内战，消耗了许多人力、财力。弄得北方匈奴族的势力渐渐强盛，侵入内地；并且两次进了晋朝的首都，掳杀晋朝的皇帝。晋朝的统治阶级没有抵抗的力量，也不愿意抵抗，一齐逃到江南。

随着侵入黄河流域的，还有鲜卑、氐、羌、羯四个少数民族。五族的统治者在中国北部建立了许多小国，他们成天你打我，我打你，战争不息。最后被鲜卑族统一起来，称为元魏，也就是北朝。南方晋朝的统治阶级，互相争权夺位，很快地换了四个朝代（宋、齐、梁、陈），合称南朝。

从五个游牧民族的侵入到南北朝，战争连年，民生异常痛苦。同时，北方的大批土地变成游牧民族的牧场，原野布满牧民的牛羊，日夜都听到牧民的歌声。民众在经济上和精神上受了许多痛苦。汉族贵族地主，多半迁移到南方，抢占了江南的肥沃田土，继续过着剥削生活。至于江南民众的痛苦，和北方的并不两样。

这一课共分四段，只用了四百多字，写了从三国经两晋到南北朝三四百年的历史，虽系梗概，却使小学生对我国这一段比较复杂纷乱的历史，能有一个较清晰的概念。

六是语言词句一定要清浅易懂。这是深入浅出最基本的要求。不过有人只从这一点上理解深入浅出，那就看得太简单了。抗日战争时期白区的小学课本，不仅给儿童灌输反动思想，而且用语生涩，堆砌名词术语，内容十分贫乏，又脱离实际，学了没有用处。我1948年编的《新三字经》，包括儿童最必要的思想品德与生活知识，共十部分，是一本内容、体系都较完整的小册子。由于它虽用三字句的韵语，但未受其拘束，篇幅简短，语句精练，深入浅出，通俗易懂，所以广泛流传。新中国成立后，还先后有五六个出版社出版过，改名为《儿童三字经》，印发全国，一直流传到"文化大革命"前夕。这本书开头一段是：

> 好儿童，在家中，帮大人，做事情。
>
> 腿又快，手又勤，眼又尖，心又灵。
>
> 也抬水，也扫地，也烧火，也喂鸡。
>
> 妹妹哭，抱妹妹，弟弟闹，照弟弟。

这一段，仅用了 48 个字，就把儿童在家里应该帮大人干的活，用浅显的语言集中地概括出来，不仅容易懂，而且可以照着做。

又如边区 1946 年出版的高小自然课本《豆类》一课中，有这样一段：

> 豆类的花都是蝴蝶形，因种类不同而有各种颜色。花粉的传送多靠虫类做媒介。因此，豆类开花时，若遇下雨，虫类不能出动，花粉又多被淋掉，收成就会大大减少。

在这一段里，没有用虫媒花、蝶形花冠等科学专名，却说明了自然现象，提出了自然规律，也联系了生产经验。这就大大减少了学习上的困难，使学生容易理解和记忆。

再如高小历史课本第一册中有《道教和佛教》一课，全文如下：

> 道教本来是东汉时期的革命组织，由张陵创始，张角也是里面的重要分子。他们利用这个组织，团结贫苦民众，造成轰

轰烈烈的黄巾暴动。

晋朝有一位贵族，名叫葛洪。他把道教大加改变，主张学道修仙，希求长生不死；教人住在深山，炼丹吃药，不必管社会民生。从此，道教就变成了统治阶级麻醉民众的工具了。

佛教本来产生在印度，汉代才传来中国。原来印度有一位国王的儿子，名叫释迦牟尼。他感到印度等级制度的不平等，又没有改革的勇气，心上非常苦恼。于是想了一个欺骗自己的方法："眼不见，为干净"，离开社会，避在山村去过清静的生活。他又用这个方法麻醉别人，结果就创出了佛教。

南北朝大纷乱时代，许多人悲观愁苦，加入道教或佛教，寻求空虚的安慰。统治阶级看到这种"和平"的宗教，对他们有利益，就竭力提倡，于是寺院道庙，布满了全国，社会上有非常多的和尚、尼姑和道士。

因为佛教盛行，来中国传教的外国人很多。南北朝的鸠摩罗什是最著名的一个。中国人到印度留学取经的也很多，后来唐朝的玄奘是最著名的一个。俗传西天取经的唐僧，就是这位玄奘先生。

这篇课文没有用深奥难懂的词语，解释道教和佛教的起源、教义和消极作用，而是用了清浅易懂的话，把基本问题讲清楚了，使小学生对道教和佛教能有个粗浅的认识。

十、启发心智

启发式是教学的一项基本原则，也是编写教材的一项基本原则。教师要用启发式进行教学，首先应有一种富有启发性的教材。这种教材，不但可以帮助教师进行启发式教学，更重要的还在于它可以激发学生学习的积极性。

所谓启发性的教材，就是能够根据学生心智发展的客观规律，在学生原有的水平上，恰当地引导他们前进。或者扩大原有知识的范围，或者加深原有知识的程度，或者把原有零碎知识组织起来，使之系统化。总之，要使认识达到新的境界，这才能够产生求知的喜悦之情，引起学习的积极性。要能够如此，必须反对两种不好的做法：第一种是不能顺应学生心智发展的要求，过分强调教材的浅易，知识只在学生原有水平上转来转去，如毛驴推磨，虽走而不前进；第二种是脱离原有水平，要求过高，完全讲授过深的新的内容，学生不能理解，如入五里雾中。怎么正确贯彻这一原则，根据我们在延安编写教材的实践和体会，有以下几点。

一是比较异同，认识事物特点。人们认识事物，首先要掌握事物的特点；掌握了特点，就认识了事物。但事物的特点必须在相互比较中，才能充分显现出来。因此，我国古代的名家，即逻辑学家，早就提出辨异同的主张。教儿童开始认识事物，更应注意在教材中比较异同，使其掌握事物特点，获得明确的知识，这也是训练儿童逻辑思维的一个方法。我们在1946年出版的边区初小国语中就很注意这一点。如第一册中有《公鸡和麻雀》一课，全文如下：

公鸡大，麻雀小；

公鸡走，麻雀跳；

公鸡飞得低，麻雀飞得高。

又如上举国语第二册中，还有如下一课：

这是一只狗，那是一只狼。

狗的耳朵是弯的，狼的耳朵是立的；

狗的尾巴是卷的，狼的尾巴是拖的。

此外，在同册练习中，还有如下两段：

牛吃草，羊吃草，马也吃草；

狼吃肉，狗吃肉，猫也吃肉。

我有口，你有口，巫神也有口，神像也有口。

我们的口，要说真话；巫神的口，只说假话；神像的口，不会说话。

我有手，你有手，巫神也有手，神像也有手。

我们有手，都要做工；巫神有手，不爱做工；神像有手，不会活动。

神像是人们做出来的，巫神是二流子装出来的，都是假的，都信不得。

以上两课与两段练习，对公鸡和麻雀、狗和狼的形态；牛、羊、马和狼、狗、猫的食物；以及劳动人民、巫神、神像的口和手的不同作用，通过比较异同的方法，区分得清清楚楚，这既便于儿童明确地认识这些事物，同时在认识事物的过程中，引起学习的兴趣，启发了儿童的心智。在最后一段中，比较劳动人民、巫神、神像的口与手的不同作用，进行了破除迷信的思想教育。

二是在原有知识基础上扩充新知，使眼界开阔起来。人们的认识来源于实践。因此，许多知识是从自己的亲身感受得来的。但是，囿于亲见亲闻，那就所知太窄狭、太有限，而且这种知识往往是肤浅的、不完全的，有时甚至是错误的。我们必须在学生原有知识的基础上，不断扩充新知，使其眼界开阔，知识增加。这对培养学习兴趣，提高学习积极性也是十分重要的。例如上举国语第四册中有《各地气候》一课，全文如下：

刮了一夜西北风，天气忽然冷起来。

健娃说："好冷呀！大概全中国，就是陕西最冷吧！"

顺儿说："立冬时候，这样的天气还算冷吗？我想全中国，也许要数陕西最暖。"

两个人争论起来，只好去请教先生。

先生笑了一笑解答说："健娃是从河南上来的，河南比陕西暖些，所以他说陕西冷。顺儿是从内蒙古下来的，内蒙古比陕西冷些，所以他说陕西暖。你们的话，都有一点道理，可是又都不对——陕西不是中国最冷的地方，也不是最暖的地方。"

停一停先生又说："我国的地面很大，各地气候，也不一样。蒙古沙漠地方，夏天早晚还得穿皮衣。新疆天山高处，暑伏天还堆着雪。可是广东就不同，那里比河南暖得多，冬天连冰雪都看不见，有许多树木还是青枝绿叶的。……一般说来，西北各省气候冷，东南各省气候暖。"

这一课没有从地理和气候的一般概念出发，而是从学生的亲身感受即原有知识入手，用故事的形式，通过对话既纠正了学生不完全正确的认识，又讲了我国气候的一般规律，这犹如登高望远，开阔了眼界，增加了新知，激发了学习兴趣。

三是认识事物间的关系，使知识深刻化。马克思主义哲学认为，事物是相互联系、相互制约的。因此，单一的、孤立的知识用处不大，只有掌握了事物之间的关系，才能使知识深刻化，用处更大。例如上举国语第四册中有《气候和庄稼》一课，全文如下：

何小宝生长在陕西，听先生说，中国的气候，各地冷暖不一样，雨水多少，也不一样，他觉得很奇怪。第二天上课时，就站起来问先生："比陕西冷，雨水又少的地方，能不能种庄稼？怕不怕冻死或旱死？太暖和和雨水太多的地方，怕不怕晒死和淹坏呢？"

先生问大家："谁能回答这两个问题？"

同学们先后地说："不能！""不能！"

先生说："那么大家注意听：庄稼有好多种类，有的耐旱耐冻，如像青稞、燕麦和荞麦，宜种在略冷雨少的地方。有的欢喜在泥水里长，又不怕晒，如像水稻，宜种在天暖雨多的地方。因此，我国各地的气候虽然不同，可是都能种庄稼。只不过所种的庄稼不一样罢了。"

这一课用先生解答学生提问的形式，不只介绍了简单的生产经验，而且说明了气候和庄稼的关系，使学生学到的知识更加深刻、有用。

又如在1948年边区出版的《干部文化课本》上册中，有《边区雨少的原因》一课，全文如下：

问：边区下雨少，容易发生旱灾，这是什么原因呢？

答：我们已经讲过，雨主要是由海洋里的水蒸气变成的。因此，离海洋近的地方，雨就多，离海洋远的地方，雨就少。我们中国东南靠海洋，西北是大陆。所以沿海的广东、江苏、山东等省，雨很多。边区在西北，离海几千里，雨很少。

问：边区每年七八月间雨较多，冬春两季雨雪顶少，这又是什么缘故呢？

答：这是由于风向转变的关系。边区冬春两季多刮西风、北风或西北风，这种风又冷又干，不容易下雨雪。七八月间多刮东风、南风或东南风，这种风因为从海洋上吹来，水汽多，容易下雨。

这一课用一问一答的形式，在回答边区雨少的主要原因的同时，使学生认识了雨的多少与离海洋远近及风向的关系。这样，学生对事物的认识就不是单一的、孤立的，因而获得的知识就比较深刻。

学习要进步快，就要善于发现事物的矛盾，要使学生多疑善问。教师的责任不但在能够解决学生的疑问，而且在善于诱发学生的疑问，诱发疑问和解决疑问，同样可以启发儿童的心智，引起学习的主动性和积极性。上举两课，都是利用学生已有的知识，诱引出疑难问题，从而解决疑难的，都是启发心智、激起学习积极性的好办法。

四是把同类知识联系起来，使之系统化。最普通的联系方法，是从事物发展变化上联系。世界上的事物是不断发展变化的。因此，要让学生比较牢固地掌握一种知识，就必须使他们了解事物发展变化的过程，把知识系统化，才能从中找到规律性的东西。例如在1946年边区出版的初小常识第一册中有《车的进步》一课，全文如下：

这里有一根又直又圆的木头，很重很重，要把它抱起来前进，相当困难，但我们却可以用较小的力量来滚动它。像这样的事情，古人们也常碰到，根据这个经验，就有车轮的发明。

当然，有了车轮，同时就有了车子。

自这以后，几个人挑的担子，放在独轮车上，一个人就推走了，几匹马驮的东西，放在双轮车上，一匹马就拉走了。

车轮节省了人力和畜力，车轮推动了生产的进步。

车子也在不断地进步。

一百多年前，世界上就有了火车，五十年前，又有汽车的发明。

到今天为止，世界上最快的汽车，一点钟能走几百里，火车的速度虽然比那最快的汽车相差很多，可是它的运输力却特别强，一列火车能顶上六七千头毛驴呢！

七十年前，又有了电车的发明，现在有许多火车，也正改用电力来推动。

这篇课文从滚动木头说到发明车轮和车子；从独轮车、双轮车说到发明火车、汽车、电车，并对各种车子的作用，进行了比较。这就把有关车的知识系统化了，使学生容易理解、便于记忆。

又如在同一册常识中，还有《灯的进步》一课，它从没有灯说到用火以后，先点燃树枝照明，然后变成火把；又在火把上涂上动物油脂，把火把缩小；以后继续进步，就变成动物油的烛和灯；后来又应用植物油和石油。从最初的石油灯到有玻璃罩的石油灯，经过很多年月。发明又发明，进步又进步，于是又出现了汽灯和电灯。电灯比汽灯简便和节省，光线也亮得多，使夜间好像白天一样。这一课的编法，与《车的进步》一样，也是为了把知识系统化。

此外，把相同、相近的事物归类学习，也是一种联系方法。我们在编国语课本时，就努力体现这个原则。例如，在初小国语各册及《干部识字课本》中，为了把学生识下的单字巩固下来，在每个单元的练习中，都有按照字根、偏旁或字意相同、相近等归类排列的习题；在《干部文化课本》中，还专门编了《认识字根》《认识偏旁》两课。这种编法都是为了把知识联系起来，使之系统化，以引起学生学习的兴趣和积极性。

五是用科学家发明创造的精神鼓舞儿童。科学家敢于打破成规，解放思想，发明创造了许多新鲜事物，造福于人类社会。这种探求真理的精神和得到的伟大成就，也很能启发儿童的心智，鼓舞其斗志，激发其学习的兴趣与积极性。边区高小国语对科学家的发明创造介绍得很多，现在抄录《苏联的园艺家米丘林》一课如下：

米丘林，是苏联天才的园艺家。

他是个奇人，当初在一个火车站上当书记员；后来因研究园艺发生了兴趣，就辞去了职务，卖掉了住宅，把所有的积蓄拿出来，买了一个小小的果园，在一些苹果树和梨树的中间，自己造了一所小木屋子，一天到晚，就在这园子里，做那大胆的试验工作。

他的工作，最重要的是用杂交的方法，创造出许多植物的新种来。

他把甲种苹果的花粉，撒在乙种苹果的花蕊上。结果创造出一种新的丙种苹果来。这新种，从它的父亲甲种苹果承继了多肉多汁而又甜美的性格；从它的母亲乙种苹果承继了耐寒的性格，就是在冰点下十摄氏度的地方，也不会冻坏。

他又把远东原产的甲种梨，和法国原产的乙种梨杂交，结果创造出一种名叫"米丘林梨"的新种来。这新种，从它的法国父亲承继了美味，从它的远东母亲承继了抵抗寒冷和虫害的能力。它长大到十五岁的那年，就开始结了二十五个又大又甜的梨；第二年可就了不得，只见树枝都弯弯地垂到地上来，满树都是梨。梨结得多还不稀奇，稀奇的是它们的性格坚强，可以在栈房里打了包，运送到很远很远的地方，不会腐烂。

他栽培植物的方法，是斯巴达式的，他不姑息，不溺爱，用冷酷的条件，训练他的植物，正像古代斯巴达人训练子弟一样的严厉。他不施用过多的肥料；在冬天，也不将树身包扎。他要它们耐得起冷，吃得起苦，冻成坚强的性格。

我们知道，地球上面植物的分布，受着气候的限制：有许多植物，只能生长在天气暖和的地方，不能生长在天气冷的地方，唯有米丘林，他却能用人工战胜自然，打破这限制，使南方温暖地带的植物，也能生长在北极荒寒之区。他的樱桃，能抵抗冰雪，他的"北极葡萄"，能忍受冰点下三十八摄氏度的严寒。

他从二十一岁起，到死为止，孜孜不息，试验研究了整整六十年。他辛苦一生，创造的新种植物，一共有三百五十种。他的工作，真是从来未有的工作，他真是一个能改造自然的英雄！

六是破除戒律，分散难点，使之便于入门。各门学科中都有一些比较难学的部分，特别在某些问题的开始学习时，缺乏教学经验的教师，往往不知道如何分散难点，循序渐进，使学生顺利通过，从而提高学习兴趣；有的甚至规定了一些清规戒律，一开头就给学生当头一棒，增加了学习困难，弄得学生丧失了学习信心。例如，在识字教学中，一开始每教字就要求学生达到"四会"（会认、会写、会讲、会用），结果，一些繁难的字就成了学习上的拦路虎，识字速度很慢。针对这个偏向，我们在编初小国语课本时，破除机械地理解与运用"四会"教学法，强调教材要联系实际，内容丰富，不注重按字的繁简编排教材，而是根据需要，繁难的字也可以较早出现。对繁难的字只要求通过朗读会认就行了，不要求同时就会写、会讲、会用，这些留待以后逐步解决。学生在读过的文句中，认会一半以上的生字，就可以继续往前读，这就把难点分散了。为了便于学生朗读和记忆，低年级几乎全用韵文，并附以练习，帮助学生温习生字与学习阅读，从而提高了他们识字的兴趣，加快了识字的进度。

又如在作文教学中，有不少教师要求太高太死，框框很多：写什么内容，分几段，如何开头，如何结尾，发表什么感想，都作了规定。还怕学生不会写，再给读范文，提供应用的词汇；又怕出毛病，再从反面提出不要怎么写，叫作堵塞漏洞。这样做的结果，不仅不能开学生的心窍，反而闭塞了学生的头脑，弄得学生束手束脚，无话可说或者有话不敢说，遇到作文就发愁。为了破除作文中的清规戒律，提高学生的写作能力，我们在编写小学国语教材时，从第三册起，逐步增加了散文的比重；在内容上根据学生的理解水平，力求切合实际；在文字上力求口语化，便于学生模仿与应用。要求教师在讲解课文时，多在是否反映了实际和反映得适当与否上下功夫，不要把力量放在词句的玩弄上面。在作文指导上，强调"文从写话起"，教学生了解作文就是用笔说话，想说什么，就写什么，话怎么说，就怎么写，使作文向说话看齐，跟着说话走，破除对作文的神秘感；教学生有话说，敢说话，拿起笔来拉得开，首先把想说的话能够说出来，不要求他们说得多么好。这正如我们在延安初学纺线时，只要求能够抽开，不要求纺得又细又匀。作文也是一样，开始只要能写出来就好，有了缺点可以及时指点，由粗入细，由俗入雅，要使初学者见文之易，不见文之难。只要学生入了门，很快就会走上轨道。

为了进一步打开学生的思路，放宽学生的眼界，消除学生对写作的畏难情绪，迈开作文的第一步，我于 1945 年从当时边区初小学生的日记和作文中，各选了 30 多篇，分编成《儿童日记》《儿童作文》，并加了编者的话，对学生在记日记、写作文中存在的困难和问题作了分析，并指出入选的日记和作文，其共同优点是有话说，内容充实，并且写得清楚、真实、动人。这两本书发行后，学生都喜欢看，认为对他们的写作很有帮助。到了 1946 年，我根据编选《儿童作文》中发现的问题及其他一些总结材料，写了一篇《文从写话起》的文章，登在边区《教育通讯》上。在这篇文章中指出学生作文上存在的毛病，主要来自教员指导学生作文方面存在着偏向：命作文题时，不是根据学生的生活经验与兴趣，而是根据自己的主观要求。例如，出《可怕的夏天》《午夜的声音》《冬天的太阳》《我对国际形势的分析》等题目，使学生瞅着文题下不了笔，不知从何说起、说些什么，勉强写上一篇，不是无病呻吟，就是东拉西扯，生编硬造。在批改作文时，追求美丽的词句，忽视是否切合实际。例如，"抬头一看，鸟语花香"，明明不符事实，也不加改正；愉快的青年来一句"感伤的心弦"，明明是无病呻吟，反加以圈点。这样批改文章，暗示学生读文时只注意美丽的词句，作文时只用心于词句的抄袭，其结果必然是画虎不成反类犬，睁着眼睛说瞎话。正确的做法应该是"文从写话起"——想说什么，就写什么；话怎样说，就怎样写。这些意见对改进作文教学，提高学生学习写作的兴趣和积极性，是有帮助的。

教材教法能够启发心智，就会使学生在学习过程中，犹如登高望远，时时有新奇的景物出现在眼前，感到有"欲穷千里目，更上一层楼"的学习愿望；当克服了前进道路上的困难时，又会发生"山重水复疑无路，柳暗花明又一村"的喜悦之情。有了这种愿望和心情，学习的兴趣就会源源不竭，学习的积极性就会越来越高。

（原载于《教材编写琐忆》，陕西人民出版社 1981 年版）

语文教育

文从写话起①

一、学生在作文上存在的毛病

常听一些同志说，我们中小学生的作文程度太低了。我去年编选儿童作文时，看过一部分小学生作文，今年开中学教育会议时，又翻过一些中学的国文总结材料，也有同样的感觉，至少可以说一部分学生的写作能力是很差的。这所谓"很差"，虽表现在许多方面，但归纳起来，不外两类：一类是错字连篇，缺乏条理，组织散乱；另一类是内容空洞，不切实际，胡拉瞎扯。前一类是程度低浅，写作能力幼稚的表现，提高是容易的，算不得什么大毛病；后一类却是走错了作文路向，应该注意纠正。我这里要讲的是第二类。

作文上存在的毛病具体表现怎样呢？现在举几个例子如下：

某完小一个学生写《我的母亲》里边说："我的母亲对于我很有关心，他现有高寿是三十九岁，他把我生下抱裹起来。第二天又很快的给我缝衣裳。……"

另一个完小学生写清早野外的风景，里边有两句是："抬头一看，

---

① 本文原有副标题：想说什么，就写什么；话怎样说，就怎样写。

鸟语花香。"

又一个完小学生写一篇《我们的大家庭》，一开头就说："我们小学住在这小小的偏僻的白家坪，四面围着的都是起伏的山峦。"

某中学一个学生写《冬天的太阳》，里边说；"深秋的风，吹落了亭前的树叶，带来了初冬的寒意，秋——是在感伤的心弦上消失了，而冬之神就渐渐降临了！"

又一个中学有些同学作文，一提笔就写"光阴似箭，日月如梭"。

不必再举，这些例子已经够说明问题了。母亲生下他的第一二天他自己知道得那样清楚，这不是胡扯吗？抬头一看，就看见"鸟语"（耳才能听见）和"花香"（鼻才能闻见），这不是瞎说吗？某小学的两边明明是片平地，再过去还有一条河，怎能说出四面都是山峦呢？活泼泼的青年，哪里来的"感伤的心弦"？这是"无病呻吟"，是"为赋新词强说愁"的！拿起笔来就想到"光阴似箭"，也是骗人的胡拉瞎扯。

二、教员在指导作文方面的偏向

学生胡拉瞎扯的毛病都是哪里来的呢？一部分可能是受了学生家庭父兄的影响，另一部分也可能是受了旧社会的影响，但主要的我认为还是教员指导学生作文方面存在着偏向。

这偏向首先表现在对作文的出题方面。有些教员同志出作文题时，不是根据学生的生活经验与兴趣，而是根据自己的主观要求。例如某县一个小学出过一个作文题，叫"可怕的夏天"，某县女小出过"午夜的声音"，某小学出过"小杏树的遭遇"，某中学出过"冬天的太阳"。我们想想，如果学生并没有感到夏天的可怕，冬天太阳的凄凉，没有听见午夜的声音，没有遇见过不幸的小杏树，怎么办呢？不胡思乱想，胡拉瞎扯，能行吗？出这种作文题，实际上就是要学生说谎，要他们捏造不曾见到过的事情，不曾发生的感情。又如某干小出过"美"这样的作文题，某县一完小出过"我对国际形势的分析"，有些学校常常出"读了某某文的感想"和"我对某某问题的认识"等作文题，使学生如见了丈二高的神像，无法摸着头脑。因此发愁作文，作起文来就叫苦。学生没有意见硬要他讲出意见，不了解问题，硬要他说明问题。逼的没有办法，就只好生编硬造了。

其次，表现在对作文的批改方面。有些教员同志把文章狭隘地了解为美丽的词句，而对美丽词句的看法，又脱离了切合实际这一标准，于是"抬头一看，鸟语花香"，明明不符事实，也不给改正。愉快的青年来一句"感伤的心弦"，明明是无病呻吟，反加上圈点了。就是反映了实际的美丽词句，也不应孤立地加圈点，如某完小的一本作文，全本七、八篇，唯一加墨点的只有一句，即："山上披满了青草。"这样圈点文章，暗示学生读文时只注意美丽的词句，作文时只用心于词句的抄袭。打批语也不应根据教员主观臆断，某县一个小学教员在学生的一篇文章后批着"你把春天写得那样不活泼"，分明表现出他是不管学生的思想与情绪，硬要他写春天的美丽风光的。

最后，选课文与讲解课文时，也不可偏重在美丽词句方面。如去年有一个完小的教员，自己写一篇《诚实大会记》，一开头就是这样的描写："蓝蓝的天空，嵌着一轮令人烦闷的太阳。虽然已是下午的天气，院子里却仍充满着炙人的火热。一阵紧急的哨音，同学们都带着凳子鱼贯地步入会场，排成整齐的行列。……"全篇都在玩弄着词句，这样的文章，如果讲时再加以口头的渲染，怎能不把学生引向追求华丽词句的狭隘道路呢！

三、作文的第一步——"文从写话起"

上述教员指导作文的偏向，虽然表现在各方面，但错误根源却只有一个，那就是不了解指导学生作文的第一步，是教学生有话说，敢说话，拿起笔能够拉得开；是教学生了解作文就是用笔说话，想说什么，就写什么；话怎么说，就怎么写。这就是要使学生的作文向说话看齐，跟着说话走，这也就是"文从写话起"的意思。话从哪里来呢？这是很明白的，学生的话是从他们的生活中来的，他们所说的一切，无非是他们学校生活、家庭生活、社会生活的反映。因此，文从写话起，不但解决了语言问题，而且解决了内容问题。果真做到这一点，学生所写的自然会是实际事物，会是他们所熟悉的事物与他们真正的思想与感情。

每个人都是喜欢讲话的，儿童与青年更是这样。为什么有些学生作起文来又没话说了呢？无疑的，这是教员有意无意地不许学生作文时说他想说的话所产生的不良结果。有时是学生说了想说的话，而教员不加鼓励，甚至抹掉了；有时教员出题不顾学生的生活，使学生无话可说。不许学生作文跟着说话走，而要他们作文跟着课文走，机械地抄袭课文。鼓励鹦鹉学舌，鼓励单纯摹仿词句的结果，这就使学生不是摸不着头脑，瞅着文题下不了笔；就是画虎不成反类狗，睁着眼睛说瞎话，东拉西扯，胡说八道。这是旧社会教学老八股的遗毒，那时候就是把"文从胡说起"当作指导作文的方针的。这是一条错误的路线。

指导学生初学写文章，一定要纠正这种错误的指导，首先要学生有话说，敢说话，放手发动，让他们拿起笔来拉得开。我们对学生作文的要求，首先是把他们想说的话，能够说出来；不是要他们说得怎样好。正如初学纺线的人，指导的人只应要求他能够抽开，不应要求他纺得又细又匀。本着这个精神，选课文时不应根据教师的要求，而应根据学生的了解水平，同时要注意文章的内容是否切合实际。讲文章与批改作文时，都应当从是否反映了实际、反映得适当与否加以指点；不应把力量放在词句的玩弄上面。出文题时应该从学生的生活中，学校的各种活动中，学校附近的社会上找出适当的事件，发现一定的问题，加以指点，让学生放手去写；不应凭个人一时的感想随便拟题。这最后一点是最重要的。一九四四年夏天，某县一完小寄给边区教育厅一本学生作文选集，内容很好。单看文题，就知道是很实际的，抄附于后，以供参考。

我们的老师程宏

母亲很爱我

火伕老郝

我慰劳回民支队

《群众报》是我的好朋友

修厕所

修动物园

农村访问记

我的家庭

我们的小纠察员

我班的级长

看《三八画刊》

开学典礼

我们种洋芋

一次算术竞赛

我最亲爱的一个同学

给老乡还工

两点声明：第一，这里所举例子，大部分是去年的，一小部分是取自前年文教大会前后的材料。有关各校在今天的作文指导上不一定还存在这些毛病。第二，这些例子都是根据手边材料随便举出的，目的只在说明问题，而不是品评学校。因为事实上所提各校，其工作不但不是我们许多学校中差的，甚至有些倒是比较好的。

"文从写话起"，这只是指导学生初学写文章的方法，并不是说写文章永远就是写话。学生如果做到有话说、敢说话了，进一步该如何指导，这是另一个问题，以后可以另讲。

（原载于《边区教育通讯》第 1 卷第 4 期，1946 年 3 月）

小学语文的阅读教材必须丰富起来

我们的小学教材今天还停留在相当落后的状态，特别是语文教材存在的问题更多：如阅读部分，内容和语言都很贫乏；汉语部分，内容太简单而又无系统；识字和写字的安排不够科学化。这些都是重要问题。我现在只对阅读教材问题谈谈个人的意见。

所谓阅读教材就是指语文课本内的课文，不包括语文课本的全部。因为课文之外，语文课本内还有些自成单位的练习，而这些练习将来拟叫作汉语，要大大充实内容并求系统化，是语文课本的另一个重要组成部分。

我们的阅读教材今后必须改革，改革时苏联的阅读教材改革经验可做我们很好的参考。因此，本文首先介绍苏联在这方面的先进经验，然后再讲我们的现状和改革方向。因为人们对改革的意见还不完全一致，所以最后还提出自己对几个争论问题的看法。

一、苏联的先进经验

苏联在小学阅读教学（包括教材和教法）方面的先进经验并不是轻易得到的，而是经过将近一百年的艰苦斗争才获得的。

在十九世纪中叶，阅读教学上占统治地位的还是死记死背《圣经》上的一些篇章，儿童并不懂所读的东西。

伟大的俄罗斯教育家乌申斯基是小学自觉阅读的奠基者。在农奴制度废除（1861年）以后，他曾亲自编过内容丰富、语言生动的阅读课本，所取材料都是儿童容易理解并且很感兴趣的。这些材料对扩大儿童知识的范围都能起很大的作用。

但是在帝俄反动统治的年代学校里排挤了乌申斯基的阅读课本，采用了以专制主义精神教育儿童的课本，所用教材还是简短篇章，内容和语言都是儿童不容易理解的。因此，教学方法只是解释词句，儿童的思想和语言当然得不到发展。

20世纪初年，进步的教育家巴尔塔隆对这种落后现象提出如下的尖锐而深刻的批评：

> 讲读是解释词和句子，解释课本里简短和片段的文章，因为它的语言和内容都很少适合于学生的年龄的，所以更要加强解释。……把阅读的任务理解得如此狭窄，还是违背乌申斯基和所有伟大教育家的遗教的。他们的遗教都认为儿童应该学习从他们的印象、感觉、思想和意愿里的自由地增长起来的生动的语言，教学只有从具体的实际印象出发，才能鼓励儿童发挥创造性的力量。①

这里巴尔塔隆不只批评了当时的落后教学方法，而且批评了那种残缺不全的、内容贫乏的阅读课本。他提议用完整的文艺作品如列夫·托尔斯泰写的一万多字的小说《高加索的俘虏》等来代替片段的文章。

---

① （苏）谢彼托娃著，丁西成、张翠英译：《小学阅读教学法》，人民教育出版社1954年版，第11页。

他认为："儿童的发展在最初的阶段是接受各种印象，其中包括由艺术、诗和写生画等所引起的印象，这和由实际的事实所引起的印象是一样的。在这个阶段，各种实在的印象都在促进儿童的发展。"[1]

巴尔塔隆的许多意见对后来苏联小学阅读教学的改革起了很大的作用。特别是关于艺术形象的教育意义这一思想将永久具有极重要的价值。

十月革命以后苏联学校建立的最初几年，对小学阅读教学虽有改革，但还未找到完全正确的道路。直至1932年开始实行实物教学，给三、四年级编出文艺作品的阅读课本，这是一大改革。1937年和1944年阅读教材又经过重大改革。苏联现行的小学阅读课本就是从1944年的课本逐渐改编成的。

苏联现行小学阅读课本全书四册，汉文译稿有八十万字，里边大半是文艺作品，小部分是自然、地理、历史等常识性的课文。文艺作品内大半是名作家写的故事、诗歌、小说，小部分是各种形式的民间文学。全书课文包括了一百多位作家的作品，单列夫·托尔斯泰的就有二十七篇。

这样一部内容丰富、语言生动的课本是今天苏联对儿童进行共产主义教育的强有力的工具，它是帝俄时代许多先进的教育家和苏联许多优秀的教师和教育工作者共同劳动的成果，在人类教育史上可说是一个伟大的贡献。

苏联先进的小学阅读教材是在坚实的科学基础上创造出来的，是拿先进的心理学、教育学和语言学为根据的。

儿童心理学阐明儿童富于感情和想象，注意力容易集中在直观材料上面，儿童的记忆和思维都是以形象的为主，逐渐向抽象的方面发展。

---

[1]（苏）谢彼托娃著，丁酉成、张翠英译：《小学阅读教学法》，人民教育出版社1954年版，第11—12页。

教育学指明要利用这些心理特点，指明阅读教材应编得生动具体，并指明要想对儿童深入地进行思想教育或知识教育，必须用丰富的材料和形象的语言，同时指明阅读教材采取文艺作品和文艺化的写法有极重要的意义。为了证实这些论点，现在择引几段说明如下：

儿童对于事物的直觉属性是喜欢尽量详细地记住的，这一点对于掌握小学里的知识有巨大的意义，因为在这里教学的目的首先在于积累大量具体的实际材料。教师应当尽量利用儿童对于识记具体形象的爱好，以发展其他记忆的抽象逻辑形式。①

小学生们的特征是富于感情，好想象，特别喜欢形象的思维，形象的思维是他们容易了解的。形象思维的实践给概念思维、给抽象思维能力的发展打下了基础，原因是那种实践会使儿童认识到典型的东西，帮助儿童对于各种现象进行概括，同时教导儿童了解字句以及全部作品的引申的意义。谈到这一点，阅读文艺的教材起着特别重要的作用，同时要求学生把艺术形象再现出来，把那些艺术形象加以分析、比较和概括，也就是说深入到艺术形象的内容里去，这样一类的发展语言的工作是具有巨大的意义的。②

行动规则和共产主义道德的各种要求不应该是死记下来的真理，而应该是在研究典型事例的基础上形成的信念。③

---

① （苏）包若维奇著，王燕春等译：《儿童心理学概论》，人民教育出版社1953年版，第72页。

② （苏）叶希波夫著，于卓等译：《教育学》上册，人民教育出版社1952年版，第108页。

③ （苏）叶希波夫著，于卓等译：《教育学》上册，人民教育出版社1952年版，第147页。

在所读的课文里，感情丰富的色彩能够增强记忆的巩固，因此不仅在阅读文艺作品的课程中，就是在阅读实用文（指常识性课）的课程中，哪怕程度上不同于文艺作品，也应该尽量使儿童有所感受。①

心理学、教育学上的这些理论都是苏联先进的阅读教材编写时所依据的重要原则。

以下再讲语言学对阅读教材改进的指导作用。

乌申斯基对于语言这工具在教育中的作用已经作了很高的评价，高尔基对学习语言的重要意义又继续有所发挥，特别是斯大林的语言学说出来后，人们更明确地认识到语言不单是"交际工具"，而且是"社会斗争和发展的工具"。于是掌握语言就成了小学阅读教学最重要的任务。因此，苏联1954—1955年的"小学俄语教学大纲"一开首就是这样的规定：

俄语是对儿童进行共产主义教育的强有力的工具，是初步教学的基础，必须让儿童掌握了自觉的阅读、清楚的书写、正确的口头语言和书面语言这些熟练技巧之后，才可能让他们去吸收知识、认识文化，促进他们的全面发展。儿童语言能力的水平越高，学校里各门知识的教学越容易取得成绩。

学校里的俄语教学应当在斯大林的语言学说的基础上来进行。

以上所讲只是苏联在小学阅读教学（特别是教材）方面的经验的

①（苏）谢彼托娃著，丁酉成、张翠英译：《小学阅读教学法》，人民教育出版社1954年版，第17页。

一部分，我认为这些经验对我们今天小学阅读教学的改革有极重大的意义。

二、我们的现状和改革的方向

我国小学阅读教学也曾进行过改革工作。早先我国的儿童初入学读的是《三字经》《千字文》《论语》《孟子》，也是死记死背，不求理解，和一百年前的帝俄儿童是一样的。

大约半世纪以前，当清朝末年和民国初年，初入学的儿童改读国文课本，课文是由浅入深、由简到繁编排的，教法是一开始就有讲解，这是一大进步。

民国十年以后的新学制课本，又改国文为国语，用白话代替文言，课文写法多用故事、诗歌、童话等形式，这也是一大进步。

抗日战争期间，老解放区的小学语文课本的内容初步结合了唯物主义思想和抗日政权所要求的社会实践，这又是一大进步。

虽然已经前进了三大步，但直到今天小学阅读教学的改革仍没有进行得彻底。由于对儿童心理缺乏研究，对语言教育的重要意义和教学方法缺乏认识，没有能够在白话代替文言的基础上，利用书面语言已接近口头语言这一有利条件，用丰富的语言表达丰富的内容，把阅读教材大大提高一步，却还受着旧时代遗留下来而未能摆脱的影响，误认为阅读教材应该采取经典的形式，篇幅要短小，意义要深长，学生读不懂的地方，让教师在课堂上讲解。这样一来，课文篇幅就受了"字量规格"的形式主义的限制，取材和写法因袭了两种不能容忍的缺点：一种是思想教育和知识教育的课文多从概念出发，取材脱离儿童实际生活，写法是枯燥、简单的叙述和说明，学起来不易理解；另一种是故事性的课文又写得篇幅短小，内容简单，情节不够细致，语言不够生动，学起来感到低浅、平淡。为了使读者比较具体地理解，举例说明如下。

现行初小语文课本第五册内有一课《敬爱的毛主席》，是一首歌颂领袖的诗，全诗如下：

敬爱的毛主席，
你不怕劳苦和艰辛，
全心全意为人民。
你领导我们，
打倒了凶恶的敌人，
全国人民都翻了身。
你领导我们，建设国防、经济和文化，
我们的祖国从此面貌全新。
敬爱的毛主席，
我们永远团结在你的周围，
向着光明的道路前进、前进！

歌颂领袖本来是思想教育的重要项目，但这样把一批抽象词儿堆积起来，没有具体的材料以激励儿童的感情和想象，怎能引起他们对领袖的敬爱呢？当然更谈不到启发他们向领袖学习的思想了。

苏联一年级的阅读课本里也有一首歌颂领袖的诗，叫《列宁博物馆》，全诗两节，现抄第一节如下。

星期日那天，
我和姐姐出门参观。
姐姐对我说：
"我带你去列宁博物馆。"
我们穿过一个大广场，

走进一座美丽大红房，

这座房子跟皇宫一样。

人们慢慢地往前行，

从一个大厅到一个大厅。

一幕又一幕，我眼前出现了伟大领袖的一生。

我看见列宁诞生的房间，

看见他在中学里光荣地得到的奖状。

他童年读过的书，

都排列在一个地方。

很多年以前，

这些书使他思索，梦想。

他从小就梦想，

人们靠自己的劳动，

生活在祖国土地上，

不该受压迫像奴隶一样。

这样从感性认识出发，写参观到的景况，又能结合儿童生活，只抓住列宁童年时读书的广博和理想的远大这一点来写，自然能给儿童单纯、明确、深刻的印象，同时也会使儿童感到列宁的伟大而又平易近人，可引起儿童向领袖学习的热情。

初小语文课本第七册内有一课《优秀队员王振华》，是写好学生的，当然也是思想教育的重要课文。题目虽切合儿童生活，人物却并不形象化，仍是一些抽象概念的堆积，什么努力学习、成绩优良、团结友爱、帮助同学、爱好劳动、态度谦虚等，写得面面俱到，优秀真够优秀了，但显然是抽象概念的堆积，不能使儿童读了发生亲切之感，即使教师加上讲解，也难对学生产生感染作用。

　　苏联三年级的阅读课本上有一课《少先队员瓦良》，也是写好学生的。前边写瓦良初入队时听教师讲话感到的兴奋，对红领巾的爱护，到国营农场参加农业活动的乐趣。重点在后半篇，是写班上一个学生一次欺侮一个软弱的同学，瓦良气愤不平，和他在教室里扭打起来。教师进去了，看见他结着红领巾，说了一句："还是少先队员！"虽然有同学们替他辩护，但瓦良自己这时深深地觉着在教室里打架是可羞的。

　　这样的写法，把人物和环境都显明突出地摆在儿童的面前，使儿童真如身临其境，随当时瓦良的兴奋、愉快、愤慨、悔恨，自己也兴奋、愉快、愤慨、悔恨起来，读者和作品中主人翁的感情融合在一起，思想教育的作用是十分深刻的。

　　我们课本里常识性课文的写法多半是拉得太宽，牵涉的知识太多，或者要说明的问题太大，道理本身太深。如初小语文五册内的《河水和江水》，六册内的《可爱的祖国》，八册内的《张俊德创造了三球仪》和《印刷术的进步》等课，都有这样的缺点。不能抓住关键性的一点，深入细致地叙述或说明，给儿童一个单纯而明确的印象，或启发他们的智慧，或交代清楚一个科学知识上的重要概念。

　　《小学自然课实习》一书里有如下一段话。

　　　　显然，儿童所得到的越真实、越丰富，他们的概念就越明确，而他们获得概念的这个极其困难的路程也就越容易走了。反过来，如果一味地"说空话"和"读死书"，就会使教学脱离生活，脱离实际，就会使我们退回到典型的经院式的教学时代里去。①

---

　　①（苏）雅果多夫斯基著，王常茂等译：《小学自然课实习》，人民教育出版社1954年版，第6页。

我们的阅读教材中关于思想教育和常识教育的不少课文（我只说不少，因为也还有些好课文）正是在脱离儿童生活"说空话"，是读经教学的残余。

故事性的课文有些（我只说有些，因为也还有不太浅的课文）又失之于太浅易，不能给予儿童足量的内容和语言。如高小一册上的《蜜蜂引路》，讲的是列宁寻找养蜂人的故事，全课不过三百多字，生词几乎没有，句子也是简短的，故事情节也不复杂，可移在三年级教学，在五年级教学太浪费学生的精力和时间了。高小一册内浅易的课文还有不少，其他年级也都有太浅的课文。

由于阅读教材的落后，学生语文程度不能提高。语文程度的太低又给高小自然、历史、地理等常识课的教学增加了很大困难，因而程度也不能提高；甚至中学的史、地、生物、理化等科的教学也因学生语文水平太低而受了影响。这是不少教师和注意教育工作的同志都提到的。从此我们更明确地认识了前引"俄语教学大纲"中那段话的深刻的意义。

我们的阅读教材有这样严重的缺点，因此先进的教师和热心教育的人们不断提出改进的要求；教育部的苏联专家也先后提出关怀而严格的批评，说我们的语文课本还保有"原始的形式"，是"坏的政治教材"，建议我们及早改革。

阅读教材是儿童精神成长的主要食粮，而我们给予他们的这些食粮却是有的太浅易，营养成分太少，不够儿童吸收；有的太抽象，不易消化，儿童吸收不了；太浅易和太抽象的里边有的更是胡乱凑成的，根本不成东西，没有什么养分，儿童无可吸收。总之，这些食粮的养分是很贫乏的，儿童吃了之后，不是营养不足，面黄肌瘦——阅读时理解差，写作时无话说；就是消化不良，上吐下泻——写出的东西语无伦次，词句不通。这种不健康的状态，可说是阅读教材落后的主要恶果。

空洞抽象的教材儿童读不下去，于是教师就逐字逐句地串讲一番，一方面帮助学生理解，同时也就消磨了教学时间。浅易的故事本来一读就懂，不必多讲，可是朗读、分析、复述既不会运用，也少有人提倡，于是为了消磨时间，教师就借题发挥，断章取义地大讲一番，甚至完全脱离课文，给一个生动的故事胡拉乱扯地戴上一顶政治帽子或安上一条政治尾巴，如说《大萝卜》一课内的大萝卜是日本帝国主义，老公公、老婆婆等是中国人民。可见落后的教材也正维护了落后的教学方法，而落后的教学方法又做了进步教材推行的绊脚石。这是阅读教材落后的又一个恶果。

我们中国有"志大才疏"这样的古话，是形容那些有野心而无本事的人的。人里边有这样的人，文章里边也有这样的文章：堂堂皇皇，空空洞洞，要说的很多，要求很高，而取材却极不具体，语言却极其空泛，这类文章也可叫作志大"材"疏一流吧？

教小学生的课文本来应该是用丰富的具体的材料说明很少的概念，教学的方法应该是对丰富的材料进行分析、概括。这才叫作从具体到抽象，是指导儿童学习的唯一正确的道路。所谓教学原则，所讲的都不出这个范围。但是我们的课文的写法却是从抽象概念出发，学生不能理解，教师发挥、补充。这种做法是先后倒置了的，可叫作"倒行逆施"。

从此可见今天小学阅读教学的改革问题绝不像有些人所想的只是内容的改革，甚至把内容的改革更缩小为语文教学中思想教育的改进。当然内容是要改革，思想教育是要改进；但是以语言为其特征的语文课的改革必须把语言教学的改革考虑在内，而且放在重要的地位。否则，改革了的内容和改进了的思想仍会变成教条，变成学生过重的负担。因此，今天谈改革语文教学，可以说"为丰富语言而斗争就是为丰富内容而斗争，也就是为思想教育深入具体而斗争"。

为丰富语言和丰富内容而斗争，必须一方面坚决反对我们过去阅读教学方面的落后现象，反对"志大材疏"的教材和"倒行逆施"的教法；同时坚决学习苏联的先进经验，研究儿童心理，研究教学原则，研究语言在教育中的作用，把阅读教材丰富起来，适当地扩充全书字量（究应扩充到多少，当然应经过编写的实践和新本的试教效果才好确定，但可以肯定的一点是必须有较大的扩充。我的初步意见是可扩充一倍，由现行课本的三十来万字扩充至六十来万字），适当地加长一部分课文的篇幅，采用有价值的诗歌、故事、童话，增加常识性课文内容，彻底改变常识性课文的写法，教学必须采用新的方法，即着重朗读、默读、分析、复述、研究段落大意和回答问题等方法。

三、对几个问题的看法

1. 关于学习苏联应稳步前进问题。有的同志在阅读教学上赞成学习苏联，但强调稳步前进，反对盲目冒进，主张学苏联不能一步赶上。

这些说法当然都是对的，问题在看具体的结论，如果结论是今天还不必进行改革，或者说要改革也主要不应在语言问题上，或者说丰富语言也不必增加字量、扩大篇幅，或者说增加、扩大只能限于百分之一十、二十，绝不可再多——如果这样想，那就只是把稳步做了"保守"的招牌，实质上是"稳步不进"，拒绝学习苏联。

字量扩充一倍是不是就算一步赶上苏联了呢？那还不是。我国学制，小学六年，苏联只有四年。苏联阅读教学前三年每周六节课，第四年每周三节；我国前四年每周估计可有八节（其余时间教汉语和书法等），后二年每周可有六节。这就是说我国六年的阅读教学时间比苏联四年的共多一倍以上。苏联四年的全部阅读教材汉文译稿共有八十万字，我国扩大到六十万字，也只有苏联的四分之三。这就是说我们是以加倍有余的教学时间教苏联四分之三的教材，当然谈不到一步赶上。

有的同志说苏联最近也感到教材分量过重，实行精简，我们为什么反而增加？要知苏联对小学教材精简的是俄语语法和高小史、地等常识，阅读教材不但没有精简，最新的版本（1954 年版本）反而增多了，从七十多万字增到八十万字了。

2. 关于今天学生负担过重问题。有的同志说现行课本只有三十来万字，学生已经负担过重，学不透彻，再加重分量，不是更加重学生负担，学生学习的结果不是更马虎了吗？

学生的负担绝不应加重，学习必须求巩固，这当然是对的。问题是丰富教材并不等于加重负担。因为字量不但不是决定教材分量轻重的唯一的标准，而且不是主要的标准。字的生熟、词的难易、句的繁简、事情的生疏和熟悉、道理的深奥和浅显，这些都和负担的重轻有绝大关系。因此，在各种条件改变的情况下，加长篇幅与增加字量不但不会加重负担，还可减轻负担。现成的事实可作证明：现行初小语文课本四、五两册用同样大小的铅字排印，四册九十六面，五册八十面，四册早半年教学，分量反比五册多十六面。我和天津市的一些教过这两册书的教师研究过，他们一致认为四册比五册容易教，教学效果比五册好。各地教师也没有反映四册太重的，对五册提的意见反倒多些。为什么会是这样的呢？因为四册课文的内容比较结合了儿童的生活，写法文艺性较强，儿童喜欢学习。

这是一个值得十分注意的事实，这事实说明了五册虽只有八十面，负担不见得就轻，四册虽有九十六面，负担也并不重。可见如果把五册课文编得和四册相类，增至一百零四面也不难教学。四册当然还有许多缺点，如果更改进一步，分量还可增加。可见丰富教材是教材的改革问题，是去掉旧的，代以新的，以少的时间收多的效果，符合"时半功倍"的教学原则，绝不可把它和加重负担混为一谈。

有的同志说："宁可少些，但要好些。"我认为在这个具体问题上不能引用这句话。就用前面的例子来说吧，如果把五册减至六十面，仍不改变取材和写法，仍是抽象教条占主要地位，还是不容易学习，负担问题并没有解决，如果改进了取材和写法，而页数只有六十面，那就分量太轻了。丰富的内容和一定的字量是不可分开的，我们说《敬爱的毛主席》一诗不如《列宁博物馆》写得好，但前者是十二行，后者是三十五行。我们说《优秀队员王振华》不如《少先队员瓦良》写得好，但两课字数是三百和八百之比。如果把《列宁博物馆》缩写成十二行，把《少先队员瓦良》缩写到三百字，内容定会大大不同。可见内容的丰富和质量的提高是以篇幅的加长和字量的加多为条件的。去掉了一定的字量，丰富的语言和丰富的内容也就没有了。

大量阅读是提高阅读和写作能力的关键，这个真理不单在苏联阅读教学的改革史上已经证明，而且我国许多自发的事实也可证明。我们有许许多多的人，不是由于教师对贫乏的中、小学的语文课本讲得好提高了自己的读写水平，而是兼靠自己的大量阅读或者专靠自己的大量阅读才提高自己的读写水平。这不是说教材不重要，也不是说教师的讲课不重要，只是说大量阅读对提高读写能力有很大作用，丰富阅读教材十分必要。由自己大量阅读而提高了读写水平，这个经验是可靠的，宝贵的，值得珍视的；可惜一直只作为一个客观事实存在于个别人的学习经验上，没有把它作为教学的经验肯定下来，在教科书上体现出来！

可不可以把大量阅读完全放在课外进行呢？我认为不可以。因为课外阅读固然重要，也应该发展，但课外阅读的能力和习惯是要靠一定分量的课内阅读才能养成。过去靠自己课外阅读提高读写水平的人数虽不少，但比起全部住学校的人数仍是极少数，原因就在这里。目前有不少学生也进行课外阅读，但效果不大，原因也在这里。

学前儿童学习口头语言的能力是惊人的。只要稍加注意，谁都会承认这铁的事实。儿童学语言的秘诀在哪里呢？就在他们喜欢听、喜欢说、听得多、说得多。这一事实也给了我们很大的启示：如果我们把小学的阅读教材丰富起来，内容结合儿童生活，写得生动有趣，能吸引儿童爱听、爱读、多听、多读，再加上教材的合理编排，教师的正确指教，儿童阅读和写作的能力不就可以大大提高吗?

3. 关于教师水平低的问题。有的同志说我们的教师水平低，教材丰富起来，加多分量，教不了，对长课文也不会教学。

这个看法也有问题。我们的教师水平可以说一般是不高的，但教师水平的高低只是在教学的效果上会有差别，不是在教材的改革问题上各有所宜。我们绝不能设想水平高的教师适宜用改革后的新教材，水平低的教师适宜用不改革的旧教材。苏联的教师水平也是高低不齐的，并不因此而采用新旧两种教材。清末民初改经书为国文、民国十年（1921年）以后又改国文为国语时，教师水平都是高低不齐的；也并没有因此采用新旧两种教材。这些中外的历史事实都值得回忆一番。

如果说水平低的教师教不好新教材，那么他教旧教材一定教得更坏。不难想象，教《敬爱的毛主席》比教《列宁博物馆》更困难些，因为前者有不少抽象的概念是儿童不能理解，教师也难于讲解的，后者则没有。

但是要改革教材同时也必须改革教学方法。不然，像有的教师用旧教法教新教材，把一课生动有趣的《听妈妈的话》分割成十二断片，用十二节时间去教，结果学生学习的热情一节比一节冷淡下去。这不应怪学生不努力，也不应怪课文写得太长，只应怪教师没有学习新的教文艺课文的方法，从整体到部分，先把全课通读一遍，让儿童对故事有个完整的印象，然后再细细地分段落阅读，分问题研究。这样的方法并不是学不会，两年前已有不少教师自行采用了，并得到很好的效果。只惜领导上没有对这新的教法给以支持与推广。

当然，这里所讲的也只是新教法的一端，而不是全部，但问题还是一样，掌握全部的新教法，关键也只是学不学的问题，而不是水平高低的问题。我们绝不能设想水平高的教师适宜用新教法，水平低的教师适宜用旧教法。

4. 关于汉字难学问题。有的同志认为汉字太难学，使我们不能对阅读教材进行较大的改革。

这看法也是不对的。汉字难学是事实，因此今后要改革文字。但汉字改革前的今天，我们的小学实行六年制，苏联相当于我国小学的只有四年。以多余两年的时间加强识字教学，让儿童通过词句和短文认识一千多字，同时学到不少知识，年龄也增长了两岁。在这个基础上再和苏联小学生一样学习四年，要求达到比苏联儿童稍低的水平，不应该有多大困难。而且我们的阅读教学大有改进余地；汉语教学今后也要大大改进，走向系统化；目前的识字写字教学也有许多浪费，今后也要改进，走向科学化。在这各种条件的改变下，即使有困难也不难克服。

（原载于《人民教育》1955 年第 3 期）

我对小学集中识字的一些看法

一、要不要集中识字

（一）集中识字的主要理由

小学语文课内要不要采用集中识字的办法呢？我的意见是要，主要理由有二。

第一，集中识字便于集中教师教学的目标，便于集中学生学习的精力，可以提高识字效率。六十年来，语文课本的编法绝大部分是识字与阅读并驾齐驱，也可说是寓识字于阅读的。课堂教学时，教师在知识、思想、语言、文字各方面平均使用力量，学生学习时也把注意分散在各方面。由于力量分散，识字的效率不高。我们曾经从 1904—1959 年的小学语文课本里选了三十种，统计过一、二年级所教的生字数量。结果，最多者两年共教 1 807 字，最少者只教 910 字。教 1 100—1 300 字者计有 14 种，几乎占 30 种的一半。可见过去一般课本两年只教 1 200 字左右，平均每个学习日学不到 3 个生字。如果采用集中识字的办法，我想可以改变这种局面。

第二，集中识字便于利用汉字规律，便于利用比较方法，可以加速识字进度。汉字本来是有规律的。虽因年代久远，字形、字音、字义都有不少变化，使汉字规律变得支离破碎；但是就是这些支离破碎的规律，如果适当利用起来，还是可以节省教学时间，加速识字进度的。同时汉字又有音相同、形相似、义相近与相反等现象，利用比较异同的方法教学识字，也可减少识字困难，加速识字进度。可是六十年来语文课本的编法绝大部分是每课上有五六个生字，这些生字又都是根据课文语言的需要选用的，互相间不易比较，不易利用汉字规律进行教学，致使识字真是一个一个孤立去识，增加了很大困难。采取集中识字的办法，我想也可以改变这种局面。

文字是书面语言的符号。没有认识到一定数量的文字，书面语言的教学有极大困难。因此，加速识字进度，提高识字效率，及早掌握最常用的汉字应是学习祖国语文的极重要的一环。识够一定的字，才好开展阅读，才好练习作文。说识字教学是阅读教学与作文教学的基础，我想道理就在这里。黑山北关小学"教学任务分步实现"的提法是有道理的。

（二）集中识字的历史经验

有人说：集中识字虽可讲出一些理由，但历史实践方面有没有根据呢？我的回答是有，而且有充分的根据。六十年来的小学语文课本固然绝大部分没有采用集中识字的编法，但是也有一些采用的。至于再往前看，两千年来的识字教材则可说都是采用集中识字方式编的。略述如下。

《史籀》《三仓》且不说它，就从西汉元帝时史游编的《急就篇》谈起。据顾炎武、章太炎、王国维等人的考究，《急就篇》在汉、魏、两晋、南北朝，一直是最主要的识字教材。这本书的书名和序言都表明了速成识字的意图，书的编法充分体现了集中识字的精神。该书有这样五句序言："急就奇觚与众异，罗列诸物名姓字。分别部居不杂厕，用日约少诚快意。勉力务之必有喜。"用今天的话说，就是：我这《急就篇》跟别的书本不同，它是把关于姓名、百物等常用字罗列起来的。罗列时采用"以类相聚"的方法，毫不杂乱。这样，学习时很便利，可以大大节省时间。大家好好来学习吧，保证你会满意的。可见"急就"本来是速成识字的意思，并不像后来习惯上的说法，表示写作的草率与迅速。

《急就篇》取了当时常用的两千来字，前半用三字句把姓名罗列起来，后半用七字句把衣着、农艺、饮食、器用、飞禽、走兽等各类字罗列起来。集中识字，没有别的要求，形式又便于诵读，便于记忆，所以一直风行了几百年。

代替《急就篇》的识字书本，主要是《千字文》《百家姓》《三字经》和四言、五言、六言、七言等各种杂字书。杂字书《百家姓》跟《急就篇》后半相同，都是把常用字"以类相聚"编写的，没有什么文意可讲。《千字文》与《三字经》内容虽可讲解，但实际教学中教师并不讲解，而是当作单纯识字书教的。

两千年来都是先识字、后阅读，读了《急就篇》或《三字经》等识字书以后，才开始读《论语》等书。识字时集中力量识字，因而识字教学的效果也较高，有的一年读完《三字经》《百家姓》《千字文》三本书，识到一千多字甚至两千字的，有的一冬天三个月就可识好几百字。

清朝末年学校初兴起时编出的小学语文课本还保留了集中识字的精神，如《增订蒙学课本》《第一种简易识字课本》《文学初阶》等书，第一册绝大部分是字词课，一年教一千多生字，阅读方面的要求很低。民国初年的课本，开头也还有一些字词课。直到 1921 年以后，才改成一开头就学句子，很快就学短文。从此重视了阅读而放松了识字，课文字数增加了，所学生字却减少了。如拿《新学制初小国语》第一册与清末《第一种简易识字课本》第一编上册（供半年用）相比，前者课文共用字 2 102 个，生字只有 236 个，后者课文共用字 1 376 个，生字却有 591 个。这就是说课文用字增加到一倍半，而生字则减少到不足二分之一。

新中国成立以后，有的人意识到小学低年级应着重识字，1954 年人民教育出版社拟的《改进小学语文教学的初步意见》和 1956 年教育部公布的《小学语文教学大纲》都提出一、二年级以识字为重点，提出要在两年内集中地教给儿童最常用的汉字。(前者提出教 1 500—1 800 个，后者提出教 1 500 个) 但是由于课本的编法没有多少改进，不能体现集中识字的精神；教师对识字为重点的意图也缺乏了解，教学时仍是平均使用力量。结果，各处反映课本分量重，生字多，教不下去。一减，再减，课文少了，生字减到两年共教 1 280 个，与新中国成立前一般课本相似。1960 年黑山北关小学识字教学的经验传出以后，集中识字的问题才又引起人们的重视。

有人曾把 1954 年以后的一段经验作为教训，认为低年级不可集中识字。其实，这里只是课本编法与教法的问题，与集中识字无关。

有人曾拿民国以后的小学语文课本编法为理由，说集中识字违反了五十年的历史经验。其实，五十年的经验，应该吸取，也需批判；两千年的经验，应该批判，也需吸取。

二、如何集中识字

（一）集中识字期间应有多久，应识多少字呢?

我的意见是两年识两千左右字。因为一千或一千多字还包括不了最常用的字（1952年教育部曾公布过两千常用字），还不能打下阅读和作文教学的基础。同时，字数越少，汉字规律的利用越受限制，不能发挥集中识字的作用。另外，太多也不必要。识到两千字以后，已掌握了汉字的一些规律，一般课文的生字也不多了，教课文时稍加指点即可识得。这时不必再集中识字，而应加强阅读教学了。

如前所说，过去的一般课本两年教 1 200 左右生字。现在两年教两千字，比过去的一般课本约增加60%，大约平均每天教四个多生字，每一课时教三个生字。课本的编法和教法如能本着集中识字的精神，适当改进，应该能够接受。但是如果再增多字数或缩短时间，那就要找到更有效的教学方式与方法，不然，恐不免加重学生的负担。

（二）两千字应分几批集中教学呢？

我的意见是半年一集中，共分四批集中教学。这就是说每半年都是先集中教识字课，最后教一些阅读课文。如果分批太少，前边尽是识字课，在一年或二年的最后才教到阅读课文，这样做，不只学起来比较单调，而且也减少了生字复习巩固的机会。可是如果分批太多，半年反复两三次，一批只有一百多或二百左右生字，这样做，汉字的规律不便利用，教学精力也分散了，不易体现集中识字的优点。

（三）集中识字的方式应以哪一种为主呢？

集中识字可采用许多方式，如同音归类（即以音带字）、形声字归类（即基本字带字）、偏旁部首归类、看图识字，还有形相似、意相近与相反的汇列比较等。对这许多方式，一般都在采用，没有什么不同意见。问题是要不要在许多方式中以某一种为主呢？这里就有不同意见了。有的主张把各种方式都列出，不分主次，让教师灵活运用。我是不赞成这种意见与做法的，因为它容易形成教学上走过场的现象，引导教师分散教学力量，浪费教学时间。

主张以一种方式为主的也有几种。有的主张以同音归类为主，认为学习汉字的难点之一是见形而不能知音，以音带字可以简便地解决了读音问题（因为汉字读音共具 411 个，同一音下可有好多字），识字的困难就大大减少了。适当利用同音归类，当然有一定好处；但是把它作为集中识字的主要方式，事实上很难做通。如有的课本一年级一学期统共只教四百来字，读音即有二百多个，每一读音下只有一个字的就不少，如某课本 mu 音下只有一个"母"字，这就等于注音识字，谈不到以音带字了。另外，一个读音下汉字较多，意义互不相关，学习也是很困难的。如同一课本 shi 音下列有"（老）师、（认）识、事（情）、（零）食、是、时（候）、（教）室、拾（起来）"八个同音汉字，这样杂乱无章，儿童如何能学习？虽然字音知道了，但字形、字义都不易掌握。注出词来，可以帮助儿童了解字义，但注词的字，对儿童来说有的又是生字，这又增加了学习上的困难。这样的识字教材，如果让儿童长期学下去，枯燥无味，绝难坚持；如果要在短时间内实行突击学习，对儿童既不相宜，也不一定能收到良好的效果。张冠李戴，混淆不清，一定无法避免。

有的主张以形声字归类为主。这种方式比前一种的好处是从汉字字形与字音上找出一些关系。问题在形声字的读音有很大一部分已经改变了，把同一声符的字列在一起，读音往往不全相同，如在少字下列出"沙、纱、抄、吵、妙"等字，并不容易学习。有的声符下列出的字，读音竟是五花八门，如某课本在工字下列出"功、红、虹、空、缸、杠、扛、江"八个字，那就更难学习。在我看来，形声字的规律到今天既已支离破碎，也就只能支离破碎地利用。拒绝利用是不对的，强求系统地、完整地利用，不顾实际情况，也没有多少好处。

以上两种方式，如作为集中识字的辅助方法，配合识字课文，适当地分散利用，编排在练习里，以学过的字为主，带学一些生字，都是可取的方法。但作为主要的集中识字的方式，则很难做通。

还有人主张以看图识字为主要方式。这比前两种都要好些。而且看见图大体就可知道字音字义，教学比较简便。过去用这方法识了字的人也不少。但是许多看图识字的编法都是一图一字（或一词），形式比较单调，字与字的排列组合又不注意便于诵读。这种看图识字教材短期学习则可行，长期坚持仍有困难。

那么，集中识字的方式究应以哪一种为主呢？我的意见，解决这个问题要从总结过去的经验做起。要批判地吸取两千年来编写识字教材的经验，也要批判地吸取六十年来编写小学低年级语文课本的经验。两千年来的识字教材主要采用字义方面"以类相聚"的编排形式，没有一种是按字音、字形的体系编排的。这是有道理的。因为以音编排则只能知音，而不能知义，以形编排则见形而音义都不知，只有按字义"以类相聚"，如"东西南北""春夏秋冬"各聚一起，则音极易记而义亦易明，形可随之而识，最便于掌握汉字的形、音、义三个方面。旧社会各种杂字书之所以到处流行，不是没有原因的。杂字书和《三字经》等每句有一定字数，双句末字押韵，形式虽嫌呆板，但便于诵读，这也是识字教材的一个很重要的优点。所以章太炎说："儿童记诵，本以谐于唇吻为宜。古人教字，多用此体。""以类相聚"和"便于诵读"我认为是识字教学的传统经验中值得学习的东西。当然，"以类相聚"应求多样化，"便于诵读"应避免形式呆板，此外还应尽可能每课配有插图，以免单调乏味，便于儿童持久学习。要做到这些，又得从六十年来的语文课本中学习许多经验。归纳起来，我的意见是集中识字课本的主要编写方式应采取多样化的以类相聚，同时要便于诵读，配有插图。如何多样化与便于诵读，下边还要讲到。

三、如何编写集中识字的课本

这里当然不可能讲得很具体，只拟讲比较重要的如下三个问题。

（一）集中识字的课本应以识字课为主

集中识字用的语文课本首先应该改名为《识字课本》，表明小学一、二年级的任务主要在识字。《识字课本》的内容应该包括识字课、阅读课、练习三个部分（第一册还应有汉语拼音字母部分），三者应以识字课为主要教材，其他二者为辅助教材，辅助教材的主要任务也在巩固与扩大识字。所谓巩固，就是要利用汉字规律，把识字课中学过的字，进行各种编排组合，归类比较，以求巩固。所谓扩大，就是要对识字课中未学到的字，在阅读课文与练习中也随必要而出现一些。新出现的生字当然不可过多，一课或一个练习内平均五六个，最多以不超过十个为宜。

识字和阅读的任务必须分步实现，而且所谓分步不是在一学期或半学期内分，而是要在小学前两年与后三年间分（就五年制小学而言）。如果学生在一、二年级暂时放松阅读，真正集中力量识字，两年内能切实掌握两千最常用汉字，在语文教学上是一个很大的改进。后三年的阅读有了很好的基础，课本的内容与语言可比过去大大丰富起来。这样，阅读与写作的程度不难超过五年分散识字的水平。可是有好多要求集中识字的语文课本，一、二年级的阅读课文比过去没有减少，甚至增加了好多，同时又有好几十页识字教材。这就大大加重学生的负担，教起来很有困难。识字课与阅读课的比重必须改变。我初步考虑，识字课、阅读课、练习三者的比重（大致也是教学时间的比重）可做如下规定：

	第一学期	第二学期	第三学期	第四学期
识字课数	30	40	35	30
阅读课数	10	15	20	25
练习数	13	18	18	18

第一学期因教拼音字母，课数较少。

有人也许要问，阅读课文过少，阅读课文内用的字如何能与识字课内学的字配合一致呢？我的意见是二者不必强求一致，而且互相间可有较大的出入。有的课本一定要把阅读课文中的生字都编进识字课内，于是就出现了这样毫无逻辑关系的杂乱课文："吐、嚷、喂、告、呱、呆、咱""井、木牌、坝、瓦、麦、皮球"，这是很难学习的。识字课应该尽可能把阅读课内用的字编进去，但识字课必须保持自身的完整性，必须便于学习。因此，识字课内可以有好多字阅读课内没有学到，而阅读课内用到的某些字如果识字课内实在不易摆进去，也就不必勉强，可留在教阅读时再教。

（二）识字课文的形式必须多样化

有人也许要问，阅读课少，识字课多，而识字课又只采取以类相聚的形式，不太单调乏味吗？这个问题应该重视，所以以类相聚的识字课的形式必须多样化。如何多样化呢？我初步考虑，课文的写法至少应采用以下许多形式：一种是单纯的以类相聚，如"一二三四五，六七八九十""大米、小麦、白菜、黄瓜"之类。另一种是带说明的以类相聚，如"东西南北，四面八方""一年四季，春夏秋冬"之类。一种是反义词、对义词的以类相聚，如"大小、多少、上下、左右""长短、方圆、高低、远近"之类。另一种是对偶形式，把相对或可比的两件事物用对偶的词句写出。这类形式清末编的识字课本内很多，如"车有轮，船有舵。陆地用车，水路用船""鸟能飞，鱼能游。飞者常在树，游者常在水。树多则鸟多，水大则鱼大"之类。一种是排比形式，把同类或可比的几件事物用整齐的排句写出。这类形式清末的课本中也不少，如"蚕能吐丝，蜂能酿蜜，鸡能司晨，犬能守夜""发要常梳，脸要常洗，窗要常开，地要常扫"之类。对偶与排比与古人对对子很相似，对儿童理解词类，掌握句式很有帮助，对逻辑思维也是一种初步的训练。这种句式在古今汉语里都有不少，儿童熟悉之后，进一步阅读与写作都有好处。此外，诗歌、谜语、口诀之类的韵文也应多多采用，如"爷爷七岁去讨饭，爸爸七岁去逃荒，今年我也七岁了，公社送我上学堂""红眼睛，白衣裳，尾巴短，耳朵长（兔）""河边路旁，房前屋后，栽柳栽杨，种瓜种豆"之类。韵文课比重在抗日战争时期老解放区的语文课本里都很大，一、二册约占到70%以上，这对识字是有好处的。各种形式的课文还应按其难易及其相互关系交叉编排，避免单调呆板。

形式不拘一格，力求多样；但有一个共同点，就是篇幅短，生字少（就分布密度而言），多用排句、韵文。这与阅读课文恰恰相反，阅读课文应该篇幅长，生字多，多选故事、散文。这样的识字课文，教师教学时才好集中目标教字，不在知识、思想、语言等方面多费时间；学生学习时也才便于诵读，便于记忆，可以集中注意识字，不在其他方面多费精力。集中目标教字，集中精力识字，才好保证提高识字效率。

（三）识字教学要让儿童及早掌握汉字结构

有人也许要说，以类相聚的识字教材，字形方面很难做到由易到难，由简到繁，由独体字到合体字。这也是应该注意的一个问题。解决的办法，可分两个方面。一方面，编课文时应尽可能注意字形由简到繁，如"大米、小麦、白菜、黄瓜"一定要放在"一二三四五，六七八九十"之后。但也不可机械，不可单纯强调这一点。就难易而言，字义的深浅比字形的繁简关系更大。"羊"字虽比"干"字笔画多，绝不比干字难学；"姐妹"二字虽是合体字，绝不比"且未"二字难学。

另一方面，要让儿童及早掌握汉字的结构。如点、横、竖、撇等十来种笔画的名称与写法，从上到下，从左到右等七八种笔顺的基本规律，最常见的几十个偏旁部首，用处最大的一百多个形声字的声符，合体字的上下结合与左右结合两种形式，这些都应让儿童及早掌握。掌握了组成汉字的零件（笔画）与部件（偏旁部首与声符字），掌握了汉字的结构，识字的难关就打开了。但是掌握这些不是容易的事，不是随便教一下就可解决问题，而是要遵循从个别到一般的原则，从具体到抽象的过程，根据识字课里学过的字，有计划地把有关材料逐渐归纳起来，分批编在课文里，让儿童反复学习，反复做作业求得巩固；不能像某些课本，一开头就列几个表，把许多硬邦邦的东西一起摆出来。这种做法很难收到效果。

写字与拼音字母的教学都与识字教学有关，这里就不讲了。

本文有许多引证，目的只在说明问题，因而未注明出处，希读者谅之。

（原载于《人民教育》1961 年第 10 期）

中小学语文教学改革的
两个大问题

　　中小学语文教学改革十分重要。早在一九四二年，毛主席在《文化课本》序言里就指出："一个革命干部，必须能看能写，又有丰富的社会常识与自然常识，以为从事工作的基础与学习理论的基础。"这就是说，读写能力与科学常识是学习理论与从事工作的基础。就学校教学而论，读与写能力不但是出校后学理论、做工作的基础，也是在校学习文化知识的基础。无论小学生或中学生，读与写能力好的，学习各科知识都比较容易，各科教材自己都可读，有的大半能够理解；读写能力如太差，不只自己读不来，教师讲过也弄不明白，如对数学和物理学的较复杂的公式或定义就不能准确的理解，课后复习当然就很困难了。这是中小学许多教师都有体会，社会上注意教育工作的不少同志也有所觉察的一个问题。因此，中小学语文课的教学改革不仅关系到学生语文一科程度的提高，而且影响到其他学科学习的质量。语文教学改革的重要性由此可见。

　　毛主席指示要"改革旧的教学方针和方法"。语文教学的改革就是教学方法改革的一个方面，而且是很重要的一个方面。中央领导同志最近要我们"在工作方法、领导艺术上求得一个显著的进步,以适应当前社会主义革命和建设形势发展的需要"。这在我们学校教学工作上应该同样适用。我们中、小学语文教学方法应求得一个显著的进步,以适应形势发展的需要,适应四个现代化的需要。我要讲的语文教学的改革,不是指日常的一般的讲课方法技巧的改进,而是说在语文教学的基本方法上要有一个大幅度的改进。一般讲课方法技巧的改进,是经验缺乏的教师向经验较多的教师学习的问题,我要讲的改革是语文教学方法上大家都需要考虑的根本性的改革的问题。

语文教学上根本性的改革是不是可能呢?我认为是可能的。毛主席教导我们:"人类总得不断地总结经验,有所发现,有所发明,有所创造,有所前进。"讲军事问题时,毛主席说对前人的经验,应当"吸收那些用得着的东西,拒绝那些用不着的东西,增加那些自己所特有的东西。"我们遵循毛主席的指示,从古今中外的语文教学经验中探求一番,根据语文学科的特点,根据汉字、汉语的特点,批判地吸收前人的经验,找出一条教学方法上大幅度改进的途径,求得一个显著的进步,不是不可能的。

我认为中、小学语文教学方面需要根本改革的问题主要有两个:一个是小学低年级应该集中识字;另一个是中、小学讲读教学应实行精讲精读与略讲略读相结合。现分述如下。

一、小学低年级应该集中识字

对这个问题分如下三个方面来讲。

(一) 小学低年级集中识字是提高语文程度的一个关键问题

所谓语文程度也就是阅读和写作的程度,语文程度的提高,也就是阅读、写作能力的提高。识字是阅读和写作的基础。不识字或识字不多，就不能进行阅读与写作，这是谁都知道的。所以识字在语文教学中有其特殊的重要作用。但多年来在语文教学中对识字教学没有足够的重视，尤其缺乏有力的措施，大大影响了语文教学效果的提高。

拼音文字在学了字母、拼法与初步语法之后，阅读就很方便了。只要内容是儿童能理解的，篇幅长一点也没大关系，都可以读下去。因此，欧、美用拼音文字的国家，小学语文课本，一般课文较多，篇幅也长，内容比较丰富，四年小学可学到七八十万字的语文教材（据译文计算）。而中国过去六年小学语文教材只有二十万到三十万字。这绝不是儿童接受能力有什么差异，主要是拼音文字半年内即可初步掌握拼写工具，这时阅读就可放开，不受多少限制，所以所余三年半时间就可学大量的课文；而汉字不是拼音文字，是方块字，学起来比较难，这是汉字、汉语的特点。由此产生了识字与阅读的矛盾，识字教学与语言教学的矛盾，即顾了识字编的教材，不便于教语言，教阅读；顾了语言教学编的教材，不便于教识字。并驾齐驱，难以共进。这启示了我们识字不成套不够用，就是说不识到两千左右字，难以开展阅读。而识两千左右字，过去一般需要三年以上。因此如何缩短时间，在小学低年级及早掌握两千左右常用字，是提高读写能力，提高语文程度的关键。这是一个极其重要的问题，需要千方百计设法解决。

（二）汉字识字教学的历史经验

1960 年我们在肯定新中国成立前后由教育方针所决定教育质量有着本质不同的前提下，仅从识字这一点出发，曾经从 1904—1959 年的小学语文课本中选了三十种，统计过一、二年级所讲的生字数量。结果，最多的两年共教 1 807 字，最少的只教 910 字，教 1 100—1 300 字的有十四种，几乎占了三十种的一半。可见过去一般课本两年只教 1 200 字左右，平均每个学习日学不到 3 个生字。

　　过去 50 多年的课本，大体又可分为前后两种情况。1922 年新学制以前的课本，课数较多，一般半年学五六十课；课文短，每课平均有七八个生字；一开始是看图识字课较多，便于识字，两年一般可识到一千五六百字。新学制以后，教材编法从句子开始，强调寓识字于阅读之中；每课生字只有三五个或六七个，半年只学三四十课，两年只能识到一千一二百字，三年识不到两千字。识字与阅读齐头并进，识字拖住阅读的后腿，不能前进。要求双丰收，结果两失败。

　　这是 1959 年前的几十年间语文课本教识字的情况。1959 年到现在的情况也大致相同，只是课数更减少了，总的识字量也减少了，每课生字加多了。总的说来，识字效率是很低的。

　　我们再往前看，中国历史上识字教学的情况，就有些不同了。那时的教育是封建教育，我们这里单从识字这一点来谈。从两千多年前西汉元帝时史游编的《急就篇》谈起。据顾炎武、章太炎、王国维等的考究，《急就篇》在汉、魏、两晋、南北朝，一直是最主要的识字教材。这本书取了当时常用的两千来字，前半用三字句把姓名字罗列起来，后半用七字句把衣着、农艺、饮食、器用、飞禽、走兽等各类字罗列起来，意图是集中识字，速成识字；编写方法也体现了这一精神，形式便于诵读，便于记忆，所以一直风行了好几百年。

　　代替《急就篇》的识字书本，主要是《千字文》《百家姓》《三字经》和四言、五言、六言、七言等各种杂字书。《百家姓》与杂字书和《急就篇》的编法相同，都是把常用字"以类相聚"编写的，没有什么文意可讲。《千字文》和《三字经》虽然内容上充满了封建性的糟粕，是很反动的，但在实际教学中教师对文意并不讲解，而是当作单纯识字书本教的。《千字文》《百家姓》《三字经》各流传千年左右。

　　两千年来都是先识字，后阅读。读了《急就篇》或《三字经》等识字书本以后，才开始读系统地宣扬封建思想的《论语》等书。识字与阅读分开阶段，分散难点，识字时集中力量识字，因而识字教学的效果比较高。有的一年读完《三字经》《百家姓》《千字文》三本书，识到一千多甚至两千字，有的一冬天三个月就可识几百字，我自己就是两次冬学扫了盲的。

集中识字为什么能提高识字的效果呢？原因主要有两条：一是便于教师集中目标教字，便于学生集中精力识字，师生经常反复在识字上多下功夫，识字效率自然会提高。二是集中识字生字出现多，便于利用汉字规律，便于利用比较方法，可以加速识字效率。汉字本来是有规律的，虽因年代久远，字音、字形、字义都有不少变化，使汉字规律变得支离破碎，但是，就是支离破碎的规律，如果适当利用起来，还是可以节省教学时间，加速识字进度的。同时汉字有音相同、形相似、义相近或相反等现象，利用比较异同的方法教学识字，也可以减少识字的困难，加速识字进度。

新中国成立后，许多有教学经验的同志都强调低年级应该着重识字。据此1954年人民教育出版社草拟的《改进小学语文教学的初步意见》和1956年教育部公布的《小学语文教学大纲》都提出小学一、二年级以识字为重点，要求增加识字数量。但是由于课本的编法没有多大改进，教师对以识字为重点的要求也缺乏理解，因此，多年来识字教学仍少改进。黑山的识字教学经验对小学生虽未必适用，但其曾引起各方面的重视、学习，也说明了提高识字教学效果是广大群众的要求。

（三）批判地接受识字教学的历史经验

有人曾拿民国以来的小学语文课本的编法为理由，说集中识字违反了五十年来语文教学的历史经验。其实五十年来的经验应该吸取，也需批判；两千年来的经验，应该批判，也需吸取。

如何批判地继承过去语文教学的经验呢？简要讲来，几十年来的语文课本，内容切合儿童生活，语言也越来越明白清楚，儿童学起来较有兴趣，也容易接受，这是清末以来课本的优点（当然，就其思想内容来说，新中国成立前后有根本的区别，这里无须细说），比封建社会的教材是一大进步，应该继承；但课本的编法，识字太分散，教师教法对低年级又不着重教识字，而是识字、知识、思想、语言平均使用力量，以致识字效率不高，这是应该改革的。清末教育改革以前的教材与此大大相反。从内容、语言来看，都距离儿童太远，枯燥无味，儿童不喜欢，这是缺点，应该改革；但其集中识字的办法，能够提高识字效果，这是汉文识字教学的传统经验，是提高语文教学质量的关键问题，是应该继承的。当然，继承也不是简单地拿来，而是要批判地吸取，要做认真的具体的分析，要在取中有弃，用中有改。

识字课本的编法应从总结过去的经验做起，要批判地吸取两千年来编写识字教材的经验，也要批判地吸取几十年来编写小学语文课本的经验。两千年来的识字教材都是采用字义相连的办法编写的，特别是字义上"以类相聚"的编排形式更为流行，没有一种是按字音、字形的体系编排的。这是有道理的。因为这样编法便于理解，便于诵读，便于记忆，便于集中力量教识字。

"以类相聚"和"便于诵读"是传统经验中最值得学习的东西。当然，"以类相聚"应求多样化，"便于诵读"应避免形式呆板，不要只采用三言、四言、五言等每句定字的形式。此外，还应尽可能每课配有插图，以免单调乏味，便于儿童持久学习。要做到这些，又得从近几十年的语文课本的编写中学习许多经验。总之，识字课本的形式要不拘一格，力求多样，看图识字、"以类相聚"的杂字课本、谚语、谜语、儿歌、民歌、歌词和戏本唱段、简短的寓言和故事，都可以作识字课文。这样的识字课文，篇幅都比较简短，生字较多，教师教时便于集中目标教字，不在知识、思想、语言方面多费时间；学生学习也便于诵读，便于记忆，可以集中注意识字，不在其他方面多费精力。集中目标教字，集中精力识字，才好保证提高识字效率。

过去一课课文如果用三节课时教，用在识字教学方面的约只占一课时，用在知识、思想、语言、阅读等方面的就占到两个课时。这种现象必须改正，要把教识字、写字的时间占到两课时，其他活动只占一课时。学生课后练习，也要把力量多用在识字、写字方面。

集中识字的课本应如何编写，教学方法应如何具体改进，我在1961年10月的《人民教育》上曾写了一篇文章叫《我对小学集中识字的一些看法》，里边有详细论述，这里就从略了。

小学低年级集中识字，要求识到多少呢？我意可识到两千字。也许有人认为不可能办到，其实，两年识两千字，平均一个学习日才只认四个字，一个课时只认两个字，只要教学时间有保证，教材编法与教师教法有改进，都能做到以识字为主，不在别的方面浪费时间，是应该可以办到的。

二、中小学讲读教学应实行精讲精读与略讲略读相结合

分四个问题讲。

（一）书面语言的教学应向儿童口头语言的学习请教

毛主席讲："入学前的小孩，一岁到七岁，接触事物很多。二岁学说话，三岁哇啦哇啦跟人吵架，再大一点就拿小工具挖土，模仿大人劳动。这就是观察世界。小孩子已经学会了一些概念。"鲁迅讲："孩子们常常给我好教训，其一是学话。他们学话的时候，没有教师，没有语法教科书，没有字典，只是不断地听取，记住，分析，比较，终于懂得每个词的意义，到得两三岁，普通的简单的话就大概能够懂，而且能够说了，也不大有错误。"(《人生识字糊涂始》)

这两段话都是说小孩子学习口头语言是很快的，成绩是惊人的。的确如此。我们自己看看身边的小孩子，看看自己的子女弟妹，他们学习语言的成效确是惊人的。五六岁的孩子，许多话都会说了，而且很少错误，用词不妥间或有之，语句结构上是极少错误的。这是汉语的特点，语法在实践上容易掌握，语法规律却不大好讲。但是我们学校的语文教学，即书面语言教学的效果却是惊人的不景气。有课本，有教师，有字典，有指导，进步却十分缓慢。这是什么原因呢？这是值得认真研究的问题。从这一千真万确、大量普遍存在的事实出发，认真研究，比较分析，也许可以发现儿童学习口头语言的诀窍，发现学校书面语言教学存在的问题，找出改进语文教学的途径。

我初步研究，儿童学习口头语言为什么成效卓著呢？这是因为他们是在接触事物中学习的，就是从生活中、从活动中、从观察中、从游戏中、从听故事中、从看电影中学习的。动得多，看得多，听得多，说得多，自然就学会了。而学校书面语言的教学则或多或少地违反了这些规律，不是结合生活实践，而是单从书本上学习；不是让儿童多读，多写，而是过分地多讲细抠；不是助长儿童发展，而是限制儿童发展。据此，我说学校书面语言的教学应向儿童口头语言的学习请教。

（二）语文教学应尽量结合生活实践

一般来说，在社会主义的新中国，学校的活动是比较多的。要语文教学结合生活实践，还不难办到。1958 年教育革命期间，对作文教学曾有人这样努力过，有一定成效；"文化大革命"期间，又有许多教师这样做了，也收到了效果。这就是要结合学校的实际活动，配合选学一些文章，帮助学习有关语言，理解活动的意义。在此基础上，要求学生写有关的文章，或记叙活动，或发表意见，也就不难了，因为有事实根据，有话可讲，用不着搜索枯肠、想入非非。这是一方面的结合。另一方面是课本上讲的课文，只要便于结合实际，就应结合实际。如讲了忆苦课文，就安排时间进行访贫问苦，回来座谈讨论，在讨论的基础上布置作文；学过书信的课文，就发动学生向有关对象写信，一方面结合课文学习了写信的格式，同时具体指导应写的内容，对书信的写法也就印象深一些了。

（三）多读熟读

口头语言的学习主要凭多听多说，书面语言的学习应是多读多写。这里只讲多读熟读。这也是学习语文的传统经验，近年来却很不重视。讲读课就应该让学生多读、熟读，甚至背诵，要多进行个人读、集体读、朗读、默读、分段读、全篇读、反复地读。当然熟读要在理解的基础上进行，读之前先应多讲，而且要精讲。但所谓精讲，不是要讲得多，讲得细，尤其不是要讲得高深，而是要讲在点子上，要讲得简明扼要。不要什么都讲，尤其不要离开课文架空讲。不要把课堂的活动主要弄成教师的讲授，而要给学生留下不少的阅读和思考时间。在精讲的基础上，让学生熟读，熟读才能把书本上的语言化为自己的，用到时得心应手。可是有些教师讲得过多，强调讲深讲透，有些话失之于高，学生接受不了；有些话又是不讲学生也知道的，完全是多余的。讲的时间多，读的时间就少了。

还有的教师不但讲的多，而且黑板上写的也多，时代背景，内容分析，段落大意，字词解释，抄了一黑板，还让学生照抄。于是学生在课堂上是不读课文抄写笔记，在课后是不读课文读笔记，考试时又是不考课文，不考作文，而考笔记。这都是舍本逐末的做法，费力大而效果很小的。

有人嫌现行课本里讲语法不多，主张多讲语法，理由是多学语法可以写好文章。事实上并非如此。许多写好文章的未学语法，甚至不懂语法；而学语法的，也不一定文章写得好。有人又说学了语法会分析句子，知道怎样算通，怎样算不通。这也不完全是事实，中国话从习惯用法上判断通不通是很容易的，要从语法上判断那就难得多了。如小学语文第一册第一课"中国共产党万岁"，第二课"好好学习，天天向上"，这两句话听起来都很好懂，但要在语法上解释并不容易。实际上对中小学生而言，语法是既弄不清楚，又用处不大的东西。学少弄不清，学多也弄不清。与其学多弄不清，还不如学少一些，节省时间，用在熟读、背诵上。

（四）精讲精读与略讲略读相结合

前边讲的精讲、多读、熟读是专指讲读教学中精讲精读的部分，即课文中教师精讲、学生精读的部分。这是我国历来教学语文的传统经验，也是行之有效的经验。但是学生阅读、写作能力的提高，光凭精讲、精读一些课文还是不行的，从来没有一个有学问能写文章的人是单从课堂上听老师精讲一些课文学成的；恰恰相反，他们都是从大量阅读书刊学成的。这一大量普遍的事实许多人没有注意，语文教学中未能吸取这个经验，实在是个遗憾。我们从事的语文教学是只重视精讲精读，而不注意略讲略读的。要使学生能在课外大量阅读，课堂教学中就应该培养他们读书的能力、兴趣和习惯，这就要靠课内教学的略讲略读了。我说现在小学三年级以上到中学的课文教材应精讲精读与略讲略读相结合，也就是教师方面精讲与略讲并举，学生方面精读与略读并举，双管齐下，配合进行。

精讲精读的课文一般宜篇幅简短，便于教师各方面都讲到，也便于学生多读、熟读，细心体会，钻研文章的技巧。略讲略读的课文篇幅可长可短，只要内容生动，对学生有吸引力，深浅大致适度，写法上有某些优点即可。教师讲的时候只着重讲其特点，让学生注意学习，不必面面俱到，样样都讲；学生也不必熟读，读一二回即可。略讲略读的课文其作用在于增长学生的知识，开阔学生的眼界，丰富学生的语言，提高学生的思想，培养学生读书的兴趣、习惯和能力，对写作也有帮助。

有人或者要说，略讲不能讲深讲透，会助长学生的马虎态度，养成学生读书不求甚解的不良习惯。我说不要紧，学生自己也还读书，将来出校更需要独立阅读，不讲还可读，略讲一下不更好些吗？自知有不理解并不等于马虎，并没有害处。至于细细推敲的习惯那自然是必要的，可以通过精讲、精读去训练。小孩子学口头语言，主要是多动、多看、多听、多说。他们听话时绝不是全部能听懂才听，而是有懂有不懂的也听，只吸取他能懂的学习。我前边说书面语言的教学应向儿童口头语言的学习请教，这正是要请教的重要的一条。许多人（包括儿童）开始看书事实上也是这样做的。有些书懂一些，不懂一些，看得还很有兴趣，这样看下去，在思想上、知识上、语言上，也得了许多益处。不要把儿童低估了，只要识了字，儿童对清浅的、具体的、描叙的长篇文章是可以理解的，也很感兴趣。试把初中的语文课文读给小学四、五年级学生听，或让他们自己看，基本上可接受，可以得到一定益处。当然如果能找到质量高而又适合程度的通俗读物，读起来困难较少，那自然更好。不过那种机会是不多的。

现在有的中学语文课本，课文分讲读课文和阅读课文两部分。讲读课文相当于我说的精讲课文，阅读课文相当于我说的略讲课文。不过我说的略讲课文一定要略讲，阅读课文则有不讲的。现行课本精讲的每册有十四到十六课，阅读课文有四五课，我们如果要改革，要试点，我意精讲课文仍用现取课数，把有些长课文换成精炼的短文；略讲课文可大大增加，可增至十课左右。小学三、四、五年级每册现行课本只有二十几课，我意可增至三十几课，其中精讲的二十来课，略讲的十几课。有人怀疑课数增加了许多，如何能讲完呢？我说中学精讲课文，篇幅一般简短，平均每课三节课时可以讲完；略讲课文篇幅虽长一些，但只作指点式的讲，平均每课用二节课时可讲完。小学精讲课文每课用三到四节课讲，略讲课文用一到二节课讲，现在有的一课讲到五六课时，许多教师反映，学生听得都腻味了，厌烦了，效果不好。

有人说增加了课数，减少了讲课时间，学生如何能接受呢？我说只要你把我前边所讲的教学上浪费的时间节省下来，不要在讲课时多在文学方面、政治方面发挥，不要在语法方面、练习方面无意义地浪费时间，不要大量地抄笔记，把时间、精力主要用在精讲、略讲方面，学生就能够接受。

（1977 年夏据 1972 年讲稿修改）

（原载于《甘肃师大学报（哲学社会科学版)》1977 年第 3 期）

三十年来中小学语文课教学的回顾

粉碎"四人帮"以后，特别是一九七八年以来，我国广大语文工作者，怀着迫切的心情，对我国中小学语文教学如何尽快肃清"四人帮"的流毒，迅速改变语文教学中的"少慢差费"的状况，以及如何尽快地提高语文教学的质量和效率的问题，提出了许多颇有见地的意见。不少同志，在各自的岗位上，采取不同的方式，从事着改革语文教学的实验。可以看出，语文教学不改革不行，已成为广大语文工作者，以至社会上许多人的共同认识。要改革某一事物，总得要对这个事物的历史和现状有所了解。为此，在这里对建国三十年来中小学语文课的教材和教学做一番历史的回顾，我们想是有必要的。

一

中华人民共和国成立后，我们对旧有的学校进行了根本的改造。一九四九年至一九五二年三年国民经济恢复时期，对旧学校，除了采取一系列行政、组织措施外，在课程设置、教材内容和教学方法等方面，也作了适当改革。当时使用的第一批语文课本就是以老解放区的语文课本为蓝本的。这是基于当时的斗争形势，主要是着眼于政治的需要。当时，全国的总任务是：巩固革命成果，巩固政权，完成民主革命遗留的任务，医治战争创伤，为发展国民经济做好准备。根据这个总任务，《中国人民政治协商会议共同纲领》明文规定了新中国的文化教育工作的方针是："以提高人民的文化水平，培养国家建设人才，肃清封建的、买办的、法西斯主义的思想，发展为人民服务的思想为主要任务。"当时强调各科教材要为这个主要任务服务。老解放区的语文课本，经过多次修改，比较重视为政治服务，有较强的政策观点，比较地能与斗争的实际和群众生活的实际相结合。因此，以老解放区的课本作为新教材的蓝本，是很自然的。长期以来，国民党反动政府主要是推行奴化教育、封建教育和资产阶级教育，语文课本的内容自然也从属于这样的教育路线。而这批新的语文课本，则给人们带来了崭新的思想境界，对转变学生（包括他们的教师）的思想，起了很大的作用，收到很好的效果。

但是，应当指出，建国初期使用的语文课本，注意了加强思想内容，强调了政策性和宣传教育作用，却忽视了语文这门工具课本身的任务。对语文基础知识，只在课后"提示"中讲了一点儿，系统性、科学性很不够。另外，选的课文大多是语体文，文艺性文章较多，这对当时教惯了文言文的广大教师来说，是很不适应的，不知道怎样教好。有的采取了解放区办干部训练班的办法，以"自学—讨论—总结报告"的方法来教语文课，把语文课教成了政治课。一九五三年七月，《人民教育》上发表的苏联专家普希金对《红领巾》观摩教学的意见，对我国中学语文教学方法的改进起了一定的推动作用，可是一些教师却从形式上照搬了他的意见，结果又把语文课讲成了文学课。

一九五三年至一九五七年第一个五年计划期间，我们一面对资本主义工商业实行社会主义改造，实行农业合作化，一面在搞大规模的经济建设。因此，"发展文化教育和科学研究事业，提高科学技术水平，积极地培养为国家建设、特别是工业建设所必需的人才"，就成了当务之急。这个阶段里的一件大事便是学习苏联经验。《人民教育》一九五二年十月号发表社论号召，"必须彻底地系统地学习苏联的先进教育经验"，要求教育工作者从苏联的教育经验中学习教育制度、课程设置、教材编写和教学方法等。这时候，大量引进了苏联的教学大纲和教科书，翻译了苏联的全部中学理科教材。在这个过程里，有些同志从苏联及欧美一些使用拼音文字的国家的语文课本的编法上，得到了如下几点启发。

一个启发是要多方面丰富教材的内容。当时，许多同志认为，理科教材学习苏联不但是应该的，而且是可能的；语文教材要学习苏联，是不可能的，因为是两种不同的语言和文字。于是便照搬了苏联的数理化课本，只是作了度量衡的相应改变和一些技术性的处理，内容几乎没有变动。可是另外一些同志，看法恰恰相反，觉得语文教材改革的幅度比其他学科还大。他们看到，不仅苏联的语文课本，而且欧美使用拼音文字的诸发达国家的语文教材，内容都相当丰富（当然，内容有好有坏，我们这里暂不论述）。这种做法启发他们提出了这样的意见：语文教学的改革，首先是语文教材的改革，而语文教材的改革的一个很重要的方面，是必须多方面地丰富教材的内容。内容丰富了很有好处，不仅有利于提高阅读和写作的能力，还可以多方面地启发学生的心智，开扩他们的视野，帮助他们更好、更全面地认识世界、认识生活，使他们的世界观建立在坚实的科学基础之上。

另一个启发是，小学低年级要以识字为重点。有同志注意到，苏联和其他欧美国家的小学语文课本，分量很重，阅读教材占了相当大的比重，教材内容很丰富。之所以是这样，乃是因为它们使用的是拼音文字，小学生入学后，经过短期间的学习，学会了字母，懂得一些简单的语法，很快就可以自己阅读。而我们的汉字学起来很困难，识字教学的安排又很分散，拖的时间很长，几乎整个小学阶段都没有完全脱离识字阶段，这样，阅读能力要在入学几年后才初步获得。很明显，识字，是学生学习的一大难关；这个问题不解决，学生的语文水平是不易提高的。基于这样的认识，一些同志提出了小学低年级应以识字为重点的意见，后来，又改提为小学低年级要以"集中识字"为主。

第三个启发是，我们的作文教学应该改革。有同志注意到，苏联以及欧美其他一些国家的作文教学形式是多种多样的，不限于命题作文一种，内容由小到大，由简单到复杂，由具体到抽象。这对于提高写作水平帮助很大。于是他们提出，我们的作文教学应当改革，要增加多种训练方式，使作文训练科学化。

由于看到苏联和其他一些国家是把范文的阅读和语言的训练分编为两套教材同时进行的，于是又启发了一些同志，把以往的中学语文课本分为《文学》和《汉语》两种课本，同时开设，目的是加强文学教育和语言训练。

以上这些由于受到启发而提出的改革意见和措施，就其本身来讲，都是好的，都是有积极意义的，如果坚持下去，让实践去做最后的检验，结论是不难得出的。但是由于种种原因，如社会上对这些提法和做法还不理解，宣传工作也做得很不够，有些东西未经实验就大面积搞了起来，此外还有不少长官意志的东西在不同程度上妨害了改革的进行，打击了改革者的积极性，结果，上述设想，在一九六一年以前，一条也没有能够实现。然而，随着时代的发展，对上述这些意见有所认识的人越来越多了，不少同志根据上述意见一直在坚持做改革语文教材和教学的实验，并且取得了可喜的经验。例如，粉碎"四人帮"后新编的全国通用语文课本，小学低年级就是以集中识字的方式来编的。

但是，学习苏联教育经验，问题是不少的。首先是片面强调"全面发展"，忽视了因材施教的传统经验。在苏联的学校里，优秀生必须是门门五分。我们当时照搬了这一条。由于当时中学教学计划也是参照苏联制订的，课程门类多，内容繁重，学生要争取"门门五分"，负担实在太重，健康受到很大影响。片面强调这样的"全面"，势必会妨碍学生潜力和才能的充分发展，不能发挥学生的学习主动性，难以做到因材施教。其次是忘记了继承我老解放区多年积累的教育经验。老解放区的语文教材，一般来说，结合社会实际是比较好的，课文也比较简短，这对于低年级学生来说，易学易懂。但是一强调全面学习苏联，就不再继承这些好经验了。第三是忘记了继承我国传统的语文教学经验，照搬了苏联的文学教学法，把语文课教成文学课，教学中引进了一整套分析文艺作品的术语和方法，以致中学（甚至不少小学高年级）的语文课，竟成了文学分析课、文学欣赏课。这种流弊，相沿至今，仍在很大程度上影响着中学语文的教学。以上三点都是由于当时对苏联的学习带有某些盲目性和迷信，说好就一切都好，缺乏具体分析和独立思考的冷静头脑。第四是一些改革措施（如《文学》《汉语》分科讲授）没有经过反复的实验，就推而广之，大面积铺开。这在我们这样一个人口众多，情况复杂，文化发展很不平衡的国家里，自然会突然集中一大堆难以解决的问题，从而妨碍了改革的进行。同时，有些改革计划，只经过一两次实验，失败了一两次，甚至连为什么失败都没有总结，就被宣判为错误的道路，勒令停止了。第五，既然要做比较大的改革，就得训练教师队伍，但是，当时没有做这个工作。许多教师不论思想上还是业务上，都跟不上这种新任务的需要，这也在某种程度上影响了改革的顺利进行。

一九五八年"大跃进"时期，提出了"教育大革命"的口号，"教育为无产阶级政治服务，教育与生产劳动相结合"的方针，得到十分广泛的宣传。但是在当时极"左"思潮的干扰下，一些人提出了许多超越可能、脱离实际的口号，有的人以革命词句为幌子，贩卖了许多荒谬的货色，对教育事业起了破坏作用。有的人片面理解教育方针，把加强政治思想教育和结合实际强调到极不适当的地步。学生大量时间参加劳动，放松了课堂教学，影响了教学质量。从语文课方面来说，把语文课教成政治课，已成为比较普遍的现象。同时，课本上和一些学校从报刊上选了一些宣传文章作为教材，这些文章受了当时浮夸风的影响，内容不真实，文风不朴实，文字比较粗糙，对学生的思想教育和读写能力的培养，起了不好的作用。

从一九六一年到"文化大革命"前这个阶段，我党对整个国民经济提出了调整、巩固、充实、提高的八字方针。教育上经过反复酝酿，于一九六三年提出了中学"五十条"和小学"四十条"，教学秩序逐渐恢复正常。至今仍为许多语文工作者所称道的那份语文教学大纲，便是一九六三年制订的。大家认为这份大纲比较正确地解决了语文教学中一些关键性的问题，在较大程度上纠正了来自"左"和右两方面对语文教学的影响。广大教师对一九六三年的教材也比较满意，意见少了，教学态度认真了。语文基础知识的教学和基本技能的训练，得到广大教师的重视。语文教学上互相观摩、共同研讨的学术空气较前大为浓厚。语文教学领域出现百花齐放、百家争鸣的新气象。许多先进学校和优秀教师，在教学改革中创造了对提高教学质量行之有效的经验，使各种学生都能得到生动活泼的、主动的发展。这个时期的教学质量有了明显的提高。

历史来到了林彪、"四人帮"横行时期。在这十一年，语文教学领域同其他一切领域一样，惨遭破坏，造成建国以来历史上一场空前内乱。建国十七年来，特别是一九六三年以来的语文课本被扣上了"为刘少奇反革命修正主义路线制造舆论""贩卖封资修黑货"的大帽子，加以彻底否定。到了一九六八年，"复课闹革命"以后，在所谓"群众路线""开门编书"的口号下，各省都集中了一大批教师，并吸收工农兵参加，开始编写所谓"崭新的""无产阶级自己的"语文教材。这些教材"新"在哪里呢？一是以极"左"的口号来宣传毛泽东思想，以毛主席语录或经典著作作为"统帅篇"(语文教材中语录课、经典著作，无论小学、初中，还是高中，都占有很大的比重。当时有的领导人竟然规定小学语文中的语录课应不少于50%)。二是大搞实用主义，无视语文知识的系统性和科学性，根据当时的政治形势，围绕"批判稿""小评论"之类来编选课文。三是根本不承认什么教育规律、教育思想和学科特点，把为无产阶级政治服务归结为"紧跟形势"，公然要把语文课编成政治课。有的地方干脆把语文与政治合起来，编成什么《政治语文》。

到了"四人帮"横行的后期，我党的几个重要舆论工具全被他们的黑手所把持，成为他们篡党夺权的工具，所广播和所刊登的文章大多是服务于他们的反革命政治目的。当时许多地方的语文课本不得不以"两报一刊"上的文章为准。尽管从一九六八年开始，许多编书的人就心有不满，许多教书的人就口有骂声，但哪一省的课本能逃脱他们的魔掌呢！这个时期的语文课本思想之荒谬，内容之单调，文字之粗劣，到了极为严重的程度。

语文教材如此，语文教学又怎么样呢？当时，语文教学上普遍出现了许多滑稽的有些甚至是儿戏般的作法。例如小学生以写"革命儿歌"来代替识字和写作，中学生以写"批判稿""小评论""决心书"来代替语文基础知识的学习。于是，抄书抄报，"穿靴戴帽"，"父母代笔，越俎代庖"，成为极普遍的事情。学生的作文尽是空话、假话、套话，除了喊口号，就是表决心，不论什么题目，什么内容，都这样来应付。林彪、"四人帮"统治的十一年，学生的语文水平是建国以来最低的，低到令人可怕的地步。这是一次大倒退。

"四人帮"终于被粉碎了。我们党的优良传统正在逐渐恢复，科学文化与教育事业得到很大的重视。实事求是的文风正得到大力提倡。人心思大治，举国望统一。教育部很快组织了人力，编写了中小学各科教学大纲和大部分学科的教材。这对统一认识、统一教学、稳定教学秩序、提高教学质量，确实起了不小的作用。

统编的中小学语文教材，内容丰富了，分量加重了，科学性加强了，但是，还有一些问题没有解决好。比如小学语文，虽然体现了低年级集中识字的要求，但没有注意到课文应力求简短，以便教学上集中力量加强识字。中学语文课本入选的范文，有些还不够典范，文字加工工作做得还不够细。

二

通过以上三十年语文教学的回顾，我们感到有这样几个问题，需要谈一谈我们的看法。

首先是关于语文课的性质与任务问题。这是过去争论了多年，至今还在争论的问题。争论的焦点是语文教学与思想政治教育的关系，更明确地说是如何正确理解语文教学中思想政治教育的任务。语文课是工具课，是培养学生掌握语言文字这一工具的课程。它的主要任务应该是训练学生识字、写字，培养学生的阅读能力和思维能力，培养学生口头语言和书面语言的表达能力。那么，语文教学中有没有思想政治教育的任务呢？我们的回答是：有，但不是语文课的主要任务，而且也不应是与培养语言文字能力平列、并重的任务。理由如下：

1. 中小学各科课程都有其各自的独特任务，正是基于这些独特的任务，才划分为这一门一门的学科。语文课的独特任务就是培养语文能力，而且语文能力的培养只有靠语文课来完成，别的课只能稍有辅助，但绝不能代替。思想政治教育的任务，各科不同程度地都承担一些，但以思想政治任务为独特任务的，只有政治课一门。诚然，语文课的政治性很强，这的确与数理化等科不同，应该注意这个特点，充分发挥语文教学中思想政治教育的作用。但是，政治思想性强并不能改变它的独特任务。历史课也是政治性很强的一门课程，我们不能因此就说思想政治教育是历史课的主要任务，或者说思想政治教育与传授历史知识是历史课的双重任务。

2. 就教材的编选来讲，语文课与政治课大不相同。政治课是进行思想政治教育的主要课程，编选政治教材必须全部着眼于政治内容，而且这些材料还必须选取得完整，编排得有系统。语文教材的编选则不同。语文课虽然是政治性很强的课程，课文的编选也应注意文章的思想内容，但每篇课文不一定都是政治性很强的，甚至有一部分课文就谈不到政治性，如一些科学小品文、记叙文、应用文。可是这些文章是日常阅读和写作中需要的，应该学，只要文章典范性强，就可以选为课文。而且，语文教材中属于思想政治教育的课文应选多少，应选哪些方面，都不便严格限制，编排体系更没有一定规格，应主要着眼于提高学生的读写能力。而以往那种按思想内容出发来选课文、编单元的作法，正是混淆了政治课与语文课性质的一个具体表现。

3. 就教材的讲法而言，语文课与政治课的讲法也是很不相同的。教语文必须通过讲清楚字、词、句、篇章的确切意义去理解课文的内容（包括思想政治内容），不应该架空地讲，或作漫无边际的发挥。教政治则主要在让学生领会精神实质，可以离开课文引申发挥，直接进行思想政治教育，字、词、句、篇几乎可以不讲。用教政治课的方法教语文，把语文课教成政治课，这是完全错误的，因为它抹煞了语文课的特点，不能完成语文课独特的任务。

语文课是工具课，有其独特任务，这本来是很清楚的。把语文课教成政治课，或者说把思想政治教育与语文能力的培养并列为语文课的双重任务，是强调政治挂帅过了头，强调语文课的政治性过了头的结果。这种过头的强调是极"左"路线的产物，这是二十多年来语文课性质、任务混乱不明的原因，是历史给予我们的惩罚。

其次，关于语文教材的编选原则，有如下几点值得提一提。一是应该适当加重教材的分量，内容应该丰富多采，入选的课文，典范性一定要强。要选名家名作。二是可以结合写作训练，单独编写一套指导写作的教材。这套教材要有很强的针对性，内容要浅显易学，不限名家名作，编排要由浅入深，由简单到复杂，训练形式一定要多样化。三是对语言训练，最好是能找出一条切实可行的途径，编写一套既容易学又有实效的教材，如果目前办不到，可暂时结合课文在课后及单元后适当安排一点。语言训练是我们语文教学中一个被忽视的重要方面，也是以往用心不够的薄弱环节。这个问题在欧美一些国家里，是从幼儿教育就入手抓起，并且有一整套训练措施的教育项目，我们不应该如此忽视。实际上，语言训练与读写能力的培养是相辅相成、相得益彰的。四是关于文言文。我们的意见是，集中一段时间、集中一些内容、有一定系统性地来学比较好。或者初中竟不学文言文，高中文理分科后，文科集中多学；或者就从初中起，集中地学一些文言文。文言文的选篇也要有一定的计划，应把选文和文言文有关的知识结合起来，也就是说，要注意到文言文知识的系统性。五是小学低年级应当编有集中识字的教材，力争小学二年识字量达到或超过二千。

第三，关于语文教学的几个要点。一是课堂教学要力求少讲。讲得多，势必会满堂灌，势必减少学生自学的时间；讲得多，也会有面面俱到，不突出重点的情况。况且许多文章也不需要细嚼烂咽地去讲。这样的讲法，常常使学生失去对文章的兴趣，有味同嚼蜡之感。其实，讲文章，不需要全面讲，只要根据文章特点，针对学生的需要，提出几点讲一讲就行了。教师的作用在于引导，在于启发。引导学生领会其妙在何处，启发学生举一反三，联系自己的写作实际从中学到点儿什么。叶圣陶先生说："'讲'都是为着达到用不着'讲'，换个说法，'教'都是为着达到用不着'教'。"这是深谙教与学其中三昧的话，是很值得我们三思领会的。学生在课堂上的活动主要是读。教师要教给学生好的科学的读书方法，使学生读得有目的，读得有收获，最好是能读出问题，不仅要知其然，还想知其所以然。二是关于作文教学。作文，除了命题作文外，还要采取多种形式，诸如写话、看图写话、日记、书信、缩写、扩写、改写、整理、拟提纲，等等。就是命题作文，也要切合学生实际，要做到学生有话说，敢说话，即使想得不对，也允许说出来，通过教育使他们改正这种想法。换句话说是从小鼓励学生说真话，说心理话，不说假话，不去按照教师或家长的脸色或意图说话。我们提倡的作文就是写话。练习把话说完整，说通顺，说得有条理，然后再是说得有文采，有讲究。要探索出一套由易到难、由简单到复杂、由记叙到说理这样的训练方法，力求使作文训练的程序做到科学化、系统化，有标准、有要求、有实效。那种认为作文之道，只可意会，难以言传，或者认为作文全凭天赋的观点，是不科学的。

第四，关于语文课的教材与教学的科学化问题。语文课的教材与教学的科学化有两条标准。一是有道理，二是有实效。就是说，既要有理论根据又要有实际效果，要理论和实践两方面都站得住脚。算不算科学化，不是某一个人说了算，要靠大家的共同努力，要通过实践的检验。这里既需要继承，更需要创新。我们搞的是中国的汉语言文字的语文，需要批判继承我国传统的语文教学经验，我们也应该而且可以吸取其他国家语文教学的优点。可以多编几种课本来进行实验。教学方法也应允许各辟蹊径。不要长官意志，不要以权压人。放手让大家实验，尽量让人们讲道理。教育主管部门的责任是加强领导，有计划、有热情、有恒心地组织这些实验，广泛交流情报，给予切实的指导和帮助，做到心中有数，及时总结，争取尽快地把语文教学引导到科学化、现代化的道路上来。

（原载于《甘肃师大学报（哲学社会科学版）》1979 年第 3 期）

改进语文教学　提高教学质量

　　现在中小学学生的语文程度普遍比较低，严重影响着整个教育质量的进一步提高。对此，社会各方面都很不满意。如何改革呢？我的意见是：丰富教材内容，改进教学方法，减轻学生负担，提高教学质量。这个意见乍看起来前后矛盾：既要丰富教材内容，又怎么能够减轻学生负担，提高教学质量呢？其实并不矛盾，因为后两句是以前两句为前提的，只要教材内容丰富，教学又很得法，就可以减轻学生负担，提高教学质量。

　　早在一九五四年，人民教育出版社翻译了苏联中小学的阅读课本，小学全套四本，学习四年，汉文译稿共约八十万字。我们一九五四年的小学语文课本，全套学习六年，才三十万字；苏联中学文学课本汉文译稿，估计五年级十七万字，八年级四十万字，十年级一百万字。当时我们中学语文课本的字数没有精确统计，但就我所知，北京景山学校自编的语文教材的字数比全国通用教材的字数多，而它的八年级语文教材也不过只有十六万字，和苏联教材在数量上的差距是很大的。这一事实对我们一部分编写语文教材的同志很有启发：苏联用的是拼音文字，儿童掌握文字工具比我们学习汉字容易，一般用半年左右的时间。但是，我们如果及早用二年时间基本上解决了识字问题，不是也可以大大增加阅读教材的分量，从而更快地提高学生的读写能力吗？基于这种认识，我们认为可以从以下两个方面改革我们的语文教学：

一是小学一、二年级以识字为重点，集中识字，两年识二千字左右，为阅读和作文打下基础。

二是从小学三年级起以至整个中学阶段要大量阅读，即增加语文教材中的课文，使学生在教师的指导下，学习内容丰富、题材广泛、形式多样的各种文章，给学生丰富的精神食粮，启发他们的心智，从而提高阅读和写作的能力。

关于集中识字问题。民国初年的小学国文课本，每学期五十至六十课，两年可识一千七八百字。抗日战争时期陕甘宁边区的小学国语课本，每学期四十课，两年可识一千四五百字。当时都未提集中识字，各方面的条件也比现在差得多。现在我们的课本完全可以按照以识字为重点的要求编写，教学方法也可以本着集中识字的精神力求改进，又有比较充裕的教学时间，按照两年识两千字的要求计算，大约平均每天教四个多生字，每一课时教两个生字。因此，只要我们有意识地以识字为主，集中教学力量，两年识两千字的目标是完全可以达到的。

对集中识字，现在虽然也还有赞成与反对的两种意见；赞成集中识字的，在如何集中的方法上，意见也不完全一致。但有一点是完全统一的意见，即都主张小学低年级应多识字，识到两千左右。

关于大量增加阅读教材问题。如上所述，民国初年和老解放区课本中的课文都比较多，后来减少至每学期三十来课，又减至二十多课，到林彪、"四人帮"横行时期，少到每学期只学十几课。这难道是因为后来的学生比先前的学生笨吗？当然不是。造成这种现象的原因，除了林彪、"四人帮"宣扬的"读书无用论"的影响之外，主要是我们负责编教材的部门的指导思想不明确，教师的教学方法也有问题。

据了解，过去有的小学语文教师一课讲四五节，有的中学语文教师一课讲六七节，每课都要详细地介绍时代背景、作者，分析主题思想、人物形象、写作特点等，按照一定的模式讲授所有的课文，有的一篇课文一周还讲不完。这样，学生能不厌烦吗？他们认为不讲学生不能理解，因而总想讲细一点，多讲一点，结果讲得越多，时间越长，学生越不感兴趣。封建社会的私塾用的课本是文言文，老师讲课无非是把文言讲成白话。现在的课文大都是白话文，老师不宜讲得过多，要把注意力放到培养学生独立阅读的能力上，做到举一反三，使学生从依靠老师学，到没有老师自己也能学。要从学生的实际出发，讲求实效，不讲不必要的东西。我认为中小学讲读教学，应该实行精讲精读与略讲略读相结合，从小学三年级直至整个中学阶段，在教师方面精讲与略讲并举，在学生方面精读与略读并举，双管齐下，配合进行。精讲精读的课文，一般适宜篇幅简短，便于教师各方面都讲到，也便于学生多读、熟读，细心体会，钻研文章的技巧。略讲略读的课文，篇幅可长可短，只要内容生动，对学生有吸引力，深浅大致适度，写法上有某些优点即可。教师讲的时候只着重讲其特点，让学生注意学习，不必面面俱到，样样都讲；学生也不必熟读，读一二遍即可。略讲略读的课文其作用在于增长学生的知识，开阔学生的眼界，丰富学生的语言，提高学生的思想，培养学生读书的兴趣、习惯和能力，这对写作是很有帮助的。

上述改革意见是不是空想呢？不是！今年四月，我在北京与一些中小学语文教师交谈过。他们认为，少年儿童记忆力强，模仿性也强，接受潜力很大，语文教学改革有广阔天地，应该多教多读，这不仅能够巩固识字，而且有利写作。

他们大量补充课文，所补充的课文，约等于现行课本的分量。他们争取小学阶段完成现代语文的要求；初中阶段继续提高，增学文言文，达到高中毕业的语文水平；到高中阶段就可以集中时间和力量，学习数、理、化等自然科学。他们说，教学是一门科学，也是艺术，一课书的教学目的与方法不应公式化，人人一律；而应根据学生的程度与教学需要，由教师决定教学重点和方法。就一篇课文来说，只应着重讲它的某些特点，不要面面俱到。如《谁是最可爱的人》一课，可以着重讲积累词汇的方法，也可以着重讲夹叙夹议的特点，也可以着重讲三个故事用一个主题贯穿起来的方法。究竟着重讲哪个，可根据当时学生和教学的需要确定。这样，既可节约时间，又能收到实效，对阅读和写作都会有帮助。他们认为有重点的讲法，根据学生的接受能力，可以讲深，也可以讲浅。例如《谁是最可爱的人》，若把三个故事分开，在小学里就可以讲；三个故事合成一篇，在初中、高中都可以讲，可以根据不同对象提出不同的要求。

但是，有的同志却认为：现行课本还教不完，如果再增加分量，势必加重学生负担，学习就会更不扎实，质量就更无保证。

对于这个问题应作具体分析：学生的负担不应加重，学习应力求巩固，这当然是对的。问题是使教材丰富并不等于加重负担。因为字量不是决定教材分量轻重的唯一标准，字的生熟、词的难易、句的繁简、事情的生疏和熟悉、道理的深奥和浅显，这些都和负担的轻重有直接关系。因此，在各种条件改变了的情况下，加长篇幅与增加字量，不但不会增加负担，往往还可以减轻负担。

现行全国通用的中、小学语文课本的分量已有增加：小学每册四十多课，中学每册二十四到二十六课，另有几课专讲语文知识，合计每册三十课左右。这比"四人帮"时期增加了近一倍，比"文化大革命"前的课文也略有增多，内容比较丰富，形式也多样了，这是一个改进。但新编教材是全国通用的，考虑到当前有的教师水平不高，学生程度也比较低，增加的课文还是有限的。我认为有经验的教师，除了教完通用教材外，还可酌情补教一些；一般教师，也应力争把新编通用教材教完。吕叔湘同志去年写了一篇《关于中小学语文教学问题》，文中说到："是不是有的教师一学期连一本教材也教不完呢？也确实是有的。说句不客气的话，这不是学生消化不了，而是教师讲课犯了主观主义的毛病，把宝贵的教学时间给浪费了。"这一批评，我认为对大多数教不完教材的教师是适用的。我们确有一些教师在课堂上讲得太多，有的在政治方面发挥过多，把语文课教成政治课；有的在文学方面讲得太多，把语文课教成文学欣赏课或文学创作课，结果教师费力、费时不少，但教学的效果很差，真是事倍功半。吕叔湘同志在这篇文章中又说："总之，讲课要实事求是，讲与不讲，多讲与少讲，一切看学生的需要。不是每一篇文章都要按一定的公式讲下去的。这样一来就出了个问题：一本语文课本可能一个月或一个半月就教完了，怎么办呢？很好办，教完了再加一本就是了。我们的语文课本可说是世界各国最薄的一种。"很明显，他是主张教师在课堂上少讲，尽量多教一些课文的。

为什么教师要少讲呢？我国语文教学的老前辈叶圣陶同志去年也写了文章，文中有一段话讲得非常好，解决了这个问题。现在抄录如下：

"讲"当然是必要的。问题可能在如何看待"讲"和怎样"讲"。说到如何看待"讲"，我有个朦胧的想头。教师教任何功课（不限于语文），"讲"都是为了达到用不着"讲"，换个说法，"教"都是为了达到用不着"教"。怎么叫用不着"讲"用不着"教"？学生入了门了，上了路了，他们能在繁复的事事物物之间自己探索，独立实践，解决问题了，岂不是就用不着给"讲"给"教"了？这是多么好的境界啊！教师不该朝这样的好境界努力吗？再说怎么"讲"。我也曾经朦胧地想过，知识是教不尽的，……语文教材无非是例子，凭这个例子要使学生能够举一反三，练成阅读和作文的熟练技能；因此，教师就要朝着促使学生"反三"这个目标精要地"讲"，务必启发学生的能动性，引导他们尽可能自己去探索。倾筐倒箧容易，画龙点睛艰难，确是实事，可是为了学生的长远利益，似乎不应该怕难而去走容易的途径。这就需要研究。

这段话讲得很清楚、很深刻。如何看待讲，说的是讲的性质、任务、目的；怎样讲，说的是讲的方法。讲的目的是为了将来用不着讲，方法就要向这里努力。怎样努力呢？不要倾筐倒箧，把一切都给学生讲完；而是要画龙点睛，讲最必须讲的。要启发、引导学生的学习自动性、积极性，在积极学习的过程中遇到困难，予以指点，帮助学生解决一些关键性的问题。我国传统的经验说："学习全靠自用心，教师不过引路人。"从来学生学得好是教师"引"出来的，不是教师"讲"出来的。如何"指引"，如何启发，当然不是很容易的，所以叶圣陶同志说"这就需要研究"。我们语文教师就是要在这方面多多下功夫，备课工作，就有一部分是要认真根据学生的情况与课文的特点，考虑如何精讲，如何讲在点子上。

语文课减轻学生负担，提高教学质量的办法，当然不只丰富教材内容，改进教学方法两条，另外还有语言教学与写作训练的科学化等问题，也很重要。不过课文太少，教师课堂讲的大多是比较普遍、比较突出的问题，因此，我这篇文章只讲了丰富教材内容与改进教学方法两点。

（原载于《中学语文教学》1979年第6期）

对识字教学争论的一点建议

近年来小学识字教学方面有这样一个争论的问题：究竟是集中识字好呢，还是分散识字好？过去，我也是主张集中识字的，一九六一年以来先后发表过三篇文章，申述自己主张的理由。但是近来我倒另有个想法，觉得这个争论的提法没有抓住问题的实质，且容易使人产生误解，不如改一个提法好。怎么改呢？改成这样：小学的识字任务，主要集中在一、二年级好呢，还是分散安排在整个小学各年级好？这样提法既明确易解，正确意见也容易得到更多同志的支持。

这是一个新的提法，其实也是一个老早的旧提法。一九五四年人民教育出版社草拟的《改进小学语文教学的初步意见》和一九五六年教育部公布的《小学语文教学大纲》，都提出小学一、二年级以识字为重点，要求增加识字数量。那就是主张把小学的识字任务主要放在一、二年级，不要分散安排在整个小学各年级。集中识字是从辽宁黑山北关小学提出来的。黑山的做法是小学一、二年级集中识字，集中的办法是同音归类，把读音相同的常用字放在一起识。从此以后，人们似乎把一、二年级以识字为重点理解为同音归类的识字方法了。本来识字为重点，只是要求一、二年级多识些字，并没有限制识字一定得采取哪种方法。

同音归类也好，形声字带字也好，基本字带字也好，随课文识字也好，这都是识字的方法。

问题的实质是一、二年级应不应和能不能多识字，而不是识字采取哪种方法。我在一九六一年写的文章主张集中识字，也是主张随课文识字，对同音归类、形声字带字等只赞成放在练习里，不赞成作为主要的识字教材。我提出改进识字课文的一些想法，主张课文要简短，生字密度要大，要多用韵文，形式不拘一格，杂字书形式、谜语、谚语、儿歌、民歌、古诗、新诗、寓言、故事等等，短小精悍而便于诵读的，都可以作为识字课文。这是为了便利教师集中力量教字，便利学生集中力量识字，从而保证识字效率的提高。至于集中识字的方法，不必强求统一，可以各持其是，各做实验，通过实践来检验哪种方法更好些。这里值得注意的一点是：不要把一、二年级多识字与同音归类等同起来。

为什么要主张一、二年级多识字呢？这有个由来。在建国初期，我们编写教材的同志也积极地学习苏联经验。一九五四年我们把苏联的小学语文课本（叫阅读课本）全部翻译出来了。他们小学四年的课本译成汉语共约八十万字（俄语即语法、正字法课本还在外），当时我们六年的小学语文课本总共才三十万字。这个事实引起我们编审小学语文教材同志的极大注意。为什么苏联儿童四年能学分量这样多、内容又十分丰富多采的教材呢？难道苏联儿童比中国儿童聪明吗？这不会是事实。我们研究的结果，认为主要由于人家用的是拼音文字，用半年时间就可认会字母，学会拼读和拼写，这就初步掌握了文字工具。掌握文字工具以后，只要内容浅显、生词不太多的文章，都可以作为教材进行教学了。我们差距很大，主要由于我们用的方块汉字，识字困难得多。可是我们进一步又想：汉字这一文字工具难道不可以设法及早掌握吗？半年不可能掌握，两年可不可以掌握（当然是初步掌握）呢？如果我们提高识字效率，两年识到两千来字，三年级以后阅读课数就可加多，课文内容也可丰富多采了；小学六年即使读不到八十多万字，读四十多万字总是可以的。基于这种想法，一九五四年就提出一、二年级以识字为重点。当时我们把问题看得太简单了，工作做得不细，既未办实验班和认真总结推广优秀教师的先进识字教学经验，又没很好地开展关于多识字的必要性和可能性的宣传，以取得广大教师和社会的普遍同情和支持。结果，新课本小有改革，增加了识字量，一出来就遭到各方面的责难和反对，没能行通。一、二年级多识字，三年级以后大大丰富教材内容，我至今仍认为这是语文教学的重大改革。这一改革是有充分的道理的，也是可以行得通的。可是由于种种原因，多年未能实现。粉碎"四人帮"后新编的小学语文通用教材，一、二年级识字量有所增加，现在受到的责难仍然很多。当然原因是多方面的，很复杂，不单是习惯势力的问题。不过，我们从领导角度讲，一种改革要行得通，必须在宣传特别是实验方面多下一番功夫。就我说，这是一条很深切的经验教训！

（写于 1980 年）

（原载于《论语文教学及其他》甘肃人民出版社 1982 年第 2 版）

谈谈学生作文入门指导

　　我经常听到一些同志说，现在不少中小学学生感到作文困难，提起笔来无话说，不敢写。为什么会出现这种情况呢？其原因可能是多方面的，但主要是教师在指导学生作文方面存在着偏向：有的教师在指导学生学做作文时，不是教学生有话说，敢说话，拿起笔来拉得开，把他们想说的话，能够写出来，而是有意无意地定了许多清规戒律，限制学生写他想说的话。有时学生写了想说的话，教师不仅不加鼓励，反而抹掉，甚至批评、指责；有的教师把语文课教成文学课，讲文章和批改作文时，喜欢美丽的词句，而不考虑是否切合实际；有的教师把语文课教成政治课，要求学生的作文要有很强的思想性，而不考察所写内容是不是事实和真实的思想感情；有的教师要求学生的作文跟着课文走，机械摹仿课文的词句和写法，学了鲁迅先生的《一件小事》，在作文中为了突出工人叔叔的"背影高大"，竟不顾事实，骗造故事，虚构情节；有的教师对学生的作文要求太高太死，写什么内容，分几段，如何开头，怎样结尾，发表什么感想，都作了规定，甚至提供应用的词汇，提出必须达到的字数，让学生按照一定的程式套，学生离开教师，就无法下笔；还有一种比较普遍的现象是，教师出题不顾学生的生活实际，而凭个人一时的感想，使学生见了题无话可说。凡此种种，都束缚了学生的手脚，禁锢了学生的思想，使学生不知教师要求什么，或者盲目地跟着教师的指挥棒转，感到作文与说话不一样，硬使作文与说话分家。其结果正如我国著名语言学家王力同志说的："现在一般中学生上作文课，心里想着，我现在是写文章了，不能和平常说话一样，应该多加一些词藻，结果是越写越不好。"这些错误的作文指导方法，一定要加以纠正，否则就不能很好地解决学生感到作文困难的问题，从而引导他们走上作文的正路。

指导学生作文有许多问题，如入门、命题、批改等等。这里只着重讲一下作文的入门问题。

作文怎样入门呢？根据许多人的实践经验，作文要循序渐进，即由说到写，由述到作；同时说与写、述与作，都要由简到繁，由易到难。口说总是比较容易的，最初练作文，应先让口说，再让笔写。写时先写三、五句话，再逐渐加长。述是讲简单的、比较固定的东西，如看图写话，或者听了简短的故事后，用笔写出来。这里没有选材的问题，比较容易做。作文即命题作文，就和这种做法不同了。如写国庆节的活动，写参观了展览会，不能把所见所闻都写上，而要在许多材料中选取。它的灵活性、伸缩性很大，问题比较复杂，写起来也困难，需要一番创造性劳动。因此，作文也叫创造性作文。这种作文小学一、二年级不必练，三年级可少练一些，四、五年级才可多练。不能一学作文就搞命题作文，这容易把学生吓住。要使学生作文入门、上路，首先就要使他们不怕作文，敢作文。而要做到这一点，就必须坚持"文从写话起"的原则，反复教育学生了解作文就是用笔说话，想说什么，就写什么；话怎么说，就怎么写。这就是使学生的作文向说话看齐，跟着说话走。我国语文教学的老前辈叶圣陶同志也指出："口头为语，书面为文，文本于语。"因此，他曾建议将中小学的作文改称"写话"。话从哪里来呢？

这是很明白的，学生的话是从他们的生活中来的，他们所说的一切，无非是他们的学校生活、家庭生活、社会生活的反映。因此，文从写话起，不仅解决了语言问题，而且解决了内容问题。果真做到这一点，学生所写的自然会是实际事物，会是他们熟悉的事物与他们真正的思想感情，决不会再感到无话可说、作文困难了。

只要学生作文时有话说，敢说话，至于写得不好、不通、杂乱等毛病，都是可以逐渐纠正的。如果学生不敢说，不敢写，那你怎能发现毛病，又如何指导纠正使其逐步提高呢？我国宋朝的谢枋得在他写的《文章规范》中，把文章分成两大类，一类叫放胆文，是粗枝大叶、畅所欲言之文；一类叫小心文，是词句篇章更加精炼之文。他主张先学放胆文，再学小心文。理由是凡学文，初要胆大，终要小心，由粗入细，由俗入雅，由繁入简，要使初学者见文之易，不见文之难。这个经验符合学习作文的客观规律，很值得我们重视。可是有的教师却担心如果放手让学生说自己想说的话，写出错误甚至反动思想怎么办？我说这也不要紧。学生如果有反动思想那是客观存在，说出来比不说出来的好。说出来了，才好进行耐心细致的教育，帮助他提高认识，改正错误。我们不应要求有错误或者反动思想的学生写革命的文章，这样做是鼓励学生说假话，当两面派、伪君子。我想这种做法不论父母和教师都是不会赞成的。正确的做法，应该像叶圣陶同志在《大力研究语文教学，尽快改进语文教学》一文中所说的："在作文教学中，首先要要求学生说老实话，绝不允许口是心非，弄虚做假。比如，学生作文说他学雷锋，曾经搀扶一位老太太过马路，首先要问有没有这回事，其次才看写得好不好。要是根本没有这回事，那就可见这个学生所受'四人帮'的影响还在他身上作怪，那就必须恳切地严肃地对他做思想工作，直到彻底消毒才罢休。"只有教学生说老实话，才能把文章写得通顺；反之，则往往画虎不成反类犬，惹出许多笑话。对于这一点，我国无产阶级的文化战士郭沫若同志在《关于文风问题》一文中曾经说过："我们平常讲话，很少讲不通的话，这是因为讲话老实，有什么就讲什么。可是写起文章来，苦心孤诣地一经营，往往弄巧反拙。……现在一般的毛病是爱修饰；修饰得恰当，当然好，修饰得不好，可就糟糕了。比如女同志打扮得好的很漂亮，打扮得不好的就糟了。"因此，我们在指导学生初学作文时，一定要求说老实话，还要提倡写得平实、朴素，反对堆砌词藻，矫揉造作，华而不实，使作文和说话一致起来。只有首先教学生老老实实地把所见所闻和真实的思想感情用自己的话写出来，对作文不害怕，敢说敢写，才能在教师的指导下，在不断实践的过程中，逐步提高学生的写作水平。

为了帮助初学作文的学生打开思路，破除他们对作文的神秘感，引导他们走上学习作文的正路，我在一九四五年在陕甘宁边区教育厅工作时，曾经编过《儿童日记》《儿童作文》各一本，收集了边区各地小学生写得较好的日记、作文各三十多篇。在这两本书的"编者的话"中，我针对当时学生在写作过程中普遍感到的困难，提出了解决的意见。后来听到许多教师和学生反映，这些解决作文困难的意见和所选的日记、作文，对他们有很大的帮助，至今还有保存的。现摘录其中的一部分，供同志们参考。

《儿童日记》"编者的话"中，有这么几段：

> 有的小朋友说，我不喜欢记日记，因为我不知道该记什么。不错，这的确是一个问题。这个问题该怎么解决呢？我的意见是这样的：小朋友，你大胆些，随便些，不要把记日记看得那么艰难。什么事情都可以记，你在学校做的事情，你在家庭做的事情，你在家庭、学校、社会见到的事情，你有时想到的事情，如上课、吃饭、游戏、生产、走亲戚、赶庙会、吵嘴

打架、帮助别人、梦想、回忆、计划……这一切都是可以记的，记下来就是日记。

有的小朋友说，我知道那些材料可以记，但不知道怎样记法，下不了笔，记不成，因此我也不喜欢记日记。不错，这也的确是一个问题。但是不知道怎样记法，也有几等几样的，你们所不知道的是哪样呢？如果是觉得一天做过见过的事情太多，全记记不完，选记又不知该选哪些。那么，事情很好办，你不要全记，不要乱记，只选择中心记，选你最喜欢的事情记，选你最感动的事情记，选最新奇的事情记。一篇只记一件两件事情就好了，不要贪多。或者以一件事情为主，别的事只简单提一二句。这样记出的日记，篇篇有中心内容，有新鲜材料，一定是很精彩的。不会像有些小朋友的日记，每天差不多都是："我今天清早起来，洗了脸，上自习，……吃了早饭，上了三堂，……吃了午饭，又上了……吃了晚饭，……睡觉了。"这样老一套的日记，没有新材料，缺乏中心，千篇一律，使人读不下去，是不好的。

如果你是不知道该记的长些还是短些，我说长短都可以。你认识的字多，会写的话多，想记的事情也多，就可记得长点；事情少，不会写，短点也行。好坏不在记的长短，在你记的事情和记的方法。

如果你是不知道该从哪里记起，那么，你就随便记好了，从哪里记起都可以。你要记的事情，口上是怎样对人讲，你就怎样记吧。万不要因为不知该从哪里开头，就停笔不记。

如果你是不知道记日记该用土话还是该用普通话。我的意见，会用普通话，就用普通话；不会普通话，用土话也可以。不论土话或普通话，如果遇到不会写的字，就问问同学或老师。同学不知、老师不在时，就留下空格，以后问好再补写。万不要因为几个字不会写，就不记下去了。

《儿童作文》编者的话中，也有这么几段：

我和许多小朋友谈过话，他们说作文最不容易学，遇到作文就发愁。我也见过他们的作文，作得真是不大好，有的没有话写，只是空洞敷衍几句；有的胡拉乱扯，写了许多，说不清楚；有的写得不真实，不动人。你们是不是也有这种情形呢？如果有，请用心看看这本书，看了对你们的作文一定有好处。这三十几篇作文是从几百篇里边选来的，虽不敢说没有缺点，但它们有一个共同的优点，就是篇篇有话说，内容充实，并且写得清楚、真实、动人。你们看了以后，思想就会打开，知道写什么东西，怎样写法，慢慢也会写出好文章来。

有些小朋友也许要说：我们知道的事情很少，怎么能写出好文章呢？这话是不对的，你们看这本书里周密写的《我的家庭》，杨拴拴写的《我的母亲》，多好啊！难道你们连自己的母亲、父亲、兄弟、姐妹都不知道吗？把他们如实地写出来，就是好文章。你们知道的事情并不少，你们喜欢的老师，接近的同学，做过的事情，见过的事物，懂得的道理，这一切都是你们作文的材料。只要你们有条有理地把它写下来，就是好文章。这本书里的每一篇文章，就是这样写出来的。

总结起来说，作文的方法第一步要大胆，要敢说，要想说什么，就写什么；话怎么说，就怎么写。必须这样，作文才能开步走，才不致见了题就发愁。至于要把作文写好，当然这还不够，还要多参加各种活动，扩充自己的经验；多了解各种事情，增长自己的见识；多读书，多研究问题，提高自己的理解。这些是作文的第二步，以后有机会再讲，这里不谈了。

下面，再选录几篇入选的儿童日记和作文：

和客人谈话

三月十二日晴天

延安市磨家湾民小一年级姬世舟（十一岁）

前天下午我来学校时，同学们都来了。我到了学校，一位客人问我说，你叫什么名字，我说我叫姬世舟。他说你把你的名字写下来，我就写下来。他考了我几个字，又问中国人好呀，日本人好？我说中国人好。他又问你打日本不打？我说打哩！我把夜晚做过打日本的梦也讲了。我梦见我跟谢进才、徐福和、阎马拴和日本娃娃开火，我们把他们打垮了。我们把他们的刀子枪都拿过来，抬在家里，要交给八路军。他就什么话也不问了。

显微镜下面看虱子

四月十四日阴天

延安市磨家湾民小二年级谢进才（十六岁）

昨天我们上了两课，先生说你们回去吧，我们没有回去。一阵，来了中央医院的人啦，他们拉着马，后面跟着几个人。他们问：你们哪个身上有虱子？给我们寻一个。我就在一个同学的身上捉了两个虱子。他们拿上放在显微镜下面，就给我们看，看了一阵。虱子有碗大，可怕人咧！他们又叫我们看生水，看见生水里有虫虫，有指头大，真是怕人！我以后再不敢喝生水了。有病菌在生水里，喝了就会生病，我们喝水要喝开水。

我的家庭（作文）

延安市完小三年级周密（九岁）

我家里有四口人，有妈妈、爸爸、弟弟和我。我一天就爱和弟弟吵架，可是一直到现在，还不知道谁对。

我爸爸是一个文学家，一天就是开会、看书、写文章，干这文事情。我妈妈不知道是个什么家，一天不是纺线，就是帮爸爸做这个、做那个，好象是爸爸的秘书一样。我弟弟是个小调皮，一天爱装日本军官。有一次，他要烤馍，火不大，他把火筷拿上准备加火。走到半路，把火筷往裤子里一插，烫得他直叫。妈妈赶快把他的裤子脱下来，看见烫了一个红长条，就给他擦了一点红药水。你们看他调皮不调皮？

我在家里的时候，就爱到学校里来；可是到了学校又想回家去。我不知道究竟哪里更好。

我的母亲（作文）

子长一完小三年级杨拴拴（十二岁）

我的母亲，个子不高，身体很瘦，一双小脚，脸是红的，害着肚子痛的病。她这个病害的时间很长了，吃饭吃不多，只能吃一半碗。

她不吃烟，不喝酒。她很迷信，娃娃害了病，就叫巫神来治。她的疑心很大，没了东西，就说院里的人拿去了。常和人家吵嘴，对人不大和气。

她在家里常做衣服，我的衣服破了，她就给我补。她还纺线织布，因为她有病，纺上一阵线，臂膀就痛了。织上一阵布，腿也痛了。她还要喂猪，又要上山种瓜，真是太辛苦了。

她对我的弟弟和妹妹很关心，对我的学习也很关心。有时放了学我回来的迟，她就说："是先生把你罚下了不是？"我说："不是。"她就说："你可不要和人家吵嘴打架，要好好地念书。"

上面引用的"编者的话"和几篇小学生的日记、作文，不是为了别的，还是为了进一步说明怎样指导学生作文入门这个问题。我认为这个问题不仅是作文教学的开端，而且关系到培养什么样的文风，应该引起我们语文教师和语文工作者的高度重视。

（原载于《陕西教育》1980 年第 2 期）

在甘肃省小学语文教学研究会
成立大会暨首届年会上的讲话

　　今天，甘肃省小学语文教学研究会召开成立大会，这是我们甘肃省小学语文界的一件大事，我表示热烈祝贺！

　　语文课是中小学的基础课、工具课。语文程度差，其他课程就难学好。学生学数学，解文字题、应用题感到困难，就是因为语文程度跟不上去。我们小时候学自然、地理、历史不感到困难，平时就靠课堂上听听老师讲的，也不怎么复习，到考试时把课本翻一翻，就可以了。这就是由于语文程度好，当时理解清楚，复习时也容易。语文课的用处很大，对生活、工作，对进一步学习提高都有用处，即使如写个信，开个便条也都涉及语文程度。目前语文教学效果不大好，引起社会的责难。当然不光是语文，其他课也不大好。我们甘肃的学校发展快；教师数量不足，质量很差。小学毕业教小学，中学毕业教中学，效果怎么能好呢！教师质量差是大问题。当然在座的老师是好的，都是拔尖的，如果都像我们在座的这些老师，教学质量就没有问题了。咱们的教师、学生水平不平衡得厉害，好的教师、好的学生，差的教师、差的学生，悬殊太大。前不久，美国一个教育代表团参观咱们的中小学后发表意见说，中国的中小学教育不比美国的差。这个结论不符合事实，他们参观的学校一定都是好学校，像北京的、上海的，如果到兰州来看看李景兰老师的教学，那也是不差的。但我们中国的广大的一般教师是比不上美国的，有的就差得太远了。我举个例子：有一个外省学生给我写了一封信，寄了四元八角钱，要买一本师大编的书。信封上写了我和马竞先两个人的名字，六个字错了两个。寄信地点只写了个蒋路中学，信的内容只有几行字，就错了不少。我接到信后莫名其妙，既要书又汇了钱，但不知道信是从哪个地方寄来的。后来从邮戳上看，才知道是陕西泾阳县的一个学校。中学生了，连信都不会写。这说明语文教学水平是不高的。

小学语文教学无非就是这么几个方面：识字、写字、阅读、讲练、说话、写话、作文。过去对写字不大提，其实，写字非常重要。写字差，是语文程度低的一个重要表现，字写得歪歪扭扭，别人不认识，自造的简化字、自造的行书字，叫人看不清楚。写字还是要好好训练的，无论是铅笔字、钢笔字还是毛笔字，起码要写得清楚、整齐、干净。

关于识字，强调低年级多识字，大家意见比较一致。50 年代我提出争取识 2 000 字。从苏联识字课本中我体会到不及早解决识字问题，语文程度就提不高。当时意见不一致，争论多，现在大家认识到低年级识字是个关键问题，要争取多识字。争论的是识字的方法问题，是集中识字呢还是分散识字。这个问题大家都可以试验，不一定哪一种就绝对的好，但低年级集中多识字，绝对有好处，识字如果拉长时间，那就使阅读开展不了，影响语文程度的提高。所以低年级要千方百计识好字，多识字。

关于阅读、讲练。现在课本中有了阅读文章，这也是过去我曾经提倡的。我主张课文不要一样地讲，有的课文要精讲，有的课文可略讲，有的甚至可不讲，老师朗读一遍，学生一听就算过去了。老师精讲的，学生也精读；老师略讲的，学生也略读，我把这叫"精讲精读与略讲略读"相结合。现在的课本基本上照这样处理了，课文也多了些。有些老师认为课文太多，教不完，我看关键是如何教的问题。每课书不一定都那样细讲，一堂可以教一课书，也可以教两课书，这样教效果不见得不好。北京特级教师霍懋征同志不是在我们兰州作过报告吗？她一学期教九十来课，还不是这样教的吗？小孩子看小人书、听故事，就那么一遍，有的效果并不比你一课书教四五堂效果差。我们的老师要懂得这个道理。阅读课文要让学生自己读，老师做点指导就对了，不一定要花工夫去讲。讲练，过去提"精讲多练"。"精讲"提得是好的。所谓精讲，也不一定就是讲得多，或者讲得少，是要讲到点子上，讲得精，讲得准确，该讲的就讲，不该讲的就不讲。"多练"，提法不见得好。最近有个中学老师给我写信，他认为"多练"提得不好，应该改成"巧练"。我认为这个老师是很用脑子的，提得好。"练"要找窍门，看练什么效果好，练什么效果不好；每个字写十遍好呢，还是有些字写两遍，有些字多写几遍效果好呢？用词造句究竟作用怎样？大家要研究这些问题，不要"一刀切"。要具体分析，考虑效果，所以应提倡"精讲巧练"。

作文始终是学生的难题。对命题作文学生不容易入门，怕得很。这要从开头训练，先引导写点日记，或开展写话练习。写话教学还应加上说话练习。一、二年级小学生说话还不准确，用词不妥，甚至句子不通。老师就要进行说话指导，教学生把话说通，然后进行文字练习——写话。命题作文开始时也要强调写话，有什么话，写什么话；话怎么说，就怎么写，不要追求词句的华丽，这样才容易入门。

语文程度要提高，识字问题解决了之后，就要强调阅读。除课内增加阅读教材，也要提倡课外多读书。多读，才能使语言变成自己的。语言丰富了，知识面广了，眼界就开阔了，也就是说脑子里有内容了。内容从哪儿来呢？一个是社会实践，丰富生活内容；另一个是来自书本。

高尔基说"书本好像窗户",一打开窗户就能看到许多东西。多读书,就能增长见识,所以要强调多读。最近有人调查了国内外有名的 600 多位著名作家,外国作家中没有上过大学文学系的占了 92%,中国作家中没有上过大学中文系的占了 89%,这说明大学文学专业培养不出文学家。据说 600 多位作家成功的经验有三条:一条是社会经验丰富;另一条是大量的阅读,看的书多;还有一条是多写,反复写,碰了钉子也不气馁。所以语文课要提倡多读,多读才能提高程度。

多读,小学生能不能接受呢?我们不能过低地估计儿童的智力。苏联著名教育家赞科夫经过实验把四年制小学改为三年制,程度并不低。他强调学生才能高,潜力大。他提出五项教学原则,其中最重要的是高难度、高速度与理论指导这三条。他的观点很有道理。应该教得难一些、快一些,充分发挥儿童的学习潜力。理论指导并不神秘,小孩子有小孩子的理论。把事物的因果关系、互相影响问题交代清楚了,能从联系中理解事物,理解得就复杂了一点,就可说是理论指导了。我身边有个三岁多的小孙子,我把苏联 50 年代小学课本上的故事讲给他听,他都能懂。例如,苏联课本上讲大象跟野兽斗,是靠它的鼻子;狮子、老虎是靠它的牙齿、爪子;马凭蹄子,牛凭角。苏联课本上都用故事说明这些问题,三四岁的娃娃都能懂,学得很有兴趣,学到的知识也很活,是有联系的。大作家写娃娃的东西很多。托尔斯泰的作品在苏联四年制课本上就有 28 篇,小学一年级就有,写得很好,儿童很喜欢。我们中国也有儿童文学作家,但真正的儿童作品,特别是幼儿园孩子能听懂的东西是很少的。

语文教学怎样改革?我考虑是两句话,叫"减轻学生负担,提高教学质量"。

"减轻负担",就是要把现在教学效果上不好的东西改掉。把事倍功半或者劳而无功的那种无效劳动,而且是打击小孩子的学习积极性、摧残孩子智力的一些方法改掉。现在"练习"上的无效劳动是很多的，如写生字新词，每个写十来遍；用词造句，有的浪费学生好多时间，造不成。我有一个小孙子，在小学三年级学习。每天老师布置的家庭作业一大堆，又是写生字、新词多少遍，又是造句，又是选词凑句，又是看图写话，一写好几页，两个小时也做不完，弄得小孩子疲惫不堪，晕头转向。这效果能好吗？教师讲得过多，有的也是无效劳动，过去主张多念，叫"书读千遍，其义自见"。我过去也强调过这一传统的教学方法、教学经验。但赞科夫提倡不一定读得遍数多。有的可以多读，有的可以少读，我看也对。精讲的东西读得多一点，有些精彩的段落背下来也好，但有些不一定都要背，有些知道一下就行了。要强调多看多读，提倡精讲巧练。教师不要什么都讲，要给学生留下思考的余地。"练"的时候要巧练，练那些最有效的，不要机械地盲目地练。克服课内外种种无效劳动。赞科夫反对巩固性原则，认为巩固不一定靠多练，有的东西理解了，印象深就懂了，就不要再练了。用这些时间再看另外的书，类似的东西见得多了，就巩固了，像识字，不见得写得多就能巩固，见得多了，印象深了也就记住了。减轻负担，不是要给学生教的东西少，是要改进教学方法，教师讲的时候要讲究，练的时候要讲究，课外阅读要指导得好，无效劳动要克服，这就是减轻负担的办法。

　　提高质量，在语文教学上主要是提高学生的阅读能力，作文能力。能力和知识有密切的关系，但知识不等于能力。学了有关的知识，如学了语法知识，修辞知识，读了文章，同提高阅读能力有关系，但学了这些知识，并不等于阅读水平高，作文水平高。就看如何教呢！尤其是讲那些汉语知识、修辞知识，讲得不适当，也没有用处。死记硬背的教法，单纯强调知识的教法，教师多讲让学生听——这种"灌"的方法，学生不大动脑子，是培养不出能力的。要培养能力，学生得自己用脑子，要钻研，要有学习的兴趣，要有积极性、主动性。教师要讲究教学法，关键在怎样提高学生的学习兴趣，培养学生的自觉性和积极性，帮助学生自己钻研。这样学到的知识，才能变成能力。让小孩子学东西，要让孩子处在那样一个环境里：好像学生自己在创造发明哩。这样，他们的兴趣就高得很。要使学生在学习中时时感到有新内容，像古诗上说的"柳暗花明又一村"。有新鲜的感觉，才能引起兴趣。要诱导学生自己探索，自己在探索中得到的东西数量虽然少，但质量高，用处大。灌注式的讲课，盲目地机械地练习，是引不起学生的学习兴趣，培养不出学生的能力的。

怎样才能激起学生的学习兴趣呢？教师要启发、诱导。根据小孩子的具体条件、生活习惯、家庭环境等因材施教，引导他们自己愿意学，同时要把教材处理好，不要太容易，也不要太难。这样才能使学生感兴趣，才能开拓他们的思路。托尔斯泰有句名言："为了使儿童对人们教给他的东西能够理解和感兴趣，你们要避免两种极端：不要对儿童讲那些他不能知道和不能理解的东西，也不要讲那些他知道得并不次于教师，有时甚至胜于教师的东西。"这两个极端都要克服。托尔斯泰的话很值得我们仔细玩味，同时要好好地贯彻。

最近我看了赞科夫写的《和教师的谈话》，我摘录与我讲的有关的几段供大家参考——

"我们对传统的中小学教学法进行了分析，结果发现：其所以在儿童的发展和学习上取得的效果很差，主要原因之一，就是教给学生的知识面非常狭窄、内容非常贫乏，还有一味地强调那种多次的、单调无味的重复的教学方法。

"儿童的智力既得不到充分的食物，学校布置的题目又单调乏味得使人发呆，所以儿童的大脑索性就停止工作。

"为了在教学上取得预想的结果，单是指导学生的脑力活动是不够的，还必须在他身上树立起掌握知识的志向，即创造学习的诱因。人们通常把诱使人去活动的原因称作动机。动机似乎能把人的精神力量发动起来。

"凡是未经过紧张的脑力活动而获得的东西，以及没有和兴趣结合起来的东西，是很容易从记忆中发挥掉的。"

这本书很精彩，请老师们读一读，有好处。

（原载于《甘肃教育》1981 年第 4 期）

历史教育与教育人物

可贵的品格

——读姚成器老师的模范事迹有感

《他不愧为人师表——访兰州铁路职工子弟第一中学教师姚成器》一文所介绍的班主任老师姚成器的事迹和经验，是值得宣传和推广的。姚成器在全国教育学研究会举行的年会上曾有个发言，对他的发言大家反映很好。听了他的发言后我曾同他交谈过一次，他的事迹和精神是很感动人的。他从事教育工作虽然只有八年多时间，但由于他能够努力钻研，大胆实践，善于总结，因而取得了可喜的成绩。他十分懂得自己肩负着重大而光荣的职责，把全部心血都献给了党的教育事业，特别是他那种正人先正己，处处以身作则，检点一言一行，一丝不苟地对自己严格要求的品格，是十分可贵的。

教育学生要靠真理的灌输，还要靠教师的模范作用。教师在教学工作中是起主导作用的，对学生的影响是很大的，学生的思想品德和学习状况，同教师的思想作风和业务能力密切相关。试想一下，如果一个教师自身不能严格要求自己，缺乏道德文明修养，对学生简单粗暴，办事情邪门歪道，又怎么能教育好学生呢？杰出的共产主义教育家加里宁在谈到教师工作时曾说过："他的品行，他的生活，他对每一个现象的态度都是这样或那样地影响着全体学生。"姚成器老师的教学实践完全证明了这一点。

粉碎"四人帮"以后，通过批判林彪、"四人帮"的极"左"路线，教育战线发生了巨大变化，广大教师对学生敢于管理了，多数教师能够通过言传和身教，把严格要求与耐心说服结合起来，既教书又教人，在思想教育方面取得了越来越大的成果。但是还应当看到，一些教师虽有教育好学生的良好愿望，却无教育学生的良好方法，他们管教学生往往失之于简单化，因而直接影响了教育效果和后进学生的思想转化。姚成器老师正好在这方面创造出了比较成功的经验，他的教学方法值得广大中小学教师们学习和效仿。

搞现代化建设，教育是基础，中小学教育又是基础的基础。办好中小学非常重要。在中小学，如何把思想政治教育同传授知识结合起来，是一个值得重视和研究的问题。《学记》上说："善歌者，使人继其声。善教者，使人继其志。"这就是要求教师不能满足于单纯地传授知识，还要因势利导，循循善诱，引导学生沿着正确的方向前进。一个人民教师，必须善于把思想政治教育落实到自己的教学上，绝不能只教书不教人。特别是那些担任班主任工作的教师，更应当充分利用接触学生机会多、了解学生思想情况等有利条件，像姚成器老师那样，以高度的政治责任感，满腔的革命热情和特别的细心，言传身教，努力把广大青少年培养成社会主义现代化建设事业需要的合格人才。

（原载于《甘肃日报》1979 年 11 月 1 日）

纪念蔡元培先生逝世四十周年

——兼怀张修校长

　　进步思想的闪光，锐于神箭，会射到任何黑暗的角落，布下火种，散发出光辉。"五四"前后，新文化运动中的带头人是蔡元培先生。他的民主自由思想，在当时知识界曾起了相当大的作用。蔡先生用了这样一个似乎对新旧思想无所偏袒的口号"循思想自由原则，取兼容并包主义……苟其言之成理，持之有故……悉听其自由发展"，团结了一批进步学者，在北大占下了一个传布新文化、向旧思想斗争的阵地；实际上大大削弱了旧思想的势力，发展了新文化的力量。当时蔡元培先生的民主自由思想，不但在北京大学、北京地区促进了新文化的发展，而且在全国，在闭关自守的山西也起了振聋发聩的启蒙作用。1921年前后，我在山西一个落后的山区的高小读书，我们同学深受一位拥护新文化、敬佩蔡元培先生的校长的启发、教育，开始沐浴五四新文化的阳光，萌发了追求新思想的要求。

　　民国以后，阎锡山多年是山西的土皇帝，他采取闭关自守的政策，不让异己的政治势力与进步的思想进入山西，企图维持他的"长治久安"。太原有个育才馆，是专为他收罗培育统治奴才而创办的，因此，有人把育才馆称为"奴才馆"。育才馆里出来的人有的当了县长，有的担任别的大小官职。但社会是复杂的，奴才馆里也竟出了一位奴性不足，傲性十足的人才，他名叫张修。大概因为他的奴性不足，没有分配当县长和别的官职，任命他担任了一个高小校长。职务当然不高，但他倒大大显了一下身手，在黑暗的社会里真正做了一番人民的事业。

张修先生担任校长的这个高小全名叫山西省立第二贫民高级小学校，校址在晋西北很落后的山区方山县。阎锡山在全省分地区创办了七所贫民高小，专招收贫寒家子弟，供给饭食、制服与课本。这是阎锡山沽名钓誉的措施之一，但也还算是做了一件好事，培养了一些失学青少年。

张修先生在育才馆的时候，大概看了当时流行的《新青年》和《北大月刊》等进步刊物，他非常熟悉北京大学改革的情况，对蔡元培校长十分敬仰。1921年来到第二贫民高小当了校长，把北大教育改革的主要精神搬过来了。他做了大约五年工作，把一个学校改造得面目全新了。他的主要做法，可分下边三部分介绍：

一、宣传新文化，改革教学

当时学校有一门课程叫"修身"，是进行政治思想教育的。内容大部分是宣扬中国封建社会的人物，宣传封建思想的；少部分讲一些资本主义的民主、自由。张校长一到校，首先废除了修身课本，修身课的教学时间和教学内容全由他个人支配。学校只有两班学生，他有时分班上，有时合班上。他不用书本，单凭口讲。大半是讲五四新文化的内容，介绍一些蔡元培、李大钊、陈独秀、胡适、吴虞等人的文章的片段；反对封建礼教，反对孔孟思想，宣传民主、自由，宣传文学改革。有时结合学校临时发生的问题，当众宣布，批评教育。像胡适的《新生活》、李大钊的《今》、蔡元培的《劳工神圣》、陈独秀的《文学革命论》、吴虞主张打倒孔家店的文章，以及蔡元培和林琴南对于办北大的争论，他都给我们介绍过。我们也不一定都能听懂，但贫民高小的学生都是贫寒子弟，年龄比别的高小生都大，一般在十六七岁左右，理解力较高，也听得津津有味，心向往之。

张校长对社会上一些旧现象、旧势力，深恶痛绝，每逢发现，就当作活教材，对学生痛斥一通。一天，方山县的县长老爷来校看张校长，走上校长办公室门前的十几个台阶时，要两个卫兵扶着行；离校时，下台阶又要人扶。当天下午，张校长就临时召集全校学生讲修身课了。黑板上写了四个大字——行尸走肉。说我们中国社会上有一些人，不做事，好酒肥肉养得胖胖的，胖得路都走不动，还要人扶着走。这叫"行尸走肉"，是一个能活动的死体。我们中国所以倒霉，强盛不了，就是这些人糟害成的。讲得十分气愤，他没有点名，但谁都知道他讲的就是那个县长。大概他在办公室谈话时也没给那位县长好脸色，所以以后再没有见他来校。

当时的语文课叫"国文"，课文全是文言。张校长到校后，让国文教师选讲一部分课文，另外从报刊上选教白话文。前述《新生活》与《劳工神圣》等文，就当补选白话文讲了。当时国文教师很紧张，要费不少工夫，从各方面选找补充课文。

当时贫民高小和一般高小一样，也设英语课。张校长认为贫民高小不必设英语，因为学生都是贫寒家子弟，升学的可能性极小。于是和教师商量，课仍保留，讲授慢些，课本不必讲完，也不许考试。愿认真学者不限制，不愿学者可马虎。

二、倡导民主，实行自治

张校长倡导学校实行民主，学校的情况，他有时向全校师生报告，报告后让大家提意见。学校的各项杂务都要学生轮流分担，培养学生自治能力。学校有图书馆、德学周刊（小学报）、贩卖部（主要卖文具、毛巾、牙刷等）、游艺室、洗澡室、传达室、校长办公室、厨房、食堂，所有这些部门的一切服务工作都由学生轮流担任，都有一定的制度，同学必须遵守。全校只用一个工友，就是厨房的大师傅，全校伙食由他安排、指挥，挑水、烧火等由学生帮助。哪个部门工作有缺点，出了问题，要检查、批评，做得好的表扬。这一方面，有点像苏联教育家马卡连柯的做法。

三、自力更生，发展学校

张校长让学生自办食堂，改善了伙食，还节省了省上发下的伙食费；全校工友大半不用，也节约了工资。方山县地广人稀，土地价格便宜，张校长要把学校节余经费，买地耕种。他召开动员会，讲他发展学校的长远规划。他说：现在省上每月给我们发经费，以后能不能保证永远发，不敢说，政治上有个变化，就难保证了。如果一旦上边不发经费，我们学校就得停办、关门。要防止这个不幸的局面，我们就要自力更生，用节余的经费买土地，自己种，收下粮食自己吃，这样一年一年下去，我们学校的产业越来越大，学校不论在什么情况下也可以坚持办下去。如果省上的经费一直发来，那当然更好，我们可以扩大招生，甚至办中学班。还可支助学习特别优秀的同学住中学，住大学，给我们贫苦人家培养人才。师生听了都受很大鼓舞，觉得我们的校长真是一个有理想有办法的教育人才，由衷地敬仰。

第一次买了二十多亩旱平地，就在学校附近。学校人粪尿多，地里肥料充足，学生年龄大，都是农家子弟，会种地，组织领导又强，庄稼长得比农民的还好。冬季，当地又有一位开明地主捐给学校二十多亩山坡地。第二年植了两千多株杨柳和洋槐树，种庄稼的地也扩大了。大家劲头很足。

在劳动的过程中，有一次，年龄小点儿的同学两人抬一桶大粪从县立第一高小门前走过，正当大批学生在门外边。县高小的学生以鄙弃的态度互相议论，说："穷学生，上学还要抬大粪！"同学归校后反映给校长，张校长为此又上了一次修身课，把蔡元培先生的《劳工神圣》大讲一番，从中国古代儒家轻视劳动，知识分子四体不勤、五谷不分、面黄肌瘦、弱不禁风的旧社会讲起，讲到世界大战后形势的变化，讲到文明国家重视劳动，说明工人、农民、体力劳动者、脑力劳动者都是"劳工"，都是对社会有益的人，都是光荣的；只有那些不劳而获的剥削者是可耻的。要我们认识劳工的价值，认识我们抬大粪是光荣的。讥笑我们的青年是旧教育的受害者，他们糊涂，他们才可耻！对《劳工神圣》中最后一段话："我们不要羡慕那凭借遗产的纨袴儿，不要羡慕那卖国营私的官吏……他们虽然奢侈点儿，但是良心上不及我们的平安多了。我们要认识我们的价值。劳工神圣！"讲得咬牙切齿，十分有力，特别感人。

在旧社会，为人民的事业是不容易做下去的，特别是大刀阔斧、不同流俗的做法，更难见容于人。因此，张校长这样一位有识有胆的事业家也就只干了五年工作被调离了。

（写于1980年初蔡元培逝世四十周之际）

（原载于《钟情启蒙　执著开拓——人民教育家辛安亭纪念文集》兰州大学出版社2004年版）

德智体全面发展的光辉典范

——怀念徐特立同志

　　《徐特立教育文集》出版后，我买来一本，如饥似渴地很快就读完了。读时发生了一个很奇特的感觉：全书共计六十三篇文章，其中绝大部分原先并没有见过；但几乎篇篇似曾相识，毫不觉得生疏。这是什么道理呢？我反复想了之后，觉得道理有二：一是文如其人，徐老的每篇文章，都充分反映出他为人的特点。我过去和徐老接触不少，徐老的为人处事、精神面貌，在我脑子里留有深刻的印象。因此，文虽是初读，反觉得似曾相识。二是徐老善于和人深谈，他对许多问题有独特的见解，容易给人留下亲切难忘的印象。我在延安的十一年中，和徐老见面估计总在二十次以上；在北京的十一年中，和徐老见面也有十几次。少数是在会议上相见，多数是个别接触。徐老是"学而不厌，诲人不倦"的典范，每次个别接触中总要谈好多话，涉及许多问题。在接触中听到的意见和文集中文章的主张是一致的，因此初读也不觉生疏。

　　徐老的知识极其渊博，教育经验又很丰富，是我们党的老一辈革命家，杰出的无产阶级教育家。他讲教育问题，常常结合社会科学和自然科学的某些具体内容，从不泛泛地空谈教育原理与教学原则。有时他讲得十分精彩，有理论，有实际；又原则，又具体，很能启发人的思想，鼓舞人的勇气。

按我与徐老接触次数之多而言，应该写出好多回忆来，讲出自己曾受到的教导；只恨自己近两年记忆力锐减，过去的事许多都模糊起来。好在徐老的教育文集已经出版，这是徐老留给我们的一份宝贵遗产，应该学习它，继承它，发展它。下面我只把印象较深、尚未忘却的几件事写出来，既作为对徐老的怀念，又为我们学习和研究徐老的教育思想，提供一些素材。

大概是在 1941 年的时候，延安《解放日报》上有一篇文章，批评我编写的高小历史课本中对秦朝政治的写法，认为只应写暴君暴政，对统一中国，废分封、改郡县，修长城，统一文字与度量衡等不应多讲，更不能说对历史发展起了促进作用。徐老看到这篇文章后，有一天来边区教育厅见到了我，就问我对那篇文章有什么意见。我说我不同意他的看法。徐老立刻说，你的意见对，不能把秦朝的政治只看成是暴君暴政，秦朝政治徭役繁重，苦害了人民，是一个方面；但秦朝有许多措施促进了中国历史的发展，后来汉朝也继承了，这些是应该肯定的。他鼓励我写一篇文章，寄到报社，争辩一番。这件事充分反映了徐老实事求是、一分为二的研究问题的思想方法和热心教育青年、鼓励青年，倡导讨论、争辩的优良学风。

这次谈话结束时，徐老要了一套我编写的历史课本。过了些日子，我去找他，请求指教。他谈了不少意见，其中有两点到现在我还记得很清楚。一点是对历史问题要辩证地看，要有历史观点，不能机械地讲，不能讲死。如西周的井田制度，在当时促进了生产的发展，是好的；但到春秋战国时就阻碍生产，变成坏制度了。又如科举制度，在隋唐时代，比起原先的九品中正制是一个进步，能够选拔人才；但到明、清两代，以八股文取士，就变成坏制度了，妨碍了人才的选拔。再一点是，他说中国封建社会特别长，封建制度、封建思想的影响特别大，至今还是社会改革的阻力。因此，讲中国历史要多揭露封建社会的黑暗，提高学生反封建的觉悟，注意肃清封建流毒，促进社会发展。徐老的指示，使我深受教育。当时我正在编写供小学教师和工农干部阅读的《中国历史讲话》，徐老的意见，我都在写稿中尽力体现了。

1944 年延安整风之后，有一次我和徐老谈起党内的官僚主义与主观主义问题，他讲了一段话，分析得很透彻。他说中国封建社会时期特别长，资本主义来得很晚。资本主义比封建主义进步，它的民主、自由是反封建的，是反封建主义的专制主义、家长作风的。可是资本主义在中国还没有得到发展，对封建的东西还没有彻底破除，社会主义就来了。就社会主义制度说，我们比欧美的资本主义国家是进了一大步，但就反封建的彻底说，我们远不如人家。人家的封建残余是很少的，我们却大量存在，在党内也还残存着封建思想和封建习气。官僚主义、主观主义这些东西都是不民主的表现，都与封建思想有关系。因此，我们不但要反资本主义，而且要反封建主义，或者说更要反封建主义。肃清封建主义的流毒，不是容易的事，而是我们文化教育工作的一个长期任务。这个意见我在延安只听徐老讲过一次，许多人对此似乎不甚了了。粉碎"四人帮"后，人们对这一点才明确地认识到了。

徐老的谦虚、好问是十分突出的。他在陕北当苏区教育部长时，对地方干部十分尊重，经常征求当地干部的意见。他说当地干部是土生土长的，对地方情况了解得多，根据他们的意见进行工作，就不会脱离群众，脱离实际。他对后来边区教育厅的某些知识分子领导人的作风，很不赞成，说他们是上海亭子间来的，不了解下情，还不尊重地方干部，这就难免在工作中犯错误。大概在 1944 年延安整风之后，有一天徐老和我谈到陶行知先生，他非常钦佩，特别赞扬陶先生的小先生制，说陶先生谦虚，有民主思想，所以才能发现儿童的天才，发挥儿童的天才。还说到他在江西苏区时，也有与陶先生的小先生制相似的做法，但没有理论化，而陶先生却比他更进了一步，他自己要改名为"师陶"，要向陶行知先生学习。徐老对自己不了解的问题，不仅问下边的干部，而且向农民群众请教。他曾对我说过，他初来陕北时，不懂得为什么冬天下了大雪，麦苗冻不死；不下雪，麦苗却有可能冻死。后来问了老农，老农告诉他干冻比湿冻更冷，雪是保温的。于是他恍然大悟，麦苗盖在雪下，温度就停在摄氏零度；如无雪覆盖，温度会降到零度以下。徐老对孔子的"三人行，必有我师焉"，韩愈的"师不必贤于弟子"等讲法十分赞赏，不仅常对人宣传，而且身体力行。

1946年边区教育厅出刊《边区教育通讯》，由我们编审科的同志负责编辑工作。当时我们对小学教师可否采用体罚的办法管理学生，认识不清，有不同意见。于是写了一封信给徐老，请他指教。徐老回信把体罚的不良后果讲得很清楚；同时对犯错误的同学应如何用诚恳耐心的态度，用说服教育的办法解决问题，指示得很具体，使我们受到很深刻的教育。徐老的回信和我们的原信，现在文集中都有，这里不再详细讲了。

全国解放以后，大概在1953年的时候，有一次我找徐老，请教对毛主席提出的"健康第一""身体好、学习好、工作好"，应该如何理解。他说青少年是长身体的时期，首先应该注意身体健康。健康的精神寓于健康的身体，身体好了，学习、品德就都有了好的基础。身体不好，即使学习好，又有什么用呢？全国解放以前，北京、天津有些著名的中学，功课很紧张，学生程度好，考大学成绩最优；但上了大学以后，有的身体不行，常闹病，学习也就落后了。有的甚至大学毕业了，病很严重，不能工作，成了社会的负担，这是教育的失败。我们人民的教育，无论如何不能给社会培养"包袱"，为社会增加负担。徐老对毛主席的指示理解得是多么深刻呀！

大约是 1956 年，一次徐老的秘书给我打电话说，徐老问我如有陕甘宁边区的《边区教育通讯》，给他送去一些，他要参考。我把身边有的都找出来送去了。去时，他在屋里地上站着，两腿微开，站得很稳，当时徐老已是八十高龄了。我关切地说："站着太累了，请坐下来吧！"他说身体要锻炼，健康的身体应是"坐如钟，立如松，行如风"。坐要稳重，立要挺拔，行要如一阵风。我问他如何锻炼法，他说进城后不太方便，锻炼主要是走路。当时家里的人不让他随便出去，但他每天还是要独自出去转一转，走四五里路，而且要快走。他说人不运动不行，越老越要运动。他说身体健康了，就能朝气蓬勃，要干啥就干啥。他还说做事要专一，不要三心二意。学习就专心学习，坐下来，正正经经学；休息就认真休息，不要身子躺下，还拿一本书翻。这些话虽很平常，但却是经验之谈。由于徐老一贯坚持锻炼身体，所以他活了九十多岁。

1937 年徐老六十寿辰时，毛主席在写给他的祝贺信中，高度赞扬了徐老的道德品质，说："你是心里想的，就是口里说的与手里做的，而在有些人他们心之某一角落，却不免藏着一些腌腌脏脏的东西。你是任何时候都是同群众在一块的，而在有些人却似乎以脱离群众为快乐。你是处处表现自己就是服从党的与革命的纪律之模范，而在有些人却似乎认为纪律只是束缚人家的，自己并不包括在内。你是革命第一，工作第一，他人第一，而在有些人却是出风头第一，休息第一，自己第一。……"1947 年，徐老七十寿辰时，毛主席又给以"坚强的老战士"的评价；周恩来同志赞扬徐老是"人民之光，我党之荣"；朱德同志称誉徐老是"当今一圣人"。徐老在第一次国内革命战争遭到失败革命形势处于低潮时，毅然加入中国共产党，这充分说明他对革命无限忠诚，对革命必然胜利充满信心。他一生献身党的教育事业，勤勤恳恳，为国家培养了大批人才，其功绩是不可磨灭的。

综上所述，徐老品德高尚，学识渊博，教育经验丰富，身体健康，是德智体全面发展的光辉典范，是最优秀的共产党员。毛主席在祝贺徐老六十寿辰的信中还说："你是我二十年前的先生，你现在仍然是我的先生，你将来必定还是我的先生。"对我们大家来说，徐老当然更永远是我们的老师了，我们永远要向徐老学习！

（原载于《兰州大学学报（社会科学版)》1980年第3期）

孔子的教育思想

　　孔子生活的春秋后期，是我国历史上社会剧烈变动的时代；他生长的鲁国，又是当时传统文化在东方各国的中心；孔子的阶级出身是奴隶主贵族中最下层的"士"，他对上层社会比较熟悉，对下层社会也有所了解；他为了急于用世，曾周游列国十四年之久，见过各种各样的人物，接触了复杂的政治场面，遭遇了不少困难；孔子又是十分勤学好问、事事喜欢用心的人。这种种因素结合起来，使孔子成了中国历史上学识极其渊博，经验十分丰富的杰出人物之一。他看到的极多，想到的很远。

　　孔子的教育经验和他的社会生活经验，有许多经过长期的传授与熏陶，几乎成了汉民族的共同心理结构，成了民族文化的重要组成部分；他的不少言论，几乎形成我国社会上流传的格言谚语，成了人们长期以来评论是非的共同标准。

　　孔子在哲学上的主导思想是唯心主义，但也有唯物主义与辩证法的因素；在政治上的主导思想是复古或保守的，但也有改良主义的成分。在文化教育方面的情况则与此不同，应该说他的主导思想是辩证的与唯物的，积极的方面为主，消极因素只居次要地位。孔子称得上是我国历史上一位杰出的思想家与伟大的教育家。他整理古籍，传播文化，对我国古代文化的发扬光大起了很大作用。他聚徒讲学，积累了丰富的教育经验；对教育提出好多创见，在中国教育史上，甚至世界教育史上影响极大。在教育目的与教育内容的某些方面，因其与政治有较直接的关系，不免有保守与消极的成分，但他在教育对象、教育方法与社会生活教育方面的经验，却有很多创新，是积极与进步的，今天还应该借鉴、学习和继承。我在下面分六个部分讲。

一、复杂的社会经历

孔子原是宋国的贵族，后来迁到鲁国，家道已经衰落。孔子的父亲名叫叔梁纥，是鲁国的一个下级军官。孔子是公元前551年出生的，因为生前父亲和母亲在尼丘山祷告过，所以孔子名丘，字仲尼。仲是老二，孔子的父母先前曾生过一个男孩。孔子三岁时父亲去世，十几岁上母亲也死了，幼小时的生活是比较孤苦的。可是，这也给了孔子锻炼的机会，使他多学会了一些本事，正如他后来说的："吾少也贱，故多能鄙事。"①

孔子十五岁时，即立志刻苦学习。殷周时代的典籍与文物，在鲁国保存的很多，孔子勤学好问，潜心钻研十多年，学得了很多知识。他做事也很负责，在二十六七岁时，曾做过"委吏"，是会计工作，他的账目没有差错；还当过"乘田吏"，是管牛羊的，他把牛羊养得肥肥胖胖的。孔子既做过委吏与乘田吏等小官，就有了进周公庙助祭的资格。一次，他进了周公庙，看到什么都觉得新奇，他对每一件不懂的事，都要问个明白。

孔子在三十岁开外时，学识已经很出名了。他开始收取了一批学

———————————

① 《论语·子罕》。

生，其中著名的有颜路、曾晳、子路等。这些学生和他的年龄相差不多，多半是属于"士"这一阶层，是贵族中最低的一层，是比较贫苦的；还有些不属于贵族的城市人民。从此，孔子就开始了他的教育活动。

孔子在三十四五岁时，鲁国内部发生政变，陷于混乱状态。这时孔子急于用世，但在鲁国不便做事，于是就到了齐国。当时齐国的国君是齐景公，和孔子多次接触谈论，印象还好，想重用他。可是后来听了一些老臣不赞成用孔子的意见，对孔子的态度又冷淡了。因此，孔子在齐国住了两三年，就离开了。

孔子回到鲁国，鲁国仍是混乱局面。这时鲁国有个贵族公山弗扰反抗上级季桓子，召请孔子出来帮助。孔子急于用世，也很想去。但子路竭力反对，也许还有别的原因，没有去成。孔子在政治上一直没有出头的机会，这才使他定下心来，专心从事教育事业。他的名望越来越大，学生越来越多，著名的又增加了颜回、冉有、公西华等。颜回比孔子小三十来岁，是第一批学生中颜路的儿子。

孔子五十岁那年，鲁国内部安定了，孔子得到从政的机会，当了鲁国的中都宰，相当于首都市长；后来又升任司寇，相当于司法部长。当司寇的第二年，齐景公与鲁定公在夹谷会盟，孔子赴会，在外交上取得了胜利；在国内又堕三都，毁掉了孟孙、叔孙、季孙三家的城堡，削弱了三家贵族的势力。孔子感到形势很好，想进一步施展自己的才能，但鲁定公受了齐国的离间，不信任孔子了。孔子只得出走，当时已经五十四五岁了。

这次离开鲁国到卫国①去，是因为当时卫国国内安定，又有孔子敬佩的人物，他的学生也有不少是卫国的。孔子希望到卫国能得到重用。

———————————

① 卫国在今河南省北部。

在去卫国的路上，孔子看到卫国人口稠密，就说这里人口真多啊！学生冉有随即问：人多了怎么办？孔子回答说：发展生产，使百姓富足起来。冉有又问：富足了又怎么办？孔子回答说：那就要兴办教育了。当时卫国的国君是卫灵公，对孔子不太尊重；又见孔子带领好多学生一同来，怕有什么企图。孔子在卫国住了几个月，看到卫灵公对自己冷淡，失望了，只得离开。这时晋国的一个贵族佛肸，正在反抗领导，派人来请孔子，要重用他。孔子也想去，想在政治上做一番事业，但是子路又竭力反对，终于没有去成。

孔子离开卫国，准备去陈国。在路过宋国地界时，遇上宋国的一个贵族桓魋，挡住去路，要杀孔子。逼得孔子改装换衣，逃出宋国，才到了陈国①。孔子在陈国住了三年，没有事干。其间东南的吴国发兵进攻陈国，南方的楚国又来帮陈抗吴，弄得陈国混乱不堪。孔子不得已又想到楚国去，楚国也想请他。在他去楚国的途中，遇到两位耕田的隐士，对子路说：天下这样混乱，人们都同流合污，你们怎么能改变他们呢？子路把隐士的话告诉了孔子，孔子感叹地说："鸟兽不可与同群，吾非斯人之徒与而谁与？天下有道，丘不与易也！"② 意思是说，我们既不能和飞鸟走兽一同生活，不跟这些人打交道还跟谁打交道呢？天下如果太平，我也就不用来求改革了。

在去楚国途中，经过蔡国的一个地方，那里因吴楚战争，粮食缺乏。孔子和学生们被乱兵包围，粮食也吃光了。说孔子在陈绝粮，就指此事。当时学生们又饿又病，思想很混乱；孔子还沉着气，照常给学生们讲学、弹琴、歌唱，还找有影响的学生如子路、子贡、颜回等谈话，稳定人心。又派子贡办外交，和楚军交涉，护送他们进了楚国地界。楚国的昭王听到孔子来到楚国，本想重用他，但是楚国的贵族大臣子西坚

① 宋国和陈国都在今河南省中部。
②《论语·微子》。

决反对，说：孔子有一大批很能干的学生，重用了孔子，我们还能过平安的日子吗？我们的权力不会被他们夺去吗？于是，楚昭王没有用孔子。孔子感到在楚国没有希望，便又返回卫国，这时孔子已经六十三四岁了。

后来吴国侵略鲁国，子贡在外交上活动，孔子另有学生参加了抗吴战争，吴国才退了兵。这时鲁国的当权者季康子感到国势危急，人才缺乏，就请孔子的学生冉有回鲁国去。冉有回到鲁国后，季康子把孔子也请回去了。孔子在外奔波了十四年，这时已是六十七八岁的老人了。他回到鲁国后，对政治活动的兴趣不高了，专心从事文化教育事业，除教育大批学生外，同时收集、整理、编纂诗、书、礼、乐等古籍，钻研阐发易经道理，改写春秋历史。一方面宣传他的政治与学术主张，同时也传播和发展了中国古代文化。公元前479年，孔子逝世，终年七十三岁。

关于孔子的经历，在我国古代各种著作中，讲法不一。《史记·孔子世家》《孔子家语》《孟子》《左传》《庄子》各书的说法，有的有此无彼，有的互相矛盾。上述经历，主要是参考崔东壁的《洙泗考信录》写成的，自己未作考证。对有的史书上提到的某些情节，如孔子适周观礼、问礼于老聃、任鲁司寇后摄相事、诛少正卯事，都依崔氏考证，未予采用。"四人帮"把少正卯吹为古代大法家，把孔子诛少正卯一事讲得活灵活现，几乎像是亲眼看到的。《洙泗考信录》对此却完全否定，我看讲得很有道理，特择录主要部分如下：

> 余按《论语》，季康子问政于孔子曰："如杀无道，以就有道，何如？"孔子曰："子为政，焉用杀！"哀公问社于宰我，宰我对曰："周人以栗，曰：使民战栗。"孔子曰："成事不说，遂事不谏，既往不咎。"圣人之不贵杀也如是，乌有秉

政七日遂杀一大夫者哉? 三桓之横, 臧文仲之不仁不智,《论语》《春秋传》言之详矣; 贱至于杨虎、不狃, 细至于微生高, 犹不遗焉; 而未尝一言及于卯。使卯果尝乱政, 圣人何得无一言及之? 史官何得不载其一事? 非但不载其事而已, 亦并未有其名。然则, 其人之有无盖不可知。纵使果有其人, 亦必碌碌无闻者耳, 岂足以当圣人之斧钺乎? 春秋之时, 诛一大夫非易事也, 况以大夫而诛大夫乎?①

可是对崔氏的意见, 我也有不予采纳的。如公山佛扰与佛肸的两次叛乱, 都曾召请孔子, 孔子也跃跃欲试, 想去应召。但崔氏却详细论证了孔子不可能应召, 其主要理由是: 孔子言行一致, 平时对犯上作乱深恶痛绝, 因此断定他不会应召参加叛乱。我则认为崔氏的这个论断, 是为了维护孔子的尊严而辩解的。其实, 这个看法是只知其一, 不知其二。孔子固然反对犯上作乱, 但他急于用世的思想却是很强烈的。他梦寐以求的是, 一朝执政, 大展才能, 做一番恢复周室的事业。孔子本有"无可无不可"的主张, 遇到适当机会, 他就可能权衡得失, 去做平时认为不可做的事。因此, 孔子两次欲应召而去, 是完全可能的。

二、高度的好学精神

孔子的好学精神, 的确是很突出的。在《论语》一书中, 几次说到孔子是"学而不厌"的。他在学习兴奋的时候, 高兴得连吃饭也忘掉了, 忧愁的事也忘掉了, 觉得精力很充足, 连自己年纪已老也不知道了②。他对学习好像追赶什么一样, 只怕赶不上; 赶上了, 又担心会丢

---

① 孔子任鲁司寇, 仍为大夫。
②《论语·述而》:"发愤忘食, 乐以忘忧, 不知老之将至"。

掉①。孔子又说："朝闻道，夕死可矣。"② 其学习的强烈心情，真是跃然于纸上。

孔子是随时随地有机会就学习的。他说："三人行，必有我师焉。择其善者而从之，其不善者而改之。"③ 意思是说三个人一起走路，必定有值得我学习的。人家表现好的，我可以依照去做；不好的，我应加以警惕，注意不犯。这不但是把别人好的和不好的行为，都作为自己的经验与教训，而且把学习与行动结合起来，使学与行一致。强调实践的重要，要求言行一致，这是教育思想上很重要的一条，至今我们也还在大力提倡。"见贤思齐焉，见不贤而内自省也。"④ 意思和前边说的一样，只是更明确地提出道德修养方面内省的功夫。曾子说："吾日三省吾身：为人谋而不忠乎？与朋友交而不信乎？传不习乎？"⑤ 他检查自己是不是有这些缺点，也应该说是向孔子的内省方法学来的。孔子强调内省，强调检查自己，克制自己，以锻炼上进的意志，这是学习方面的重要问题，至今教育学上也还在强调。

好学必然要多问。孔子好问，也是他学习的特点。"子入太庙，每事问。"⑥ 意思是孔子到了周公庙里，见事就问，不懂就问。他对好学好问的人，也非常赞赏，曾表扬孔文子"敏而好学，不耻下问。"⑦ 多问人、多听人讲，是多闻的方面；孔子还强调要多亲眼看看。他说："多闻阙疑，慎言其余，则寡尤；多见阙殆，慎行其余，则寡悔。"⑧ 意

①《论语·泰伯》："学如不及，犹恐失之。"
②《论语·里仁》。
③《论语·述而》。
④《论语·里仁》。
⑤《论语·学而》
⑥《论语·八佾》。
⑦《论语·公冶长》。
⑧《论语·为政》。

思是说，多闻多见，慎言慎行，就可以减少错误，减少事后的悔恨。

孔子是很有学问的人，他渊博的知识，是从随时随地多问、多闻、读书、观察中学来的。一次，有人问子贡说：孔子的学问是从哪里学来的？子贡回答说：周文王、武王的道并未失传，还散在人间。贤能的人便抓住大处学，低浅的人只抓住末节学。到处存在文武之道，我们的老师何处不能学习？贤能的与低浅的人都是他学习的对象，何必要固定的教师专门传授呢？① 孔子的学习态度是十分虚心的，这也是他高度好学精神的一个重要方面。有一次，有人问子贡说：孔子每到一个国家，一定听到了那个国家的政事。这是他要求人家讲的呢，还是人家主动告诉他的呢？子贡回答说：我们老师获得各国政事的方法和别人不同，他是用"温、良、恭、俭、让"的态度与方法获得的。② 孔子周游列国能够了解到许多社会政治情况，和他的和气、善良、谦虚、礼貌有绝大关系；如果是一个骄傲自满，昂首望天，盛气凌人，不能与人为善的人，那就是走遍天下，也不会得到多少知识的。

孔子不单观察社会现象，也观察自然现象。有时他对自然现象也深有感触，发出耐人寻味的叹息。他说："岁寒，然后知松柏之后凋也！"③ 这句话虽含蓄、简单，但言外之意是很显明的。这是说在困难面前，才能看出谁经得起考验。

《墨子·公孟》篇上说，孔子是"博于诗书，察于礼乐，详于万物"的人。的确，孔子的好学精神是表现在许多方面的。他是到处留心，到处观察，也到处有所收获、有所体会的。除松柏后凋一例外，他还说："苗而不秀者，有矣夫！秀而不实者，有矣夫！"④ 意思是说，庄

---

① 据《论语·子张》。
② 据《论语·学而》。
③《论语·子罕》。
④《论语·子罕》。

稼苗子结不上穗子的，有的是！结上穗子，不能成熟的，也有的是！这当然不是为庄稼而叹息，而是深感有些年轻人不学习，荒废了，不能成材；有的学习了，却半途而废，也成不了材。他是为此有感而发的。有一次，孔子在河边上看水流，感慨地说："逝者如斯夫，不舍昼夜！"①从字面上讲，就是一去不复返的就像这水吧？白天黑夜一直不停地在奔流。这当然也不是就流水而言，而是讲时间在飞逝，人应爱惜光阴，好好努力学习。也许还有这样的意思：进德修业是一息不可停止的。

孔子不只自己从观察自然现象中得到启发，他还指导学生也从自然现象中体会道理，从好的行为中理解品德的修养。有一次他对聪明的学生子贡说："予欲无言。"子贡说："子如不言，则小子何述焉？"意思是你如果不说话，那我们怎么传述你的道理呢？孔子回答说："天何言哉？四时行焉，百物生焉，从何言哉？"② 意思是说，天说了什么呢？四季照样在运行，百物照样在生长，天说了什么呢？这里的"天"，应指的是自然。他希望学生不要只从言教中学习，还要从身教中学习。

孔子一生那样好学，所以他一直在前进中。他曾讲述自己前进的历程，说："吾十有五，而志于学，三十而立，四十而不惑，五十而知天命，六十而耳顺，七十而从心所欲不逾矩。"③ 意思是说，他从十五岁立志刻苦学习；三十岁时懂得了礼仪，立身行事心中有数了；四十岁时知识增多了，许多道理懂得了；五十岁时理解了天命，做事不强求如意；六十岁时一听别人的话，可以判断是非；七十岁时随心所欲，也不会越出规矩。孔子讲天命的地方不少，意义不尽相同。这里讲的"天命"，我认为应按照孟子所讲的来理解。孟子在《万章》篇里说："莫之为而为者天也，莫之致而至者命也。"这就是说，人生中有一种不期

---

① 《论语·子罕》。
② 《论语·阳货》。
③ 《论语·为政》。

而遇的情况，或幸或不幸都不是人们有意识招致来的，这就叫作天命。

三、教育的目的与对象

　　春秋时期，由于经济的发展，奴隶与奴隶主的阶级斗争加剧，影响到政治上周室衰微，王权下移；诸侯国内，犯上作乱的现象也屡见不鲜。这就形成大小奴隶主贵族争权、各国诸侯争霸的局面。有权者为了保权，需要收用能干的人才，原先的贵族子弟不能胜任工作，于是就兴起了招贤养士制度。这样一来，"学而优则仕"的风气开始，使西周时期的"世卿世禄"制度不能继续维持了。有些衰落下来的贵族，掌握一定的典籍与文化知识，不满大奴隶主对文化的垄断，要求学术下移，于是私人讲学之风兴起，把西周时期"学在官府"的局面冲破了。这些都是时势所趋，历史发展的必然。在这个历史条件下，孔子的教育目的从"学而优则仕"这句话可以看出，就是培养学习成绩优良、能够当官的人才，其私人讲学的教育对象是收罗"有教无类"的学生，不再是原先"学在官府"时的贵族子弟了。这个教育目的与教育对象，顺应了时代潮流，是进步的。

　　"学而优则仕"是子夏讲的，但它正是孔子的思想，孔子也是这样做的。孔子急于用世，所以才周游列国十四年，希图"如有用我者，吾其为东周乎？"① 他总想有机会打开一个局面，在周的东部地区做一番恢复西周的事业。这一点，孔子是复古、保守的。他培养了大批学生，也是准备有机会提拔使用，推行他的保守的政治主张的。

　　孔子对高才生因材施教的结果，分为四科。据《论语》一书中记载：德行科有颜回、闵子骞、冉伯牛、仲弓；言语科有宰我、子贡；政事科有冉有、季路；文学科有子游、子夏。德行科的学生是孔子心目中

---

① 《论语·阳货》。

独挡一面的全才，是做全面领导工作的，言语科是办外交的，政事科是当官的，文学科是讲学术的。因此，除文学科外，其他三科实际上都是从政、治民的。

孔子早期热衷于从政，所以《论语》中孔子对从政的教导是很多的。尤其对他认为的全才人物如颜回与仲弓，寄予很大的希望，经常教给他们治国安邦的大道理。如仲弓做了季氏的总管，是当权派，在他向孔子问政治时，孔子回答得简明扼要，他说："先有司，赦小过，举贤才。"① 这三条对一个领导人来说，确实十分重要，可以说是反映了古今中外做领导人的客观规律。"先有司"是说在工作人员中要做模范，起带头作用；"赦小过"是说工作人员犯有小错误时，不必计较，不要抓人家的小辫子；"举贤才"是说在用人方面要提拔德才兼备的人。这三条对今天的领导人来说，仍有现实意义，实际上许多领导人并没有都做到。有一次，季康子向孔子问政治，孔子回答说："政者正也，子帅以正，孰敢不正。"② 孔子又说过："其身正，不令而行；其身不正，虽令不从。"③ 这都是强调领导人要带头，要以身作则。在从政方面，孔子很重视人才，多次提出要"举贤才"。他指责有权位而不举贤才的人是"窃位者"，说："臧文仲其窃位者与！知柳下惠之贤，而不与立也。"④ 孔子在《论语》中讲人才的地方很多，可以说他是具有初步人才学的观点的。同时，孔子还讲过："道千乘之国，敬事而信，节用而爱人，使民以时。"⑤ 意思是说，治一个千乘的大国，行政设施要谨慎，要讲信用，要节约开支，爱护人民，征用人民劳力时，要注意农事时间。这几条只要能做到，对社会、对人民是很有益处的，可称得上是

①《论语·子路》。
②《论语·颜渊》。
③《论语·子路》。
④《论语·卫灵公》。
⑤《论语·学而》。

"仁政"。此外，孔子还讲到先富后教、足食足兵等，都是治国安邦的较好办法。

孔子很重视领导者的作风问题，他教育自己的学生要做一个好的领导人。他有一段话用对比的方法讲好坏两种领导作风。说："君子易事而难悦也。悦之不以道，不悦也，及其使人也，器之。小人难事而易悦也，悦之虽不以道，悦也；及其使人也，求备焉。"① 意思是说，在好的领导人的下边做事是很容易的，但你要讨得他的欢心，却很困难。因为你如果不以正当办法去讨他的欢心，他反而不高兴；在他给你分配工作时，却能量才使用，不过高要求。在不好的领导人下边做事是很困难的，但你要讨得他的欢心却很容易。因为你如果用不正当的办法去讨他的欢心，他正高兴；他对你的工作却是求全责备，这也不是，那也不行。这段领导工作的经验谈，至今天也还有现实意义，值得学习与警惕。

虽然孔子早期的教育目的是着重培养从政人才，但对文学科（学术）始终没有放松，即使他在周游列国从事政治活动时，也还是带着学生讲学的；在政治活动不顺利，定居一地时，更是着重讲学。因此，孔子对学术的研究、对讲学的活动，一直在进行。

孔子私人讲学，收取的学生是很广泛的，不受阶级、国别、年龄的限制。有贵族子弟，也有城市贫苦人民；有鲁国的，也有卫国、陈国、蔡国、宋国、齐国以及晋国、楚国的；有跟他年龄相差不多的，如颜路、曾晳、子路等，也有和他相差四五十岁的，如颜回比孔子小三十岁，曾参比孔子小四十六岁，子石比孔子小五十三岁，子夏、子游、子张、有子都比孔子小四十多岁。这些年轻学生，多是孔子后期讲学时吸收来的，他们对孔子学术的传播多有贡献。

---

①《论语·子路》。

孔子说过：只要带一些干肉来要求学习的，我没有不给予教育的。甚至有名的难与交谈的互乡童子求见孔子时，孔子的学生很怀疑，但孔子还是接见了，并讲了一段很精彩的话，值得古今从事教育的人学习。他说："与其进也，不与其退也。惟何甚？人洁己以进，与其洁也，不保其往也。"① 意思是说，人家洗刷干净自己来求见，应该是嘉许他现在的干净，不应计较他过去的不干净；应该嘉许他现在的进步，不应该考虑他回去又可能退步。为什么要这样拒绝人家呢？对这种广泛吸收学生的做法，以及来者不拒、往者不追的教育态度，孔子自称为"有教无类"。它比西周时"学在官府"，受教育者只限于奴隶主贵族子弟的办法，大大进了一步。因为孔子教育的对象是有教无类，来者不拒，所以传说他一生教育过三千学生，其中身通六艺者七十二人。这说法虽难免有些夸张，但在春秋战国时期，从事学术活动，教育学生最多的，谁也比不上孔子，却是应该肯定的。

孔子教育的目的，早期着重培养从政、治民人才，后来有几个学生也确实做了官，如子路、子贡、冉求、仲弓、子游等，但大部分是没有做官的。他们假如做了官，推行孔子的政治主张，也不会有什么好的成绩，不过是逆着时代潮流做些复古活动，或者做一点改良工作。他在培养文学（学术）人才方面，才真正做出了宏伟的事业。由于孔子长期从事教育工作，积累了极其丰富的经验，也培养出不少后起之秀的文学人才，如子夏、曾参、有子、子游、子张等。他们又继续培养下一代的人才，在中国教育史和学术史上，留下了许多很宝贵的遗产。因此，孔子在中国历史上的伟大贡献不在政治方面，而在学术和教育方面。这个伟大功绩，是他在晚年回到鲁国后"删诗书，订礼乐、修春秋"等整理、编纂古代典籍与传授教育经验中才完成的。孔子政治上的失败孕育

①《论语·述而》。

了他学术和教育上的成功，这应该说是我们中华民族的幸运吧！

四、教育的内容

教育内容是由教育目的决定的。孔子从事教育数十年，培养了一大批学生，其教育内容是很广泛的，主要有以下几个方面：

（一）六艺

有人说孔子讲的六艺，就是"礼、乐、射、御、书、数"。我认为这种说法不正确。因为礼、乐、射、御、书、数，是西周时期奴隶主贵族学习的六艺，不是孔子教育学生的六艺。孔子虽然也会射能御，但这是由于他也是贵族出身，曾受过西周传统教育。根据孔子的教育实践活动，他教育学生的六艺应是汉儒所谓的"六经"，即诗、书、礼、乐、易、春秋，"六经"是中国古代宝贵的文化遗产，孔子的教育目的是培养从政、治民的人才，他认为必须学习这些文化遗产。

"六经"的主要内容，据《庄子》的《天下篇》讲："诗以道志，书以道事，礼以道行，乐以道和，易以道阴阳，春秋以道名分。"这就是说，诗是表达人的思想感情的，书是记载古代文告大事的，礼是讲究各种制度和礼节的，乐是陶冶人的感情的，易是讲究阴阳变化、推求哲理的，春秋是正名定分，以示褒贬的。

据《论语》一书记载，孔子对学生的教育，在"六经"中主要讲的是诗、礼、乐，现在就只把这三者略讲如下：

《论语》中对《诗经》讲得很多，主要有这样一条："诗，可以兴，可以观，可以群，可以怨；尔之事父，远之事君，多识于鸟兽草木之名。"① 由此看来，孔子心目中的诗，远非我们现在所讲的诗，也超出

①《论语·阳货》。

我们现在所讲的文学范围；其内容是很宽的，其作用是多方面的。他除了给诗以文学的任务之外，还付之以事父、事君，甚至增加动植物知识的任务。

乐，据说原有一部《乐经》，后来失传了。现在《礼记》中有一篇《乐记》，对乐讲得很详细，对音乐的理论谈得很深刻。这是我国乐学方面很重要的一篇东西，是孔子以后的儒家写成的。

孔子对音乐很感兴趣，也有很高的欣赏能力。他在齐国时，听到舜时的"韶"乐，迷醉得厉害，三个月吃肉都觉不出肉味来了。[1] 他跟人一起唱歌，听到别人唱得好，一定要他再唱一遍，然后自己跟他合唱[2]。

礼是维持社会生活的各种规律，大而包括一朝一代的典章制度，小而包括个人一言一动的规矩。孔子在《论语》中讲礼的地方很多，他认为礼极其重要，一个人不学礼，就不能立身做人；如果没有君君、臣臣、父父、子子等一套礼，社会就乱了。孔子要人们把礼和乐在社会生活中结合起来，互相补充，各发挥其长处。礼是分别贵贱等级的，乐是陶冶人的心情，缓和上下矛盾的；礼教人互相尊敬，重外表形式，乐教人互相亲爱，重内部心理。

《六经》中除《春秋》外，都是古代传下来的典籍，但孔子在收集、整理、编纂、订正、阐明方面，做了很多艰苦工作。如对《诗经》，孔子自己说："吾自卫反鲁，然后乐正，雅颂各得其所。"[3] 这就是说，《诗经》中雅与颂两部分，是孔子从卫国回到鲁国后才订正、编排好的。又如《易经》，如果没有孔子晚年的潜心钻研，以至"韦编三绝"，没有孔子从理论上的阐述，那它只不过是一堆古人卜筮的资料，

---

[1]《论语·述而》："子在齐闻《韶》，三月不知肉味。"
[2]《论语·述而》："子与人歌而善，必使反之，而后和之。"
[3]《论语·子罕》。

作用是很小的。孔子说他在学术上是"述而不作，信而好古"，但实际上他是在述中有作，传古中大有创新的。孔子编纂的"六经"，保存了我国古代大量的宝贵历史资料，也包含了两千多年来儒学的哲学思想、政治思想、教育思想的基本观点，是中国封建文化的主体。孔子死后儒家虽分为八派，但八派共同遵循的，都是孔子编纂的"六经"。所以孔子对中国古代文化的保存与发展，是做了很大的贡献的。

（二）仁与礼

在《论语》一书中，孔子对道德品质的词，讲得最多的是"仁"与"礼"二字。仁字讲了一百零四次，礼字讲了七十四次，从此可以看出孔子对仁与礼的重视了。仁字虽不是孔子造的，而是原先已有的；但孔子提出仁来，却赋予了新的内容。仁的主要含义，孔子认为就是"爱人"。樊迟问仁时，他就是这样回答的。孔子的意思是把自己和别人都当人看待，把奴隶也当作人。这在奴隶社会是骇人听闻的，是高度的人道主义，是对"人的发现"，这在春秋时期是思想上的一大进步。

孔子认为从个人修养到理想政治，都离不开仁。仁是个人品德修养的核心，一刻也不能离开，这叫作"仁教"；仁者在位，施行好的政治，这叫作"仁政"。孔子说："君子无终食之间违仁，造次必如是，颠沛必如是。"① 意思是说，品德好的人连吃一顿饭的时间也不能违背仁，在很匆忙的时候，也要守着仁，在颠沛流离中，也要守着仁。这是讲仁在个人修养方面的重要，属于"仁教"。再扩而大之，孔子又说："仁者己欲立而立人，己欲达而达人。"② 这就是"修己以安人""修己以安百姓"③ 的思想，如体现为政治措施，就叫作"仁政"。

---

①《论语·里仁》。
②《论语·雍也》。
③《论语·宪问》。

礼，前边已讲过，它是维持社会生活的各种规律，大而包括一朝一代的典章制度，小而包括个人一言一动的规矩。如果说仁在孔子的哲学思想与教育思想中有很大的创新，那么礼就不同了。总的说来，孔子心目中的礼，是崇古的成分较浓，保守的东西多一些。孔子对于新兴的权贵人物的"僭越"行为是很反对的，如鲁国的季氏地位应是大夫，可是他越级用天子的礼乐，让六十四人在庭院中奏乐舞蹈。孔子对此咬牙切齿地说："是可忍也，孰不可忍也？"① 当然，孔子对礼也不是绝对崇古，也有损益、改革的地方。如有一次，子张问孔子：十世以后的历史变化可否知道？孔子回答说："殷因于夏礼，所损益，可知也；周因于殷礼，所损益，可知也；其或继周者，虽百世，可知也。"② 这就是说，商朝对于夏朝的典章制度，有增减变化；周朝对商朝的典章制度，也有增减变化。这些增减变化也就是改革，改革的原因当然是由于社会不同了。周以后历史的发展变化，即使一百世，也无非是有增减变化罢了。这是孔子的历史观，是礼的大的方面。对礼的小节，孔子主张有的也可以改变。如他说："麻冕，礼也；今也纯、俭，吾从众。"③ 这就是说，用麻料做礼帽，这是古礼；今天大家用丝料做礼帽，这样省俭一些，我赞成大家的做法。西周的制度是"礼不下庶人，刑不上大夫"。这就是说，庶人中不讲礼，大夫以上不受刑法处理。孔子讲的礼，还有一点进步的意义是他把西周时不下庶人的礼，下到庶人了，这也是他的人道主义的表现。

仁与礼的关系怎么样呢？仁是内心中求善的自觉活动，礼是外部行为的合理准则。礼与仁结合起来，就成了很好的品德。礼如不与仁结合，就徒具形式，没有意义了。所以孔子说："人而不仁，如礼何？"

① 《论语·八佾》。
② 《论语·为政》。
③ 《论语·子罕》。

二者如何结合呢？孔子曾对颜回说："克已复礼为仁。"具体要求是"非礼勿视，非礼勿听，非礼勿言，非礼勿动"①。这就是说，克制自己的缺点，做到礼，就是仁。如何克制？就是不合礼的事，不看、不听、不说、不做。

（三）忠与孝

孔子以后，《礼记·中庸》中称君臣、父子、夫妇、兄弟、朋友是天下的五条达道，即所谓五伦。这五伦道德是孔子以后的儒家发展成的。五伦道德是我国封建道德的主要部分，从文化思想上配合封建专制政治，对我国社会发展起了阻碍作用。特别是忠与孝，在统治阶级的影响下，后来发展成愚忠愚孝，一点人民性都没有了，成了扼杀人间生气、压制社会进步势力的沉重枷锁。

孔子对五伦只讲到三伦，即父子、君臣、朋友。孔子对父子关系讲得有好的一面，也有坏的一面。讲得好的如子游问孝，他回答说："今之孝者，是谓能养。至于犬马，皆能有养；不敬，何以别乎。"② 意思是对父母只做到养活，还不算孝；一定要内心有敬爱之心才算孝。讲得坏的就有点愚孝的味道，如有一家父亲偷了别人的羊，儿子出来作证明，人们称赞这个儿子正直，孔子却认为不对。他认为正当的做法，应该是"父为子隐，子为父隐"。③ 这个讲法在历史上起了很坏的作用。

孔子对君臣关系讲得稍好一些。他一方面讲臣事君要忠，但也提出君使臣要以礼；同时他主张臣对君固应忠实不欺，但君有错误时，臣也可以触犯他。④ 这对后世许多耿直敢谏之臣，给了很大鼓舞。

①《论语·颜渊》。
②《论语·为政》。
③《论语·子路》。
④《论语·宪问》："子路问事君，子曰：'勿欺也，而犯之。'"

孔子对朋友关系讲得更好。如说："君子以文会友，以友辅仁。"[1]
即主张朋友间应一同研究学问，辅助品德。他又说："益者三友，损者
三友。友直、友谅、友多闻，益矣；友便辟，友善柔，友便佞，损
矣！"[2] 这就是说，三种好朋友是正直的，忠实的，见多识广的，应该
结交；三种坏朋友是逢迎拍马的，两面三刀的，夸夸其谈的，不应结
交。他对交朋友的这种讲法，在今天也还值得参考。

（四）中与权

孔子对中与权的估价很高，但在《论语》一书中，讲中与权却很
少。这也许由于他认为其中道理较深，更不容易做到，对一般学生不必
讲。《论语·雍也》中说："中庸之为德也，其至矣乎？民鲜久矣！"意
思是说，中庸这种品德是很高的，人们很长时间是做不到的。中庸也就
是中或中道的意思。

孔子的中道，就是要人做人做事都做得恰到好处，不要过分与不
及。据《论语》中记载，有一次子贡问孔子：子张和子夏谁更好些？
孔子回答说：子张有点过分，子夏有点不及。子贡说：那么，还是子张
比较好一些吧？孔子说："过犹不及。"[3] 这就是说，过分与不及一样都
是错误的。这种看法比我们前些年"左比右好""宁左勿右"的思想合
理得多。

中是一个原则，但又不能死守，还须根据具体情况，有一定的灵活
性。所以，孔子说："可与共学，未可与适道；可与适道，未可与立；
可与立；未可与权。"[4] 这就是说，可以同他一道求学，但不一定同他

---

①《论语·颜渊》。
②《论语·季氏》。
③《论语·先进》。
④《论语·子罕》。

都能得到某种成就；可以同他一道得到某种成就，但不一定同他都能依礼行事；可以同他都能依礼行事，但不一定同他都能通权达变。可见，权是在复杂的事物面前，权衡轻重，更适当地处理问题，它是补救中之不足的，是很难能而可贵的。所以孟子说："子莫执中，执中无权，犹执一也。所恶执一者，为其贼道也，举一而废百也。"① 意思是说，假若死守一个中，没有一定的灵活性，就会对许多具体情况下的问题处理不当。

五、教育的方法

孔子教育思想中最宝贵、最可学习、借鉴的，应该说是他在教育方法方面的理论与实践。因为教育方法是一门科学，它反映实际教育活动中存在的客观规律。这些规律是不随人们的意志为转移的，是不受阶级性的限制与时代、国别限制的。孔子从事多年教育工作，他在这方面有许多创见，不但是中国教育史上的光辉，在世界教育史上也是少有的。

孔子教育方法的内容，可分为身教、道德教育方法与知识、智能的教学方法三部分。

（一）身教

身教有道德教育方面的，也有知识、智能教学方面的。孔子不仅有高度的好学精神，而且有做人的高尚品质。他考虑问题，非常冷静，非常客观。他不凭空猜测，不绝对肯定，不固执成见，不自以为是。② 孔子是"临事而惧，好谋而成"的人，他处理问题非常严肃谨慎。孔子胸怀宽阔，对待人的态度是："老者安之，朋友信之，少者怀之。"③ 这

---

① 《孟子·尽心下》。
② 《论语·子罕》："毋意，毋必，毋固，毋我。"
③ 《论语·公冶长》。

就是说，对老年人要让他安安心心、舒舒适适度其晚年；对平辈朋友要以诚相待，团结共处；对年青一代要关怀他们的前途，帮助他们创造成长的有利条件。这也就是孔子的"修己安人""己欲立而立人"的伟大抱负。唯其有此抱负，孔子对事业才有强烈的责任感。当时有人见天下已乱，讽刺他东奔西跑，妄想政革。他却叹息说："鸟兽不可与同群，吾非斯人之徒与而谁与？天下有道，丘不与易也！"其意思前边已解释过了。当时有人说孔子是一个"知其不可而为之"的人，确实如此，这种精神是很可贵的，它影响了中国两千多年的一部分知识分子。养成了"先天下之忧而忧，后天下之乐而乐"与"天下兴亡，匹夫有责"的积极负责精神。孔子又是一个"不怨天，不尤人，下学而上达"[①] 的人，无论处境如何不顺利，他只冷静考虑怎样对待，丝毫不怨天尤人。怨天尤人的毛病，古今中外太普遍了，其对人对事的危害是很大的。孔子能做到不怨天尤人，真是极高的修养。他还能下学而上达，能从简单事物中理解到高深道理，这也是极不容易的，只有伟大的哲学家、教育家才可做到。以上几点，都是孔子做人的极其高尚的品质。

人们一讲到孔子为人师表的方面，就会想到他的两句名言："学而不厌，诲人不倦。"[②] 这两句话确实重要，它是孔子教育方法的重要经验总结，也是古今每一个教师应具有的极其高贵的品质。孔子十五岁志于学，一直到七十三岁逝世，一生近六十年始终在兴致勃勃地学习，从无厌倦情绪；孔子从三十岁开始收取学生，进行教育活动，直到老死，从事教育事业四十多年，也一直兴致勃勃，从无厌倦情绪。孔子一生"学而不厌，诲人不倦"。这一点必须是高度热爱教育事业，高度热爱学生，才能做到的。这两个高度热爱，在今天也是一个优秀教师应具有的高贵品质，在教师中应大大提倡。

①《论语·宪问》。
②《论语·述而》。

　　孔子对学生的态度非常和蔼，与学生的关系非常融洽。他经常和学生互相问答，交换意见。他很喜欢跟学生谈心，学生也很乐于跟他交谈。有一次，子路、曾晳、冉有、公西华四人陪孔子坐着，孔子对他们说：我比你们年龄大些，这没有什么，不必拘束。你们平时常说，别人不了解你们，如果有人了解你们，准备提拔使用你们，你们怎么办？接着子路、冉有、公西华相继谈了一番个人的雄心壮志。轮到曾晳讲了，他还在那里鼓瑟哩，他先从从容容把瑟放下，然后慢吞吞地说：我和他们三位不一样，我是想在晚春时节，穿上春季的新服装，相随五六位成年与六七位青年，去沂水上洗洗澡，在舞雩台上吹吹风，然后一路唱着歌儿回来。孔子听完，对曾晳表示赞许。① 这一段描写很能反映孔子与学生之间的热情、和谐气氛，这与我国后来封建社会的师生关系是远不相同的。孔子对待学生的这种热情、和蔼态度与他"学而不厌，诲人不倦"的精神，都是优良的身教典型。

（二）道德教育方法

　　孔子对教育心理是很有研究与体会的。他认为人们生来的性情、资才是相差不多的，但是后来经过社会的习染就相差很远了。② 据此，他深信环境对人的影响，教育对人的作用是很大的。现代心理学认为，一个人先天的遗传只能提供他发展的可能性，而不能决定其发展的现实性，发展的现实性，要由后天的环境、教育决定。一个人的智力水平与品德好坏，经过不同的教育可以有很大的悬殊。我们不能说孔子已具有现代心理学的知识，但他的"性相近、习相远"的观点，与现代心理学的说法在性质上是属于同一论调，只不过在量上有精粗之差、深浅之别罢了。

---

① 据《论语·先进》。
②《论语·阳货》："性相近也，习相远也。"

可是，孔子又讲过"唯上智与下愚不移"和"生而知之者上也"的话，这与"习相远"的观点不是矛盾了吗？这该如何解释呢？我认为孔子从事教育工作四十多年，经验在不断发展变化，前后讲的，难免有不一致的地方。庄子也说孔子"始时所是，卒而非之"。因此，某些观点前后有些矛盾是可以理解的。那么，该相信哪个说法代表孔子的主要思想呢？我认为这个问题应参照孔子讲的其他话和他的实际行动来判断。孔子自居不是一般人，应属于上智，但他又说："我非生而知之者，好古敏以求之者也。"① 孔子也从来没有说过历史上任何一个圣人是生而知之的；同时，他一生勤学好问，这都说明"生而知之"与"上智不移"的说法是不正确的，不能代表孔子的主张。至于"下愚不移"，那是事实，如生来就是白痴的人，怎么能改变呢？

孔子既主张"性相近，习相远"的理论，重视环境的影响和教育的作用，因此，他对交朋友和选择环境十分重视。他说："德不孤，必有邻。"② 这就是说，一个人要求上进，学得好品德，必须有同伴互相勉励。他又说："益者三友，损者三友。"这在上文已讲过了。他还说："里仁为美，择不处仁，焉得智？"③ 这是说不选择风气好的地方住，是不聪明的。交朋友与选环境对一个人起潜移默化的作用，现在我们教育儿童与青少年，也应十分注意这个问题。

进行品德教育，教师对学生要有耐心，要循循善诱，启发开导。颜回说孔子对他就是"循循然，善诱人，博我以文，约我以礼"，才使他"欲罢不能"，尽力学习的。在品德教育中，在适当的时候对学生进行鼓励或批评，也是必要的，孔子也使用这些方法。

孔子有一次和子夏谈诗，发现子夏有新的领会，立刻高兴地说：

---

① 《论语·述而》。
② 《论语·里仁》。
③ 《论语·里仁》。

"启予者，商也，始可与言诗已矣!"① 他发现学生的缺点，也做批评。孔子对子路批评得很多，对子贡也有几次批评。颜回是孔子最赞赏的高徒，孔子也批评过一次，说："回也，非助我者也，于吾言无所不悦。"② 指出颜回对他的教导从不提出质难和他讨论，对他没有帮助。孔子是很喜欢跟人讨论问题的。

品德教育除需要外力之外，更重要的是启发学生自己下决心，个人多做努力。在这方面，孔子也讲过好几条，都是很重要的。如一个人首先要立志，孔子常讲志于学，志于道，和学生谈论个人的志向，以指导学生。立志是学生学习的大问题，也是一个人人生观的大问题。一个人有志愿、有理想，才有奔头，有干劲。孔子也强调力行，强调言行一致，行重于言，要"先行其言，而后从之"；要"讷于言而敏于行"。因为好品德要表现在行动上，不是光在口上讲一讲就完了，所以强调力行是很对的。孔子强调学习要有坚持性，要有毅力。他说：南方人有句话，说学巫医是很容易的，但如果一个人没有恒心，连巫医也学不成。这话是很好的。孔子在品德教育上也强调内省功夫，要"见不贤而内自省"，曾子的"吾日三省吾身"，也是从孔子学来的。孔子还重视认识对修养的作用，所以他主张学习，要通过学习提高认识，不能满足于素质好而放松学习。他说："好仁不好学，其弊也愚；好智不好学，其弊也荡；好信不好学，其弊也贼；好直不好学，其弊也绞；好勇不好学，其弊也乱；好刚不好学，其弊也狂。"③ 意思是说，一个人如果喜爱仁德，却不喜爱学习，其流弊是不辨好坏差别，容易受人愚弄；如果喜爱聪明，却不喜爱学习，其流弊是放荡而不信正道；如果喜爱诚实，却不喜爱学习，其流弊是不明是非，容易受人利用；如果喜爱直爽，却不喜

①《论语·八佾》，商是子夏的名字。
②《论语·先进》。
③《论语·阳货》。

爱学习，其流弊是说话尖刻，伤害别人；如果喜爱勇敢，却不喜爱学习，其流弊是捣乱闯祸；如果喜爱刚强，却不喜爱学习，其流弊是胆大妄为。孔子强调认清好坏之后，就应迁善改过，他说："闻义不能徙，不善不能改，是吾忧也!"孔子还强调道德教育要把认识提高到信念，有了强烈的兴趣，才能更大地发挥作用。他说："知之者不如好之者，好之者不如乐之者。"① 只有爱好学善，乐于学善，才能真正学好。学习要收到好的效果，必须先引起学生的学习兴趣，这是现代心理学和教育学上极重要的原则。孔子对此已有很明确的认识，是非常可贵的。孔子又说："人而不仁，疾之已甚，乱也。"② 这是说对品德不好的人，一味深恶痛绝，是会逼出乱子来的。这话也对，而且有现实意义。现在有些青少年思想品德不好，实际上是"四人帮"的受害者，如果对他们采取厌弃的态度，压制的办法，也会出问题。应该采取耐心教育的方法进行疏导，效果才会好些。

（三）教学方法

因材施教是教学方法中很重要的原则。因材施教一语是朱熹对孔子教学方法的概括，孔子确实是这样做的。他首先提出"中人以上，可以语上也；中人以下，不可以语上也。"③ 这就是说，对高才生要讲高深的道理，不要限制他的发展；对一般学生就只讲一般道理，免得他接受不了。颜回是孔子的高才生，子贡也是孔子的高才生，但子贡自己说他只能闻一知二，颜回却能闻一知十，可见颜回在高才生里是最突出的。因此，孔子对颜回讲的道理是很深的。颜回自己也说，听了孔子的教导，真像看高山越看越高，用力钻研，越钻觉得越深，有时看来像在前

---

①《论语·雍也》。
②《论语·泰伯》。
③《论语·雍也》。

边，忽然又觉得在后边，实在有些捉摸不住。① 可是夫子能够循循善诱，用丰富的古代文献充实我的知识，又用一定的规矩约束我的行为，使得我想要不努力也不行。我用尽自己的才力，似乎才有所体会了。②

另外，孔子对学生的特点很注意，很了解，他能根据各人的特点进行教学。在《论语》一书中，很多学生问同一问题，他的回答却各不相同。如子贡很聪明，但力行差一些。因此，有一次子贡问如何可算得君子，孔子回答说："先行其言，而后从之。"子路粗心一些，考虑问题不细密，孔子就教他"知之为知之，不知为不知"。最典型的是孔子对"闻斯行诸"一问的回答。冉求问孔子听到该如何做就立刻去做吗？孔子回答说：当然，听到就应去做。子路问同一问题，孔子却回答说：怎么能听到就去做呢？有父兄在么，还应再听取些意见呀！第三个学生公西华就怀疑了，去问孔子为什么对同一问题两样回答。孔子说：冉求性慢，力行差一些，所以我鼓励他听了就去做；子路性急，说干就干，所以我要教他慎重一些，多听取意见。③ 这些都是从补救学生的不足方面进行因材施教的。

孔子还注意从发展学生的特长方面进行教育。他的高足弟子中有所谓德行、言语、政事、文学四科的区分，这正是从发挥所长教成的。孔子以后的儒家在《礼记》的《学记》中提出教学要"长善救失"，这也就是孔子因材施教的经验。

因材施教在今天也还是在教学上需要研究的一个重要问题，外国教育家对此问题很重视，特别对高才生的培养提出许多新的经验。我国要多出人才、快出人才、出质量高的人才，也应创造这方面的经验。我国

---

① 《论语·子罕》："仰之弥高，钻之弥深，瞻之在前，忽焉在后。"

② 《论语·子罕》："夫子循循然，善诱人，博我以文，约我以礼，欲罢不能，既竭吾才，如有所立卓尔。"

③ 《论语·先进》。

有些中小学教师，在班级教学的基础上，进行分组指导与个别辅导，这也是因材施教的做法。

启发式教学法也是孔子教学经验的创造，至今还是教学方法中极其重要的一条原则。孔子说："不愤不启，不悱不发。"① 这就是说，学生不到想明白而不得明白的时候，不去开导他；不到想说出来而又说不清楚的时候，不去启发他。教师指教学生，要在学生有了求知的兴趣、动机、主动性、积极性的时候才有效。因为学习兴趣是学习的动力，没有兴趣，强迫灌输，学习效果是不可能好的。所以孔子也说："知之者不如好之者，好之者不如乐之者。"兴趣在道德教育与知识、智能教学上，是同样重要的。教师应千方百计想办法，一定要在学生有兴趣的时候教学生，这是教学上很重要的原则。孔子不仅教学生时用启发的方法，自己和别人谈问题，也善于接受别人的启发。他与子夏、子贡谈诗时，都曾讲到他得到的启发。后来《学记》中把这一经验总结为"导而不牵"与"教学相长"，这是教学上很宝贵的经验。

孔子又提出"学而时习之"与"温故而知新"的经验，这也是教学中很重要的原则。学习总得有复习，没有一定的复习，知识不能巩固；复习还要反复进行，不是复习一次就完了。复习时不应死记硬背，而要动脑子，求理解。这样，温习旧课不光能巩固已学知识，而且可以推陈出新，得到新的体会，这就是温故而知新了。

孔子还主张学生在学习中要把学与思结合起来，他说："学而不思则罔，思而不学则殆。"② 这就是说，只学不思则缺乏理解得不到要领，变不成自己的东西；只思不学，会走入歧途，那也危险。学与思结合，的确是很重要的，学如蜜蜂采花，思如蜜蜂酿蜜，光采花而不酿，百花之精英也不能变成蜜。可是没有百花之精英，就无法酿蜜。我们现在的

---

①《论语·述而》。
②《论语·为政》。

教学中还不是反对学生死记硬背，要学生独立思考，求得深刻理解吗？经过思考理解了的知识，不只容易记牢，而且便于应用。孔子还主张学与问结合，要求学生多疑多问，要"不耻下问"。他自己就是"入太庙，每事问"，不懂就问的。多问，多跟别人讨论，就能多得到启发，多了解问题。

对于影响学习的各种不良习气，孔子曾提出并批评了许多。他对于不肯用脑的人，不求上进的人，是很不喜欢的。他说："不曰如之何如之何者，吾末如之何也已矣！"① 意思是说，不考虑怎么办怎么办的人，我对他也真没有办法。他又说："德之不修，学之不讲，闻义不能徙，不善不能改，是吾忧也！"② 意思是说，不修品德，不讲学问，听到正义不去做，有了错误不肯改的人，我看了真发愁！孔子是很有教学经验的，但对两种人，他也表示为难。一次说："饱食终日，无所用心，难矣哉！"③ 另一次说："群居终日，言不及义，好行小慧，难矣哉！"④后一次是说，三五个人整天聚集在一起，不说一句正经话，还好耍小聪明，出些怪点子，对这种人实在没有办法。孔子又说："道听而途说，德之弃也。"⑤ 这就是说，有的人正道话听不进去，却好打听并散布些小道消息，这是应该改掉的坏习气。在经过十年内乱之后的今天的学生，不是也有不少人染上了这些坏毛病吗？如何教育这种学生，孔子感到为难，可是我们今天却必须解决这个问题。我想这种学生也不是不可教育的，只要对他们不嫌弃，不厌恶，能关心他们，尊重他们，让他们在人面前能抬起头来，没有自卑感，没有对立情绪，他们还是不难变好的。

---

① 《论语·卫灵公》。
② 《论语·述而》。
③ 《论语·阳货》。
④ 《论语·卫灵公》。
⑤ 《论语·阳货》。

六、关于社会生活的教育

我所谓的社会生活教育，就是指关于人们日常生活中应遵循的一些准则的教育。它讲的是关于待人接物的知识，即对人对己与处理事情的知识。这部分知识是与孔子教给学生的高深文化知识相区别的；这部分教育是与孔子培养从政、治民的人才教育相区别的。孔子的这部分教育思想，过去人们很少注意过，更未见到有人专题论述。对这个问题，我想分四个部分讲一些个人的看法。

（一）对人的研究和了解

孔子对人是很认真做了研究的，他说：早先我是听了一个人所讲的，就相信他所做的；现在我改变了，听了人的话，还要看他的行动，才敢相信他讲的是真是假。① 他又说：要了解一个人的品质，你看他做的是什么事，再看他做事所采取的方式、手段，再考察他做事的目的、居心，那他的品质就可明白，无法隐藏了。② 你看，孔子研究人的方法确实是很精密的，不但要注意言行一致，而且对其所做的事，做事的居心和手段，都要去了解。这种思想方法不是片面的，而是比较辩证的，符合实际的。

孔子认为人的品质有好有坏，他把品质好的人称为君子，把品质不好的人称为小人。他说："君子和而不同，小人同而不和。"③ 这就是说，君子对一般人都能团结，但又有正确的立场、原则，不跟坏人同流合污；小人却相反，他跟坏人同流合污，却不能团结一般人。孔子又

---

① 《论语·公冶长》："始吾于人也，听其言而信其行，今吾于人也，听其言而观其行。"
② 《论语·为政》："视其所以，观其所由，察其所安，人焉廋哉？人焉廋哉？"
③ 《论语·子路》。

说:"君子周而不比,小人比而不周。"① 这就是说,君子是以义结合,能团结人而不勾结人;小人是以利结合,只勾结人不能团结人。

孔子认为人犯错误是不好的,但人有好坏之分,因而所犯错误也就有不同的类型。看了一个人所犯错误的类型,也就可以知道这个人的品质好坏。② 这个看法是很深刻的,现在也有这样的事例,可以证明这个观点是正确的。如林彪、"四人帮"横行时期,他们要整好同志,让别人揭发这一同志的错误,有的人明知这个同志有某些错误,但他为了保护这个同志,不去揭发;另有的人却为了讨好林彪、"四人帮",不仅揭发了,而且歪曲事实真象,夸大错误程度。这两个人都没有如实地反映情况,一般说来都是不对的;但两个人的品质却大不相同,一个是爱护同志,一个却是陷害同志。

孔子认为好品德的类型不同,它表现出来的优点也是不同的。

他说:"智者不惑,仁者不忧,勇者不惧。"③ 因此,不能要求仁者一定也不惑、不惧。孔子又说:"有德者必有言,有言者不必有德;仁者必有勇,勇者不必有仁。"④ 这就是说,不同类型的好品德相互之间也有高低层次,即具有某种好品德的人,一定会有另一种好品德;相反,具有另一种好品德的人,却不一定有某种好品德。这一分析也很精密,而且符合实际情况。

孔子深信人是在发展变化的,特别是年轻人,前途不可限量。他说:"后生可畏,焉知来者之不如今也!四十五十而无闻焉,斯亦不足畏也已。"⑤ 他对年轻人寄予很大的希望,希望及早努力上进,不要到

---

①《论语·为政》。
②《论语·里仁》:"人之过也,各于其党,观过斯知仁矣。"
③《论语·子罕》。
④《论语·宪问》。
⑤《论语·子罕》。

了四五十岁一事无成，老大徒伤悲，也无济于事了。

孔子认为最好的品德是说话忠诚老实，做事负责认真。他说这种人到什么地方，都是行得通，受欢迎的；相反，不具备这种品德的人，就是在本乡本土，也行不通，不会受欢迎。① 孔子认为最不好的品德是骄傲与吝啬，他说："如有周公之才之美，使骄且吝，其余不足观也矣！"② 意思是说，即使有周公那样好的才能，如果他骄傲而又吝啬，既不虚心向别人学习，又吝啬不肯帮助别人，那他就没有什么可取的了！这些看法的确是很正确的，在任何社会，说话忠诚老实，做事负责认真，都是很好的品德；骄傲与吝啬，都是很不好的品德。

这里需要讲清楚一个问题。过去曾有人认为，在阶级社会，道德就只有阶级道德，不会有超阶级的道德。这个观点是片面的，已有人反驳过了。应该说道德有阶级性的一面，也有非阶级性的一面；阶级道德是有的，但在阶级道德之外，也还有同一社会内不同阶级的共同道德，甚至在不同社会阶段的各阶级，也可以有共同道德。列宁说的"数千年来在一切处事格言上反复谈到的、起码的公共生活准则"，指的也就是共同道德。为什么利害不同的阶级会有共同遵循的道德呢？实际上这也有其经济基础，就是各阶级除不同利益之外，也还有些共同利益。如盗窃是各阶级、各社会阶段都反对的，因为不论贫富，都有自己的或多或少的私产，不愿让别人拿去。因此，反对盗窃就是公共道德。又如买卖公平是道德，投机倒把是不道德，这也是各阶级一致赞成的。因为不如此，社会上就没有货物的合理交换，社会秩序乱了，对大家都不利。这一公共道德，也是有共同利益作基础的。"言忠信，行笃敬"，也是以各阶级共同利益为基础的，所以也应属于公共道德。孔子对道德品质的

---

① 《论语·卫灵公》："言忠信，行笃敬，虽蛮貊之邦，行矣！言不忠信，行不笃敬，虽州里，行乎哉？"
② 《论语·泰伯》。

言论，有许多讲的就是公共道德，并不受阶级与历史的限制。

孔子细心观察了人的一生，根据生理、心理特点，将人的一生分成三个大的阶段，并随每阶段一般容易犯的毛病，提出应该警惕的问题。他说："君子有三戒：少之时，血气未定，戒之在色；及其壮也，血气方刚，戒之在斗；及其老也，血气既衰，戒之在得。"① 意思是说，人在年轻的时候，血气没有稳定，还在成长，要警惕不可把精力放纵于女色；到壮年时候，血气正旺盛，容易发怒，要警惕不要跟人打架斗殴；到了老年，血气衰弱了，容易注意眼前利益，要警惕不可贪求无厌。这些话讲得都很深刻。

此外，孔子对于染有"饱食终日，无所用心""群居终日，言不及义，好行小慧""道听而途说"等不良习气的人，是摇头叹气，很不喜欢的。因为这些虽不是太坏的品德，但妨碍一个人的进步。在我们今天，也应该反对这些不良习气。

（二）自己做人与对待别人的态度

在对人对己的要求方面，孔子主张"躬自厚而薄责于人"②。这句话已成了我国两千多年来的处世格言。对自己要求严格些，对别人不要要求过高。一般说来，这个主张今天也还可用，特别对于责人严格而不自责的人，更为适用。当然对于好的党员与干部，应该是对人对己都以高标准要求，不必对己严而对人宽。

孔子说："己所不欲，勿施于人。"③ 他要人将心比心，自己不愿别人如何对待自己，自己也不要用那种态度对待别人。这方法简明易懂，只要愿意学，谁都可以做到。孔子又说："可与言而不与之言，失人；

①《论语·季氏》。
②《论语·卫灵公》。
③《论语·颜渊》。

不可与言而与之言，失言。君子不失人，亦不失言。"① 意思是说，应该和他谈话而不谈，这就对不起这个人；不应该和他谈话而谈了，这是浪费语言。君子处理这个问题，应是既不对不起人，也不浪费语言。这也是考虑比较周到，处理比较恰当的。

孔子认为大家都喜欢的人，不一定就真好；大家都不喜欢的人，不一定就真不好，还应细加考察。② 这样实事求是的了解人，毫不盲从，在认识方法上是辩证的、唯物的；在处理人事问题时，既不会冤屈好人，也不会受骗上当。我们今天的社会，由于林彪、"四人帮"的破坏，人们之间的关系不够正常，派性还有一定的作用，更不应轻信、盲从，还是要根据事实作判断。在《论语》中还有一段话，和上述众好众恶都要考察的意思相似。一次，子贡问孔子说：同乡里的人都喜欢他，这个人怎么样？孔子回答说：还难肯定。子贡又说：同乡里的人都不喜欢呢？孔子说，也难肯定。如果同乡里的好人都喜欢他，不好的人都不喜欢他，这样的人才肯定是好的。这和前边讲的"人之过也，各于其党"一样，人之好恶也是"各于其党"的。这个观点也是正确的，它不仅主张对众好众恶都要考察，而且还提出了考察的一种方法。

孔子说："法语之言，能无从乎？改之为贵；巽与之言，能无悦乎？绎之为贵。悦而不绎，从而不改，吾未如之何也已矣！"③ 这就是说，听了有根有据、直接了当指责自己的话，能不承认吗？只承认还不够，改正了才好。听了委婉曲折的劝告，能不高兴吗？且慢高兴，分析一下话里的真意才好。高兴而不加分析，承认而不去改正，对这种人我也没有办法。我们听了别人对自己有关的话，不管他是用什么方式讲出来的，都应力求从中取得教益，并见之于行动，这当然是难能而可贵的

---

① 《论语·卫灵公》。
② 《论语·卫灵公》："众好之，必察焉；众恶之，必察焉。"
③ 《论语·子罕》。

态度。

孔子认为一个人要求上进，离群索居、孤陋寡闻是不行的，一定要找同伴、交朋友。他说："德不孤，必有邻。"又说："益者三友，损者三友。"不仅交朋友要注意，住处也要选择。孔子说："里仁为美，择不处仁，焉得智?"交友和择邻，这对青少年的影响是很大的，"文化大革命"以来，我们的体会更深，教育工作上应十分重视这个问题。

孔子认为一个人的语言和做事能力有关系，又不相同。话讲得漂亮的人，不一定做事能力就强。因此，不能看他讲得好，就提拔重用；也不可因为他为人不好，就把他讲的正确的话，也说成是错误的。①

(三) 观察研究事物的态度和方法

孔子认为观察、研究事物，首先要态度端正，要"知之为知之，不知为不知"②。知道就是知道，不知道就是不知道，这似乎很平常，但有不少人并做不到。有的人好不懂装懂，强不知以为知；有的人辨别问题不明确，稍懂一点儿，就以为懂了，实际上还是以不知为知。因此，必须在观察、研究之前，先弄清自己对事物知道的实际情况，才好开始进行观察、研究。孔子在这两句话之后，还加了一句，说："是智也。"就是说能做到这点，就是聪明智慧。可见，要做到"知之为知之，不知为不知"并不容易，也不简单。

孔子自己研究问题，力防主观。上文讲过，他不随意猜测，不主观武断，不固执成见，不自以为是。孔子自己也说：有一种人好不懂装懂，我是没有这种毛病的。我是多多地听别人的意见，选择其中合理的

---

①《论语·卫灵公》："君子不以言举人，不以人废言。"
②《论语·为政》

部份接受；多多地看事物的情况，全记在心里。① 从这两点看，孔子研究问题的态度是很虚心、谨慎、不主观，是我们每个人应该学习的。

孔子研究问题的方法，也很值得重视。他说：我有许多知识吗？没有。即使粗野无知的人来问我一个问题，我脑子里空空的，一点意见也说不上来；但我也问问他，对这个问题有什么不同的看法，请他讲讲。我听了各种意见之后，再探索一番，也就有了主见，可以给他讲了。② 孔子还是用多问、多闻、多思考的方法，来对待不懂的问题的。

孔子很喜欢多动脑子的人，对于不肯动脑子，遇事不研究怎么办的人，感到真没办法。③

（四）处理事情的方法

孔子对处理事情也总结了许多经验。这些经验久经传诵，其内容几乎成了汉民族共同遵循的处事准则，其语言成了格言、谚语，在今天也可借鉴、学习。如他说：一个人如果不能高瞻远瞩，一定在近期就会遇到忧患。④ 又如说：事情到手时应该小心谨慎，考虑周到，才能办成。⑤ 又如说：做事只求快，就达不到目的；只看重小利，就做不成大事。⑥ 又如说：工人要做好他的工作，必须先整理好他的工具。⑦

孔子有个学生认为做事过头比不及好些，孔子告他说："过犹不及。"意思是过分与不及一样都是错误的。这一看法是符合辩证法与实

---

① 《论语·述而》："盖有不知而作之者，我无是也。多闻，择其善者而从之，多见而识之。"

② 《论语·子罕》："吾有知乎哉？无知也。有鄙夫问于我，空空如也。我叩其两端而竭焉。"

③ 《论语·卫灵公》："不曰如之何如之何者，吾末如之何也已矣！"

④ 《论语·卫灵公》："人无远虑，必有近忧。"

⑤ 《论语·述而》："临事而惧，好谋而成。"

⑥ 《论语·子路》："欲速则不达，见小利则大事不成。"

⑦ 《论语·卫灵公》："工欲善其事，必先利其器。"

际的。我们过去历次运动中的"左倾"错误，就是误认为过比不及好。"左比右好""宁左勿右"的错误思想起了很坏的作用，当时总是说"左"是认识问题，右是立场问题；认识错误小，立场错误就大了。其实，右是错误，有危害，应该反对；"左"也同样是错误，也有危害，也应该反对。孔子在两千多年前对此就有明确的认识，是难能而可贵的。

孔子又说："小不忍，则乱大谋。"① 意思是说，在小事情上不果断，不下决心处理，就会扰乱大事，破坏大的计划。又说："君子成人之美，不成人之恶；小人反是。"② 意思是说，品质好的人是成全别人的好事，不成全坏事；品质不好的人，与此恰恰相反。又说："君子周急不济富。"③ 意思是说，品质好的人是帮助生活上有困难的人解决问题，不是帮助富有的人发财。这许多都是讲得很正确的，至今还流传在一部分人的口头上。

类似上述的话还很多，从以上所举各例，也可见到一斑了。

前些年讨论孔子思想时，曾有同志认为"重人事，轻鬼神"是孔子学术思想中最可宝贵的唯物主义因素，认为这一思想经过两千多年的传播与影响，在一定程度上对汉民族奋发图强、重视主观努力等性格的形成是起了积极作用的；汉民族受宗教影响比较浅，与此也有关系。我完全同意这一观点。墨子的时代比孔子晚，还著有《明鬼》篇，宣传鬼神迷信；而孔子对鬼神却说"敬鬼神而远之""未能事人，焉能事鬼？"他虽不是明确而坚决地反对鬼神的存在，却也不是真诚相信的，而是看轻鬼神的，至少对鬼神是持怀疑态度的。至于重人事，这在他的哲学思想、政治思想、学术观点、历史观点各方面都是如此，教育方面当然也不例外。这一点也是孔子关于社会生活方面的重要教育。

---

① 《论语·卫灵公》。
② 《论语·颜渊》。
③ 《论语·雍也》。

　　《礼记》中的《中庸》篇，过去传说是孔子的孙子孔伋著的，近年来有人否定了，认为是战国末期，甚至秦汉时的儒家学者著的。在《中庸》篇中有这样一段话："君子之道，费而隐。夫妇之愚，可以与知焉，及其至也，虽圣人亦有所不知焉；夫妇之不肖，可以能行焉，及其至也，虽圣人亦有所不能焉。"意思是说，一种高明的理论，应用宽广，而含义深远。从浅显处说，一般文化程度很低的群众也可以理解，但其深奥处连圣人也有不能理解的；从容易处说，行为一般的群众也可以做到，但其艰难处连圣人也有做不到的。孔子有好多言论，特别是对社会生活教育的言论，正是这样，说浅也浅，说深也深，真有仁者见仁，智者见智，雅俗共赏，各取所需的妙用。

（写于 1981 年 7 月）

（原载于《辛安亭论教育》，湖南教育出版社 1983 年版）

《中国历史人物》序言

  1981 年 8 月，甘肃出刊的《少年文史报》约我写一些通俗文章，供高小和初中的青少年阅读，以增进他们的文史知识。根据我平日的了解，经过十年内乱，我们青少年的文化知识一般比较欠缺，尤其在一度"重理轻文"的影响下，他们的文史知识更为贫乏。这种状况与我们文明古国的地位很不相称，对青少年革命人生观的形成也有影响。党的十一届三中全会以来，我们国家对外采取开放政策，积极学习外国的先进科学知识与生产技术，以迅速改变我国的落后状况，这无疑是很必要的，也是很正确的。但是外国的某些消极的、坏的东西，资产阶级的生活方式，也随之而来，腐蚀了我们的一部分青少年。他们盲目地认为外国什么都好，中国什么都不好，于是自由化、个人主义就流行起来；极少数人数典忘祖，甚至崇洋媚外，丧失国格。这对我们国家、人民的利益，对社会主义制度，对四个现代化建设，对青少年的前途，都是很有害的。因此，我认为在增进青少年文史知识的同时，结合对他们进行爱国主义的思想教育，以抵制资产阶级思想的腐蚀是完全必要的，也是我们教育工作者的一项光荣任务。基于这一认识，我接受了《少年文史报》的要求，决定写中国历史人物，使我们的青少年通过对历史人物的了解，既增长文史知识，又受到爱国主义的思想教育，提高民族自豪感，抵制崇洋媚外的不良习气。

我之所以要写历史人物，还由于我们伟大的祖国，是世界上最大的国家之一。我国人口众多，物产丰富，历史悠久，又有光辉灿烂的文化，这些都是世界上少有的。我国历史上有许许多多杰出的政治家、军事家、思想家、科学家、文学家，他们有的从事革命活动或社会改革，做出了轰轰烈烈、惊天动地的事业，促进了我国社会的进步；有的埋头科学研究或文学创作，为我们留下了宝贵的精神遗产，对民族文化的进步也起了很大作用。所有这些人物都是我们中华民族的脊梁，对我们民族的兴旺发达都做出了不小的贡献；了解他们、学习他们，可以丰富青少年的精神生活，提高其民族自尊心和自信心，这对建设我们社会主义的高度物质文明与精神文明，无疑是会有很大帮助的。

根据上述认识，我编写的历史人物，有对我国疆域的开拓、巩固与捍卫做出了重要贡献的；有对各民族团结做出突出成绩的；有的是社会政治改革家；有的是农民起义领袖；另外有伟大的诗人、散文家、小说家、艺术家，有杰出的思想家，有著名的科学技术专家，总共 136 人。就大类而言，政治军事方面的有 66 人，文学艺术方面的有 35 人，学术思想与科学技术方面的有 35 人。就民族而言，汉族 122 人，少数民族 14 人；就性别而言，男的 125 人，女的 11 人。

我长期从事小学教材与通俗读物的编写工作，根据自己的实践经验，编写供青少年阅读的东西，必须写得内容充实而语言浅显，这样才便于读者学习。我国古人元好问有首诗是："好句端如绿绮琴，静中窥见古人心。阳春不比黄花曲，未要千人作赏音。"他认为好诗只能让少数人心领神会，大多数人是不能赏识的；写诗的人也不应要求多数人懂得。我是不赞成他的这个意见的，并唱反调，也写了一首诗是："深入浅出苦用功，雅俗共赏最称神。阳春要学黄花曲，定要千人作赏音。"

我认为写诗歌应如此，写散文也应如此，写历史人物同样应如此，都应写得通俗易懂。这是我写历史人物在写法上的态度与愿望。

具体该怎么写呢？首先要在材料取舍上下大功夫。一个人物，要求一般只写 1 000 字左右，但要写好必须看很多材料，不单要看正史中的传记，还要力求参考别的书籍。看的力求多，写的要尽量少，由博返约，于是就要下很大的剪裁功夫。根据什么标准剪裁呢？要根据人物的特点。材料中与人物特点无关或关系小的，就全部剪裁掉；关系大而又容易理解的，才选取一些。如汉武帝是一个雄才大略的君主，他有远见，也有魄力。为了写出他的这个特点，我只选取了他在文化政策上"罢黜百家，独尊儒术"一点，和在军事上抗击匈奴与开通西域这两件大事。又如，司马迁是一个杰出的历史学家，他的特点是发愤写《史记》。因此，我选取了他从小读史书与广泛旅游以收集资料，为写《史记》做了必要的准备；同时还突出地写了他一生受的两次大刺激：父亲的遗嘱与腐刑的折磨，以说明其发愤的根源。最后对《史记》这部著作只作了简单的评价。再如范仲淹，他的特点是少有大志："先天下之忧而忧，后天下之乐而乐。"他的一生也是这样做的。因此，我就着重写他少年的志向，守边疆与在朝处理国家大事的情况，老来不治宅第与园林的高贵品质。

其次，剪裁的结果，要写得有具体事实，有情节，但又不能写成历史故事。历史故事一般只写一件事，如刘备三顾茅庐；但我在写诸葛亮时，就不能只写这一点。历史人物要写一个人的一生，但又不能求全，只能选取几个片段。如对吕蒙正这个做过三次宰相的人物，我只写了他不记私怨、公正处事、敢于坚持正确意见、能用人这几点。又如对班超这个卓越的政治家、军事家，我只写了他青年时有远大志向、在鄯善国袭击匈奴使者的机智勇敢、领导西域三十年间在用人和团结少数民族方面的经验这三点。

再次，在语言文字方面要力求浅显易懂。不用生僻的字词，少用复杂的长句；语句要朴实清浅，少用名词术语。官名、地名尽量少用，最重要且必须知道的可选用一些，用时不另加注释，只随文加插句说明即可。如用到"参知政事"，可随即说就是副宰相；用到"户部"，可随即说相当于现在的财政部；用到"户部尚书"，就说相当于现在的财政部部长；用到"户部侍郎"，就说相当于现在的财政部副部长。再如用到地方官"湖广总督"，可随即说就是管理湖南、湖北两省的最高军政长官；用到"福建巡抚"，就说是管理福建省的最高行政长官。用到古今不同的地名，应加括弧说明是现在的什么地方。对皇帝的称呼，一般不用年号、庙号，只用谥号，如汉武帝、唐太宗、宋仁宗、明太祖，这样称呼比较习惯而且简单。少用年代，一个人物最好只选用两三个重要的年代，并一律用公元纪年，这样容易理解、记忆。总之，要时刻想到青少年这一读者对象，处处为减少他们阅读时的困难着想，尽量扫除语言文字方面的许多障碍。

司马迁的《史记》中的许多列传，是我国传记文学的典范。我写这本历史人物的方法，特别是多采用代表人物特点的具体情节，而少用人物官职、年代等烦琐知识，是学习《史记》列传的写法，要写成通俗的传记文学的。所不同的只是《史记》列传篇幅较长、内容较深，又用文言写出，是供文化水平高的人读的；我写的历史人物则篇幅短、内容浅、用语体文写出，是专供青少年读的。深浅不同，而意趣则是一致的。

在本书编写过程中，兰州大学高教研究室的刘景乾同志，对写法与选材提过许多有益的意见，并帮助我做了大量的文字加工和抄写工作；中文系的魏明安同志对材料的收集方面提过建议；还有《少年文史报》的有些读者，曾来信指出某些错误。这些都对本书减少错误、提高质量方面有所贡献，在此一并致谢！

本书付印前，我对已在《少年文史报》上发表过的许多篇作了补充、校正，同时又补写了一些人物，但限于水平，难免还有缺点错误，希望读者批评指正。

（写于 1982 年 12 月）

（原载于《中国历史人物》，甘肃人民出版社 1983 年版）

江隆基同志的教育思想与优良品德

  为了纪念江隆基同志逝世二十周年，我们要认真学习、继承江隆基同志的教育思想与优良品德，勤奋、求实、进取，办好兰州大学，培养更多更好的社会主义建设人才。

  江隆基同志是中国共产党的优秀党员，我党卓越的马克思主义教育家，久经考验的无产阶级坚强战士。我国古人有立德、立功、立言的讲法，我看江隆基同志在这三方面的成就都是很高的。就立德而言，1927年蒋介石叛变革命后，在白色恐怖严重的局面下，江隆基同志参加了中国共产党；1929年，我国留学生在日本反对日本政府侵略中国，江隆基同志参加了示威游行，并被捕入狱，这忠于革命、忠于党的"德"不是很高吗？江隆基同志一生全心全意为国家培养人才而鞠躬尽瘁，这忠诚党的教育事业的"德"不也是很高吗？就立功而言，江隆基同志在老区和新区，担任教育行政领导或大学领导工作，培养了千千万万干部，参加了我党领导的革命和建设工作，这"功"应该说是很大的！就立言而言，只就《江隆基教育论文选》一书来看，二十四篇文章，十七万字，内容广泛，见解深刻，其中关于大学教育管理部分尤为突出。在我国现代教育史上，总结这方面经验的著作还很少见，江隆基同志在这方面的贡献，应该说是卓著的。

以下就江隆基同志的教育思想与优良品德两方面分开来讲。

江隆基同志的教育思想是很全面的，根据《江隆基教育论文选》的内容，约可分为两大部分：一部分是一般教育思想，另一部分是大学教育管理思想。一般教育思想主要包括新民主主义教育、陕甘宁边区教育经验、新区教育的改革、新区旧知识分子的团结与改造等内容。现引有关文章简略介绍如下：

《在新民主主义教育的旗帜下前进》这篇文章是江隆基同志在 1941 年写的，文章一开头就讲："今天的中国存在着三种不同的社会：在敌占区，是日本帝国主义独占的殖民地社会；在国民党统治区，是帝国主义、官僚买办资产阶级和大地主阶级统治的半殖民地半封建社会；在抗日革命根据地是摆脱了帝国主义的奴役，废除了封建压迫，人民大众获得民主和自由的新民主主义社会。在三种不同的社会里，存在着三种不同的政治和经济，也存在着三种不同的文化和教育：在敌占区是以宣扬'王道'与培植顺民为目的的帝国主义的奴化教育；在国民党统治区，是以复古倒退、反共投降为特征的奴化与半封建教育；在抗日革命根据地则是以民族解放与社会解放为目标的新民主主义的抗战教育。"这开头就把当时整个国家的政治形势与前途，新民主主义教育与政治的关系，阐述得清楚而深刻。

《边区教育的回顾和前瞻》这篇文章是江隆基同志在 1948 年为迎接全国解放的新任务而写的。他在总结边区教育经验的基础上，提出了"新型正规化"的口号，要求教育工作来一个大转变，以适应客观形势发展的需要。他在讲到这个口号具体化到教学计划时说："中学文化科学基础知识的教育，一方面是与实际相联系的，另一方面又是系统化理论化的。它不仅是为了今天，而且也是为了明天；它既不是经验主义的继续，也不是教条主义的复活。为了提高与充实教学的内容，即使是目前农村实用性不大的课程（如代数、几何、物理、化学）也必须设立。"这段话深刻批判了延安整风以前的教条主义与以后的经验主义，特别是经验主义在当时还是很严重的。教育工作者不认识它的危害，就不能使教育适应全国胜利形势的需要。这段话把老解放区结合实际的优良传统强调了，也把当时忽视科学知识的系统性指出来了。这在新形势下是很必要的。

《稳步改革旧教育，努力建设新教育》这篇文章是江隆基同志 1950年在西北大区第一次教育会议上的闭幕词。他指出当时教育改革中操之过急与拖延不改的两种偏向同时存在，接着分析了两种偏向造成的原因："两者有个共同的特点就是对新民主主义的教育方针理解不够，对新中国当前的教育政策掌握不稳。其结果会造成不应有的混乱现象，推迟了旧教育的改革与新教育的建设。因此我们不能说前一种偏向是工作上的缺点，后一种偏向是原则上的错误，因为这两种毛病都是方针政策上的偏差，都是原则上的错误，都是需要我们努力改正的。"这就是说"左"（操之过急）和右（拖延不改）都是方针政策上的偏差，都是原则上的错误。我认为这样讲法是十分正确而且重要的。多少年来，我们有不少同志总是说"左"是认识问题，"右"是立场错误，"'左'比右好"。基于这种错误论调，就产生了行动上的"宁'左'勿右"的危害，这危害太严重了！我们应该深刻记取这一教训。江隆基同志在三十多年前对这问题就讲得那样明确而肯定，这一方面是他马列主义理论水平高的表现，同时也是他实事求是、负责认真的优良作风的表现。

《加强学校工作中的政治性和思想性》这篇文章是江隆基同志在1951 年抗美援朝运动中写的，文中对爱国主义讲了很多，发挥得极为深刻。他指出爱国主义是劳动人民千百年来巩固起来的对自己祖国的一种最深厚的感情，是推动社会前进的动力之一，它是任何时候都需要的。在抗美援朝期间固然需要，在平时也是需要的。在新民主主义时期需要，在社会主义时期也是需要的。……我们的一切工作都是为人民服务，为人民效力的，它本身就包含着丰富的爱国主义的内容。例如购棉储棉运动，就不仅是一个单纯的经济任务，也是一个广泛群众性的爱国运动。其他如农民交公粮，工商界的纳税，宗教界的三自革新运动等等，都是爱国主义的具体表现。在学校里，爱国主义不仅要贯穿在一切活动中，而且应贯穿在一切课程中。我们现在的学生如果能理解并掌握江隆基同志在本文内的论述，那他们学习的目的就会更加明确，学习的劲头就会更大，学习效果就会更好。

以上讲的是江隆基同志的一般教育思想，以下再讲讲他对大学教育管理的思想。

江隆基同志在北京大学和兰州大学共写了十一篇文章（只就他的教育论文选上有的而言），都是与办大学有关的。现在只选两篇介绍如下：

《谈谈高等学校的思想政治工作》这篇文章是江隆基同志 1962 年在兰大写的。文章对高等学校思想政治工作各方面的问题都讲到了。文中特别强调要针对学生的特点进行教育工作。他认为："青年学生的特点是追求进步、热爱真理的。我们对他们要善于启发，善于诱导，经常用党的光荣革命传统，革命领袖的伟大榜样，英雄模范的形象去激励他们，鼓励他们不断进步。在学习上要提倡认真读书、自由辩论、独立思考、敢于坚持真理和修正错误。要使学生的知识面更加广阔，而不是孤陋寡闻；思想更加活跃，而不是僵化；头脑更加充实，而不是简单。要培养他们具有无产阶级的坚定、忠诚、顽强的品格和革命乐观主义精神，能够经得起风吹雨打，而不像温室里的花草一样的脆弱。……"现在有不少同志感到大学生的思想政治工作不好做，学习江隆基同志这一段讲话，应能得到启发。他对教师的讲法是："知识分子的特点是感觉锐敏，自尊心很强。对他们进行思想政治工作，更要注意说理，启发自觉。在做法上要多采取交朋友、谈心、交流经验、民主讨论等方式；在态度上要真诚坦率，平等待人，谦虚恳切，不存成见。只有这样才能做到互相信赖，推心置腹，知无不言，言无不尽。"江隆基同志这样说了，也这样做了。由于他对学生和教师能够这样深入细致地进行思想政治工作，所以学校各项工作的成绩是显著的。今天兰大有好多同志还深为怀念，交口称赞。

《试论高等学校工作的经验》这篇文章是 1962 年江隆基同志在省委党校学习期间写的，是系统地全面地对高等学校工作的论述。他根据自己多年领导高等学校的实践，结合"大跃进"以来教育工作中正反两方面的经验，对高等学校的工作总结了八条经验，代表了他对高等教育的管理思想。八条的要点如下：

第一条，他说："高等学校的基本任务是贯彻执行教育为无产阶级政治服务，教育同生产劳动相结合的方针；培养又红又专、为社会主义事业服务的专门人才。因此，以政治为统帅，以教学为中心，教学、生产劳动、科学研究合理安排，德育、智育、体育全面发展，是高等学校工作的第一条经验。"他在解释"教学为中心"时说："如果忽视了专业知识的完整性与系统性，就不能保证所培养的学生达到一定的专业要求。"他解释生产劳动时，既说明了参加生产劳动的必要，同时又指出生产劳动必须服从教学计划的规定，不能认为劳动越多越好。他认为过去"开门办学"中只劳动，不教学，以致害了一代人的教训实在太深刻了。

在第二条里，江隆基同志说："学校教育的特点是依靠一定的教师，借助一定的教材，按照规定的教学计划进行教学。因此教师的主导作用和学生的学习积极性相结合，以课堂教学为主，辅之以各种必要的教学形式，是高等学校工作的第二条经验。"在这条里，他强调教材建设必须依靠教师，低估教师的作用，甚至采用学生讲课的办法是不正确的。

在第三条里，江隆基同志说："学校教育以传授现成的知识和经验为其主要内容，而理论知识的牢固掌握又需要一些必要的实际活动来印证。因此，理论与实践统一，而以理论学习为主；科学知识与实际技能结合，而以科学知识为主，是高等学校工作的第三条经验。"在这条里，他着重说明人类的认识过程是实践—理论—实践，而教学过程却是理解、接受—巩固、消化、融会贯通—实际运用。有人用实践—理论—实践的公式来硬套给教学过程是不对的。

在第四条里，江隆基同志说："高等学校所进行的是专业教育，每个专业都根据不同的培养目标，设有基础课、专业课及专门化课程。因此，根据既定的教学计划，采用由浅入深，由基础到专业，循序渐进，逐步提高的方法；首先学好基础课，然后学好专业、专门化课，是高等学校工作的第四条经验。"在这条里，他批评了有些人过早地强调攀登尖端，企图把基础课、专业课、专门化课齐头并进或者把专业课、专门化课提早到基础课前面来进行，都是一种轻重倒置与本末倒置的做法，是不对的。江隆基同志强调基础课的重要，强调老教师上教学第一线，这成了兰大教学的传统，这与近几年出国研究生考试，兰大成绩优异有很大关系。

在第五条里，江隆基同志说："学习必须依靠个人的努力。学生之间由于原有基础、个人才能和努力的程度不同，学习成绩的差异是不可避免的。因此，承认学生学习的差别性，采取因材施教的方法，培养学生独立钻研的兴趣，充分发挥个人才能，是高等学校工作的第五条经验。"在这条里他强调在承认差别的前提下，使先进的更先进，落后的及早赶上去，绝不应采用人为的办法去扯平拉齐。

在第六条里，江隆基同志说："高等学校是学术活动的场所，教学质量的好坏决定于学术水平的高低，而提高学术水平的关键又在于不断提高师生的积极性和创造性。因此，发扬学术民主，提倡自由讨论，贯彻'百花齐放，百家争鸣'的方针，是高等学校工作的第六条经验。"

在这条里，他提出百家争鸣不仅适用于科学研究，也适用于教学。但在教学中争鸣，不能妨碍完成教学大纲规定的内容，不能随心所欲，畸轻畸重。在大学里强调学术民主、自由讨论，贯彻"双百"方针，到现在也是一个十分重要的问题。

在第七条里，江隆基同志说："高等学校是由教师、学生、职工三部分人组成的。而这三部分人中又有党与非党之分，教师之中又有青老之分。要办好学校，必须搞好这几部分人的团结和合作。因此，不断调整教师和学生、老教师和青年教师、师生与职工之间以及党与非党、先进与落后之间的关系，正确处理他们之间的矛盾，是高等学校工作的第七条经验。"在这条里，他讲师生之间的正确关系是尊师爱生，教学相长；青老之间的正确关系应是青年教师虚心学习老教师的专长，老教师帮助新生力量的成长；师生和教职工间的正确关系应是职工为师生服务，师生尊重职工的劳动。……调整各种关系，团结一致做工作，这是任何时候，任何部门应该重视的一条。

在第八条里，江隆基同志说："教育工作是一种长期的学术活动，是一种复杂细致的思维活动，它需要安静的环境，稳定的秩序，清醒的头脑和持久不懈的旺盛情绪。因此，动静结合，劳逸结合，革命干劲与科学态度结合，大胆创造与实事求是精神结合，是高等学校工作的第八条经验。"在这条里，他批评了用加班加点提高工作效率的做法，批评了废除寒暑假、星期日休息的做法。

教育工作要做好，要掌握两方面的科学：一是教育学，这是要求教师懂得教育方法，善于教好学生；二是学校管理学，这是要求学校领导掌握管理学校的科学，能把学校各项工作搞得井井有条。我认为江隆基同志的教育论文选，就是一本教育管理学，特别是该书后边的十一篇文章可说是非常好，对管理大学的重要问题都讲到了：教学、科研、思想政治工作、学术讨论问题，教师应有的努力、学生应有的学风、全校各项工作的密切配合等等，应有尽有。过去也有过学校管理这类书，但内容一般化，无非是组织机构、工作类别、规章制度等等；远不像江隆基同志的学校管理学是从亲身经验中总结出来的，内容丰富而具体，并有一定的理论高度。

以上介绍了江隆基同志有关教育思想的文章共六篇，只占他教育论文选中的四分之一。要知道他的教育思想的全貌，最好还是阅读他的全部教育论文选。

江隆基同志的优良品德与其教育思想是相辅相成，相得益彰的。其优良品德保证其教育思想更好的贯彻执行。就我和江隆基同志相处之中，他的一言一行足以表现其优良品德者，分六点记述如下：

（一）忠诚党的教育事业

江隆基同志一生勤勤恳恳，扎扎实实，全心全意做教育工作；他无论负责机关行政或大学领导工作，总是把全部精力放在工作上。他在工作之外，和朋友往来很少；不因工作问题，也从不去访上级领导。他公而忘私，一切为公，不讲私交，这应该说是革命的好传统，是很好的品质与作风。但也引起有些人的误会，认为他对朋友冷淡，对上级不够尊重。我认为这种说法是不对的。江隆基同志对上级发下的文件，对领导同志的指示和讲话，都认真钻研，贯彻执行。怎么能说他对上级不尊重呢？江隆基同志自己工作很忙，他想别人也应该是很忙的。无事随便找人，既打扰别人，又浪费自己的时间，有何必要呢？

（二）团结知识分子，充分发挥知识分子的作用

江隆基同志领导高等学校工作，成绩显著，这与他深刻了解知识分子的特点，能团结知识分子，充分发挥知识分子的作用，有很大关系。高等学校的教师都是知识分子。党政干部大多数也是知识分子。江隆基

同志了解知识分子，他对知识分子态度上能真诚坦率，平等相待，谦虚恳切，推心置腹；工作上多与他们接触谈心，交流经验，民主讨论问题。这样就能使知识分子解除顾虑，去掉戒心，觉得江校长是自己人，对他也就知无不言，言无不尽；对工作也愿尽心竭力，精益求精。兰大和北大的好多教师，谈起江隆基同志来，都津津乐道，表示了非常亲切与敬佩的心情。

（三）信任干部，放手工作，有困难时大力支持

江隆基同志善于调动干部的积极性，让干部在实际工作中锻炼成长。记得他在陕甘宁边区当教育厅副厅长时，我负责教材编写工作，有时向他请示一些问题，他如有意见，就简单明确地讲出；如没有意见，就表示按我的意见去办，从不拖延时间，积压工作。兰州解放后，我任甘肃省文教厅长，除本身工作外，兼代西北大区教育部领导兰州的几所高等学校。当时江隆基同志任西北大区教育部长，对我代管的工作只做了一些原则的指示，让我放手处理问题。可是工作中遇到困难时，他便大力支持解决。如1950年兰大一些理科教授与一位俄文教授因行政权力问题大闹纠纷，省委也不好处理，我向江隆基同志反映了，要求他最好亲来兰州解决。不久，他果然来了，在兰大住了一个多月，从各方面了解情况，和我商量处理办法，又征求省委意见，最后把问题妥善解决了。

（四）严格要求，区别对待

江隆基同志对干部、教师、工人、学生都是严格要求的，不允许任何人玩忽职守，应付差事。工作不负责任或有重大缺点，他也给予批评。至于尽力工作而成绩稍差的，他不苛求。他注意各人的差异，不用一刀切的方式要求人。他重视各人的特点、长处、短处，力求量才使

用，使人尽其才，各得其所。对人不求全责备，用其所长，放到适当岗位。因此，在他的领导下工作，心情很舒畅，自己容易提高，工作也容易搞好。据兰大好多同志反映，江隆基同志有高度的领导艺术水平。他主持会议时，善于提出问题，又善于抓住重点，引导大家深入讨论。每次会议他都细心集中大家的智慧，当场综合、总结，明确几条。把与会同志的合理意见，都吸收进来，并提到更高的程度，使人感到每会均有结论、有收获。由于他领导有方，许多干部很快成长起来。因此，他在兰大不只做好了工作，而且培养了一批好干部，有的还调到省上和中央工作。

（五）实事求是，坚持原则

江隆基同志对工作认真负责，善于调查研究。他无论做一次动员报告，或是做一项工作总结，都要深入调查研究，做到心中有数，亲笔写稿，从不假手秘书起草，应付场面。在政治运动中，人们很容易头脑发热，随波逐流。而江隆基同志则不然，他认为政治运动中如不实事求是，更容易出问题，其危害更大。因此，政治运动一来，他考虑很周到，步子很稳。1959年反右倾斗争中，许多人头脑发热，对一部分同志的同题提得很高，政治帽子戴得很大。江隆基同志在力所能及的范围内，比较实事求是地恰当地处理了一部分同志的问题，政治上保护了这些同志。1965年他在农村领导社教运动时，也是步子走得很稳，不随"左"的浪头跑，最后县上总结时，认为江隆基同志领导的单位搞得较好，没出偏差。这样实事求是，冷静处理问题，本来是很好的，可是在当时别人说他右了；其实事后来看，不是他右，而是别人"左"了。江隆基同志在任何情况下能实事求是，坚持原则，这是他马列主义立场坚定，辩证唯物主义水平高的表现，是十分难能可贵的。

（六）作风正派，严于律己

江隆基同志作风正派，对自己要求严格，从来不搞特殊化。1961年国家经济困难时期，为了实行"四同"，他在学生食堂吃饭。当时有位副校长看到他健康情况不好，买了两只鸡让食堂做好给他送去。他叫炊事员立即端走，事后又批评了那位副校长。外地朋友给他送来的酥油、饼干，他全部转送给学校幼儿园的小朋友。江隆基同志对自己的子女及亲属也严格要求，经常教育他们要警惕政治上的优越感和生活上的特殊化。他的大儿子从北京石油学院毕业后，在他的支持和鼓励下到新疆克拉玛依油田工作。女儿高中毕业被录取到江西抚州地质专科学校，不愿去。他写信教育她要服从国家分配，培养专业兴趣，指出想靠爸爸调整满意的学校是错误的。

江隆基同志的优良品德，和他接触多的人都有深刻的印象。

（原载于《纪念江隆基文集》，兰州大学出版社 1987 年版）

辛安亭著述年表

1940 年

1. 辛安亭编著：《边区民众课本》，（陕甘宁边区）新华书店。

1941 年

2. 辛安亭编著：《地理课本》(高小第三册)，陕甘宁边区教育厅。

1942 年

3. 辛安亭编著：《地理课本》(高级第一册)，延安、辽县：华北书店。

4. 辛安亭编著：《地理课本》(高级第四册)，延安、辽县：华北书店。

5. 辛安亭编著：《历史课本》(高级第二册)，辽县、延安：华北书店。

6. 辛安亭编著：《历史课本》(高级第三册)，辽县、延安：华北书店。

7. 辛安亭编著：《民众课本》(第一册)，辽县：华北书店。

8. 辛安亭编著：《民众课本》(第二册)，辽县：华北书店。

9. 辛安亭、陈永康编著：《农村应用文》，辽县：华北书店。

10. 辛安亭编著：《卫生课本》(高级小学适用 第一册)，辽县：华北书店。

11. 辛安亭编著：《卫生课本》(高级小学适用 第二册)，辽县：华北书店。

12. 辛安亭编著：《卫生课本》(高级第二册)，辽县：华北书店。

13. 辛安亭著：《中国历史讲话》，辽县：华北书店。

14. 辛安亭著：《怎样编写在职干部文化课本》，《解放日报》10 月 20 日。

1944 年

15. 辛安亭编著：《卫生课本》(高级第一册)，辽县：华北新华书店。

16. 辛安亭编著：《卫生课本》(高小第一册)，陕甘宁边区新华书店。

17. 辛安亭编著：《绘图日用杂字》(陕甘宁边区冬学课本)，新华书店。

18. 辛安亭编著：《日用杂字》(陕甘宁边区冬学课本)，新华书店。

19. 辛安亭编著：《识字课本》(陕甘宁边区冬学课本)，新华书店。

20. 辛安亭编著：《识字课本》，韬奋书店。

1945 年

21. 辛安亭编著：《冬学文化课本》，新华书店。

22. 辛安亭著：《新百家姓》(石印本)，陕甘宁边区新华书店。

23.《关于冬学课本的教学问题》，《解放日报》2 月 2 日。

24.《关于农民识字课本的编法问题》，《解放日报》2 月 9 日。

25.《顺宁巡回学校》，《边区教育通讯》第 1 卷第 1 期。

26.《谈谈国语课本的使用与补充教材的编选问题》，《边区教育通讯》第 1 卷第 1 期。

27.《冬学识字教学上的两个问题》,《边区教育通讯》第 1 卷第 2 期。

28.《旧〈百家姓〉与〈新百家姓〉——小学补充教材》,《边区教育通讯》第 1 卷第 2 期。

1946 年

29. 辛安亭编著:《儿童谜语》(新儿童小丛书之二),涉县:新华书店。

30. 辛安亭编:《儿童日记》(新儿童小丛书之五)初级第一集,涉县:新华书店。

31. 辛安亭编:《儿童作文》(新儿童小丛书之三)初级第一集,涉县:新华书店。

32. 辛安亭编:《识字课本》(冬学民校夜校小学适用),太岳新华书店。

33.《群众急需字研究》,《边区教育通讯》第 1 卷第 3 期。

34.《围着火盆谈天——冬季自然课补充教材》,《边区教育通讯》第 1 卷第 3 期。

35.《文从写话起》,《边区教育通讯》第 1 卷第 4 期。

36.《今年儿童节的感想》,《边区教育通讯》第 1 卷第 5 期。

1947 年

37. 辛安亭等编:《农村应用文》,山东朝城:冀鲁豫书店。

1948 年

38. 辛安亭编:《绘图老百姓日用杂字》,华北新华书店。

39. 辛安亭编:《初小国语》(补充教材),延安、平山:新华书店。

40. 辛安亭编:《干部文化课本》(上、下),延安:陕甘宁边区新华书店。

41. 辛安亭编：《高小国语》（补充教材），延安：新华书店。

42. 辛安亭编：《新三字经》，陕甘宁边区新华书店。

43.《谈谈儿童谜语》，《边区教育通讯》第 3 卷第 1 期。

1949 年

44.《地理教学上的两个问题》，《边区教育通讯》第 3 卷第 4 期。

1950 年

45.《中等学校的政治教学问题》，《西北教育通讯》第 4 卷第 3 期。

46.《中学历史课的教学问题》，《西北教育通讯》第 4 卷第 6 期。

47.《为开展工农教育而努力》，《西北教育通讯》第 5 卷第 5 期。

48.《甘肃省人民政府文教厅关于学校整编工作指示》，《甘肃政报》2 月 14 日。

1951 年

49. 辛安亭编：《农村干部文化课本》（第一册），西安：西北人民出版社。

50. 辛安亭编：《"绘图"农村日用杂字》（民校冬学补充教材），保定：河北人民出版社。

51.《高小地理课教学中如何贯彻政治思想教育》，收录于《教育文选》第 5 辑，甘肃省文教厅。

52.《各级学校必须重视健康教育》，收录于《教育文选》第 5 辑，甘肃省文教厅。

53.《甘肃省人民政府文教厅为转发西北文化部公布关于戏剧节目审查结果之决定的通知》，《甘肃政报》1 月 23 日，署名辛安亭、马济川、刘海声。

54.《甘肃省人民政府文教厅关于加强与各校联系的指示》,《甘肃政报》1月23日,署名辛安亭、马济川、刘海声。

55.《关于开展工农教育的报告》,《甘肃政报》1月23日。

1953 年

56.《改进小学语文座谈》,《人民教育》第7期。

1954 年

57.《编辑工作发刊词》,《编辑工作》第1期。

58.《课本中的数字使用问题》,《编辑工作》第2期。

1955 年

59. 辛安亭编著:《儿童谜语》,北京:宝文堂书店。

60.《普希金专家对语文教学改革的意见当如何理解——评"结合当前实际,学习苏联语文教学经验"》,《人民教育》第1期。

61.《小学语文的阅读教材必须丰富起来》,《人民教育》第3期。

62.《谈课本编辑工作的群众路线问题》,《编辑工作》第7期。

63.《我国发展国民经济的第一个五年计划》,《语文学习》第9期。

1956 年

64. 辛安亭编著:《儿童三字经》,北京:通俗读物出版社。

65.《课本内的图画问题》,《编辑工作》第18期。

66.《从〈反对党八股〉想到课本编写方面的一些问题》,《编辑工作》第19期。

67.《编辑工作方面的经验教训》,《编辑工作》第20期。

68.《我对小学低年级学生能否识一千五百字问题的看法》,《教师报》7月24日。

1957 年

69. 辛安亭编：《农村日用杂字》，北京：北京出版社。

70.《从洛阳市中小学校教学中看出的几个问题》，《编辑工作》第 22 期。

71.《谈谈到外地调查教学》，《编辑工作》第 23 期。

72.《关于小学低年级的识字教学问题》，《教师报》1 月 25 日。

73.《谈谈语文教学的朗读问题》，《教师报》2 月 22 日。

74.《关于小学高年级的长课文教学问题》，《教师报》2 月 22 日。

75.《中学文学教学的讨论应改进一步》，《人民教育》第 2 期。

76.《怎样解决高中学生课业负担过重问题》，《人民教育》第 4 期。

1958 年

77. 辛安亭编：《注音儿童三字经》，北京：文字改革出版社。

78.《关于文风问题》，《语文学习》第 6 期。

1961 年

79.《我对小学集中识字的一些看法》，《人民教育》第 10 期。

1962 年

80. 辛安亭编：《儿童三字经》，兰州：甘肃人民出版社。

1963 年

81. 辛安亭编：《中国地理三字经》，北京：人民教育出版社，署人民教育出版社编。

82. 辛安亭编：《中国历史三字经》，北京：人民教育出版社，署人民教育出版社编。

83.《关于语文教学的两个问题》，《甘肃日报》5 月。

84.《如何加强语文的基础知识教学与基本技能训练》,《甘肃日报》5 月 23 日。

1964 年

85. 辛安亭编:《工作方法四字经》,兰州:甘肃人民出版社。

86. 辛安亭编:《历史歌》,兰州:甘肃人民出版社。

1974 年

87.《略论法家韩非的教育思想》,《兰州大学学报(哲学社会科学版)》第 7 期,署名辛安亭、刘文英。

1977 年

88.《中小学语文教学改革的两个大问题》,《甘肃师大学报(哲学社会科学版)》第 3 期。

89.《回顾在延安十一年的教材编写生活》,《甘肃师大学报(哲学社会科学版)》第 4 期。

1978 年

90. 辛安亭著:《论语文教学及其他》,兰州:甘肃人民出版社。

91.《谈谜语对儿童的教育作用》,载《甘肃师大学报(哲学社会科学版)》第 2 期。

1979 年

92. 辛安亭编:《儿童三字歌》,兰州:甘肃人民出版社。

93.《回忆与体会——试谈陕甘宁边区编写教材的经验》,见《甘肃教育学会论文集》。

94.《〈女神〉的威力》,《书林》第 1 期。

95.《可贵的品格——读姚成器老师的模范事迹有感》,《甘肃日报》

11 月 1 日。

96.《深入浅出——陕甘宁边区编写教材的经验》,《教育研究》第 3 期。

97.《学习外国的经验教训》,《教育研究》第 4 期。

98.《启发心智——〈陕甘宁边区编写教材的经验〉的一部分》,《甘肃师大学报（哲学社会科学版)》第 2 期。

99.《三十年来中小学语文课教学的回顾》,《甘肃师大学报（哲学社会科学版)》第 3 期,署名辛安亭、姚冠群。

100.《谈编写教材的原则》,《陕西师大学报（哲学社会科学版)》第 4 期。

101.《改进语文教学,提高教学质量》,《中学语文教学》第 6 期。

102.《谈谈外国教育发展的情况》,《社会科学》第 3 期。

1980 年

103.《重视教育科学的研究》,见兰州市教育科学研讨会论文选《教与学》编辑部 1980 年版。

104.《德智体全面发展的光辉典范——怀念徐特立同志》,《兰州大学学报》第 3 期。

105.《改进教学,更有效地培养人才》,《兰州大学学报》第 4 期。

106.《对识字教学争论的一点建议》,《教育研究》第 1 期。

107.《对三岁前幼儿语言发展教育的试验》,《教育研究》第 5 期。

108.《谈谈小学生作文入门指导》,《陕西教育》第 2 期。

109.《我怎样会喜爱历史学的》,《书林》第 5 期。

110.《延安时期的民主精神》,《甘肃师大学报》第 3 期。

111.《对失足青少年的教育要有信心》,《甘肃日报》5 月 27 日。

112.《浅谈教育的地位和作用》,《甘肃日报》7 月 26 日。

1981 年

113. 辛安亭著：《教材编写琐忆》，西安：陕西人民出版社。

114. 辛安亭编著：《中国古代史讲话》，兰州：甘肃人民出版社。

115.《必须办好师范教育》，《甘肃教育》第 1 期。

116.《在甘肃省小学语文教学研究会成立大会暨首届年会上的讲话》，《甘肃教育》第 4 期。

117.《孔子的教育方法》，《甘肃教育》第 7 期。

118.《要重视文史知识的学习》，《少年文史报》8 月 20 日第 53 期。

119.《谈大学优秀学生的培养问题》，《兰州大学学报》第 4 期。

120.《精简集中和综合联贯——陕甘宁边区编写教材的经验》，《课程·教材·教法》第 1 期。

121.《深入浅出——陕甘宁边区编写教材的经验》，《课程·教材·教法》第 2 期。

122.《启发心智——陕甘宁边区编写教材的经验》，《课程·教材·教法》第 3 期。

123.《对编选文言散文选本的意见》，《甘肃师大学报（哲学社会科学版）》第 3 期。

124.《孔子的教育方法》，载《甘肃教育》1981 年第 7 期。

125.《总结经验，继续前进》，《教育研究》第 8 期。

1982 年

126. 辛安亭编选：《新编儿童谜语》，兰州：甘肃人民出版社。

127.《孔子的社会生活教育》，《甘肃教育》第 1、2 期。

128.《编写教材必须注意联系实际——延安时期编写教材的经验》，《课程·教材·教法》第 1 期。

129.《江隆基同志及其教育论文选》,《教育研究》第 5 期。

130.《一本有关教育管理学的论文集——〈江隆基教育论文选〉简介》,《光明日报》4 月 7 日。

131.《司马迁和〈史记〉》,《西北师大学报》第 3 期。

132.《谈人才的成长》,《社会科学》第 3 期。

133.《我写历史人物的想法和写法》,载《文史知识》1982 年。

1983 年

134. 辛安亭著,湖南教育出版社编:《辛安亭论教育》,长沙:湖南教育出版社。

135. 辛安亭:《中国历史人物》,兰州:甘肃人民出版社版。

136.《历史人物的选取和写法》,收录于《与青年朋友谈治学》,北京:中华书局。

137.《崔述及其〈无闻集〉》,《西北师院学报》第 2 期。

138.《减轻中学生的学习负担,提高教育质量》,《甘肃教育》第 6 期。

139.《祝贺与希望》,《科学·经济·社会》第 2 期。

1984 年

140. 辛安亭编:《儿童家庭教育五字歌》,西安:陕西人民出版社。

141. 辛安亭编选,吴福熙等注:《文言文读本》,兰州:甘肃人民出版社。

142.《我与语文教学——三十多年来我在中小学语文教学方面的主要意见》,《西北师院学报》第 4 期。

143.《办好师范是振兴教育的关键》,《天水师专学报》第 1 期。

1985 年

144.《"进山"六年》,《中学生文史》第 1 期。

145.《师范院校也应培养发展第三产业的人才》,《西南教育论丛》第 6 期。

146.《普通教育是人才成长的根基》,《甘肃教育》第 1 期。

147.《〈现代普通教育管理学〉序》,《甘肃教育》第 10 期。

148.《祝贺〈兰州教育学院学报〉创刊》,《兰州教育学院学报》第 1 期。

1986 年

149.《陕甘宁边区对教材的改革》,《西北史地》第 3 期。

150.《陕甘宁边区部分教材介绍》,《西北师院学报》第 3 期。

151.《子贡是孔子弟子中最杰出的人物》,《兰州大学学报》第 3 期。

1987 年

152. 辛安亭、路志霄注译:《精选古诗文背诵手册》,兰州:甘肃少年儿童出版社。

153.《江隆基同志的教育思想与优良品德》,收录于刘众语主编:《纪念江隆基文集》,兰州:兰州大学出版社。

154.《孔子论教学与论学习》,《西北师院学报》第 4 期。

155.《延安时期在职干部教育》,《丝路论谈》第 1 期。

156.《我国历代的民族团结政策》,《丝路论谈》第 2 期。

1988 年

157. 辛安亭:《外国历史人物》(一、二、三册),兰州:兰州大学出版社。

158.《旧社会一位杰出的教育工作者张修》，《西北师院学报》第4期。

159.《谈精神文明建设》，《理论与改革》第3期。

1989 年

160.《我国历史上对人才的论述与使用》，《甘肃人事》第1期。

1995 年

161. 辛安亭：《中国著名现代人物选》，兰州：甘肃人民出版社。

1998 年

162. 辛安亭原著，张文涛讲注：《历史歌》，兰州：甘肃教育出版社。

2002 年

163.《辛安亭同志书信选》，《吕梁高等专科学校学报》第4期。

164.《辛安亭自传诗》，《吕梁高等专科学校学报》第4期。

165.《农村日用杂字》，《吕梁高等专科学校学报》第4期。

166.《历史歌》，《吕梁高等专科学校学报》第4期。

167.《儿童家庭教育五字歌》，《吕梁高等专科学校学报》第4期。

168.《儿童三字歌》，《吕梁高等专科学校学报》第4期。

169.《今古贤文》，《吕梁高等专科学校学报》第4期。

170.《工作方法四字经》，《吕梁高等专科学校学报》第4期。

171.《中国历史三字经》，《吕梁高等专科学校学报》第4期。

172.《中国地理三字经》，《吕梁高等专科学校学报》第4期。

2004 年

173.《辛安亭晚年日记摘抄》(1979 年 12 月—1984 年 5 月)，收录于杨恕主编：《钟情启蒙　执著开拓——纪念著名教育家辛安亭诞辰100 周年》，兰州：兰州大学出版社。

174.《我的生活和工作》，收录于杨恕主编：《钟情启蒙 执著开拓——纪念著名教育家辛安亭诞辰100周年》，兰州：兰州大学出版社。

175.《在甘肃省离退休教育工作者协会成立大会上的讲话》(1988年10月)，收录于杨恕主编：《钟情启蒙 执著开拓——纪念著名教育家辛安亭诞辰100周年》，兰州：兰州大学出版社。

176.《全国解放以后对中小学语文教学改革方面的主张与成效》，收录于杨恕主编：《钟情启蒙 执著开拓——纪念著名教育家辛安亭诞辰100周年》，兰州：兰州大学出版社。

177.《关于韵文通俗读物》，收录于杨恕主编：《钟情启蒙 执著开拓——纪念著名教育家辛安亭诞辰100周年》，兰州：兰州大学出版社。

178.《论韵文编写的识字教材》，收录于杨恕主编：《钟情启蒙 执著开拓——纪念著名教育家辛安亭诞辰100周年》，兰州：兰州大学出版社。

179.《谈中学语文教学》(1987年6月)，收录于杨恕主编：《钟情启蒙 执著开拓——纪念著名教育家辛安亭诞辰100周年》，兰州：兰州大学出版社。

180.《(辛安亭教材研究文集)序言》(1988年11月)，收录于杨恕主编：《钟情启蒙 执著开拓——纪念著名教育家辛安亭诞辰100周年》，兰州：兰州大学出版社。

181.《试以唯物主义的观点检讨个人的政策思想》(1949年12月28日)，收录于杨恕主编：《钟情启蒙 执著开拓——纪念著名教育家辛安亭诞辰100周年》，兰州：兰州大学出版社。

182.《关于执行党的知识分子政策》，收录于杨恕主编：《钟情启蒙 执著开拓——纪念著名教育家辛安亭诞辰100周年》，兰州：兰州大学出版社。

183.《纪念蔡元培先生逝世四十周年——兼怀张修校长》(1980年

初），收录于杨恕主编：《钟情启蒙　执著开拓——纪念著名教育家辛安亭诞辰 100 周年》，兰州：兰州大学出版社。

184.《司马迁的青少年时期》，收录于杨恕主编：《钟情启蒙　执著开拓——纪念著名教育家辛安亭诞辰 100 周年》，兰州：兰州大学出版社。

185.《陆游的少年时代》，收录于杨恕主编：《钟情启蒙　执著开拓——纪念著名教育家辛安亭诞辰 100 周年》，兰州：兰州大学出版社。

186.《詹天佑的少年时代》，收录于杨恕主编：《钟情启蒙　执著开拓——纪念著名教育家辛安亭诞辰 100 周年》，兰州：兰州大学出版社。

187.《关于幼儿教育杂抄》，收录于杨恕主编：《钟情启蒙　执著开拓——纪念著名教育家辛安亭诞辰 100 周年》，兰州：兰州大学出版社。

188.《孔子的中庸之道——辩证法思想》，收录于杨恕主编：《钟情启蒙　执著开拓——纪念著名教育家辛安亭诞辰 100 周年》，兰州：兰州大学出版社。

189.《中庸初探》，收录于杨恕主编：《钟情启蒙　执著开拓——纪念著名教育家辛安亭诞辰 100 周年》，兰州：兰州大学出版社。

后 记

　　辛安亭先生是著名的教育家、编辑出版家和通俗读物作家。他毕生献身于党的教育事业，特别是对党的教材事业的发展做出了重要贡献。他作为党的教材战线的卓越前驱和新中国教材编辑出版体系的开拓者和奠基人，在中国共产党百年教材事业发展史上占有重要地位。

　　1951 年 8 月，辛安亭作为全国著名教材编审专家调任人民教育出版社副社长、副总编辑，主持日常工作。1953 年起担任人教社党支部书记（人教社党委前身）。至 1961 年底调离人教社，他在人教社整整工作了 11 年，受到人教人的深切爱戴，其工作业绩和人格风范赢得了大家的尊重。

　　2004 年底，在辛安亭先生曾经主持工作的兰州大学，举行纪念辛安亭先生诞辰 100 周年大会。我当时正担任人教社教育编辑室主任，受时任人教社副总编辑、课程教材研究所常务副所长吕达先生委托，执笔起草了以人民教育出版社的名义致大会的专电稿。我们除驰专电向大会召开表示热烈祝贺外，还特别表达了对辛安亭先生的崇高敬意和深切缅怀之情。会后，我们在人教社主办的《课程·教材·教法》（2005 年第 3 期）专门刊发了会讯，标题为《钟情启蒙　执着开拓——纪念著名教育家辛安亭诞辰 100 周年》。此后，随着对辛安亭先生的持续了解，我对辛安亭先生教育思想的学习研究和论著的整理不断推进，撰写了相关论文，并与时任人民教育出版社总编辑郭戈研究员和曹周天博士联袂合编了《辛安亭论教材》("中国教材研究文库"第一辑的一种)，在 2020 年底庆祝人教社成立 70 周年之际正式出版发行。今年，我又与郭戈研究员和曹周天博士一起到辛安亭先生的家乡，参加了吕梁学院辛安亭教育思想研究中心成立大会，在与会专家学者的研讨中再次受到了辛安亭先生思想风范的洗礼。

此次选辑《辛安亭先生教育文选》，根据"开明教育书系"编委会和开明出版社的要求，选择其富有代表性的教育论著，包括论文、讲话、报告、序言等，分门别类进行编排，将全书分为"教育总论""教材研究""语文教育""历史教育和教育人物"等共四编，旨在全面反映辛安亭先生在不同历史时期和不同教育领域的教育思想、观点和教育成绩、贡献。书后还附录了《辛安亭著述年表》，可供读者进一步研习时参考。本年表是我们利用网络资源并参考有关著作整理而成的，还有进一步补充完善的空间。对收录本书的文章，我们尽量保持原汁原味，以反映历史和文献的原貌。个别篇目是根据作者最后改定的文字收录的。为便于读者阅读，我们对一些文章进行了必要的校勘和技术性处理。限于编者水平，本书选编或有不当，敬请读者不吝指正！

在本书编选过程中，民进中央和"开明教育书系"编委会有关领导给予大力指导，开明出版社社长陈滨滨和项目负责人卓玥等领导和编审人员提供了热诚帮助，辛安亭先生的孙女卫春回教授提出了宝贵的意见和建议。谨在此一并致谢！

刘立德

2023 年 10 月于北京

开明教育书系(第一辑)

不安故常
——俞子夷教育文选

俞子夷著　丁道勇选编

定价：85.00元

新人的产生
——周建人教育文选

周建人著　朱永新 周慧梅选编

定价：75.00元

造就女界领袖
——吴贻芳教育文选

吴贻芳著　吴贤友选编

定价：50.00元

教是为了不需要教
——叶圣陶教育文选

叶圣陶著　朱永新选编

定价：130.00元(全二册)

教育要配合实践
——车向忱教育文选

车向忱著　车红选编

定价：70.00元

谋求适合中国国情的教育
——杨东莼教育文选

杨东莼著　周洪宇选编

定价：65.00元

改造我们的教育
——董纯才教育文选

董纯才著　姚宏杰 王玲选编

定价：85.00元

教学是最渊博最复杂的艺术
——傅任敢教育文选

傅任敢著　李燕选编

定价：65.00元

教育必须是科学的
——陈一百教育文选

陈一百著　裴云选编

定价：60.00元

生命·生活·生态
——顾黄初教育文选

顾黄初著　梁好选编

定价：75.00元

图书在版编目（CIP）数据

做学习的主人：辛安亭教育文选/辛安亭著；刘立德，刘畅选编. --北京：开明出版社，2024.1
（开明教育书系/蔡达峰主编）
ISBN 978-7-5131-8579-0

Ⅰ.①做… Ⅱ.①辛… ②刘… Ⅲ.①教育学–文集
Ⅳ.①G40-53

中国国家版本馆 CIP 数据核字（2023）第 222830 号

出 版 人：陈滨滨
责任编辑：张慧明　卓　玥

做学习的主人：辛安亭教育文选
ZUOXUEXIDEZHUREN: XINANTINGJIAOYUWENXUAN

出　　版：开明出版社
　　　　　（北京海淀区西三环北路 25 号　邮编 100089）
印　　刷：保定市中画美凯印刷有限公司
开　　本：710×1000　1/16
印　　张：25
字　　数：322 千字
版　　次：2024 年 1 月第 1 版
印　　次：2024 年 1 月第 1 次印刷
定　　价：85.00 元

印刷、装订质量问题，出版社负责调换。联系电话：（010）88817647